빈곤의 문제

Problems of Poverty
An Inquiry into the Industrial Condition of The Poor

By John Atkinson Hobson
Sixth Edition, 1906

이 책은 저작권법에 따라 보호를 받는 저작물이므로 무단 전재와 복제를 금합니다.

한국어판 © 2016 ReadySetGo Publishers Co., Ltd.

THE BRILLIANT THINKING —

PROBLEMS
OF
POVERTY

J. A. 홉슨 지음 | 김정우 옮김

빈곤의 문제

시대를 앞서간 **'경제학계의 이단아'**의 첫 단독 저서
케인스가 훗날 찬사를 보낸 홉슨의 '비평과 통찰'

저자 소개

존 애트킨슨 홉슨John Atkinson Hobson(1858-1940)은 영국의 사회경제학자로서 '경제학계의 이단아'라고 불렸다. 중산층 집안의 아들로 태어나 옥스퍼드에서 고전을 공부했고 졸업 후에 그 분야에서 대학생들을 가르쳤다. 런던에서 불황과 대규모 실업을 목도한 그의 관심은 금방 경제학적 사안들로 옮겨갔는데, 멈머리A. F. Mummery와의 교류를 통해 당시의 경제학의 전제를 뒤집는 이단적인 사상을 만들어나가기 시작했다. 실업과 빈곤의 원인이 과도한 저축과 저소비에 있다고 주장한 그의 사상은 당시로서는 매우 급진적이었기 때문에, 홉슨은 런던대학의 대학확대과정 강사직을 잃게 되고, 경제학계에서도 추방당하게 된다. 그러나 그는 평생 53권의 책을 쓰고, 저널리스트이자 인기 강사로 활발히 활동했다. 그가 천착한 주제는 정치와 경제, 그리고 윤리의 상호 의존적 관계였다. 맨체스터 가디언the Manchester Guardian지에 그가 쓴 제국주의에 관한 글이 계기가 되어, 맨체스터 가디언의 편집장인 C. P. 스콧은 홉슨을 제국주의 전쟁의 현장인 남아프리카 특파원으로 보냈다. 이는 궁극적으로 그의 가장 유명한 저서인 『제국주의론』의 탄생으로 이어졌다. 그는 제1차 세계대전에 반대하는 평화주의자였고, 베블런 저서인 *The Theory of Business Enterprise*를 존경해서, 1936년에 베블런에 관한 책을 쓰기도 했다.

홉슨의 정통이 아닌 사상은 처음에는 영국의 경제학자들에게 경멸당했다. 케인스는 1913년 홉슨의 책에 관해서 "복잡한 감정으로 그의 새로운 책을 마주한다. 독립적인 시각에서 도출된 정통경제학에 대한 유익한 비판을 기대하면서도, 궤변이나, 오해, 왜곡된 생각 또한 기대하지 않을 수 없다."라고 언급했다. 그러나 1930년대에 케인스는 홉슨에 대한 그의 최초의 의견을 뒤집어, 『고용 이자 화폐에 관한 일반이론』에서 그의 '비평과 직관'에 대해 존경을 드러냈다. '오류에 머물러있기보다는 진실을 모호하고 불완전하게라도 보기를 선호'한 학자라는 것이 홉슨에 대한 케인스의 평가였다.

저자 소개 출처: http://www.cengage.com/resource_uploads/downloads/0324371457_65787.pdf

머리말

 이 책의 목적은 현대 산업사회에 존재하는 빈곤 문제를 면밀히 조사하고 파헤침으로써, 실현 가능한 처방을 제시하고자 함이다. 비록 이 책이 '빈곤층의 생활상'을 연구하는 데 있어서 과학적 토대를 제공하는 것은 아니지만, 이 얇은 책자에 담긴 사실과 통계가 앞으로 빈곤 문제를 체계적으로 연구하는 데는 좋은 자극제가 될 것이다.

 빈곤 문제를 연구하는 학생들이 단순히 학문적 지식을 끌어모아 자신의 지적 굶주림을 채우는 데만 급급해서는 안 된다. 사회 구성원으로서 윤리적으로 무엇이 옳은가를 판단하고, 산업사회의 일원으로서 산업사회의 현재와 미래에 대해 사회적 책임을 공유하려는 마음으로 이 책에 담긴 처방을 가져다 활용했으면 한다.

 이 책을 집필하면서 찰스 부스Charles Booth, 영국의 통계학자이자 사회운동가의 『사람들의 삶과 노동Labour and Life of the People』 제1권에 실린 연구 조사를 다수 빌려 썼다. 『사람들의 삶과 노동』은 빈곤 문제를 연구하는 데 튼튼한 과학적 토대를 제공한다. 이 책은 찰스 부스 및 기타 출처를 참고해서 현대 산업사회를 분석한다.

빈곤 문제에서 중요한 대표적 처방들을 제시하고, 경제적 관점에서 실현 가능성을 간략히 다룬다. 이 처방들은 필자의 주관적 견해가 아니라, 객관적 연구결과이다. 한편 토지국유화와 국가사회주의는 지나치게 자세히 다루지는 않는다. 모두 중요한 쟁점임에도 불구하고, 워낙 내용이 방대해서 간략히 다루는 것이 불가능했기 때문이다. 이 책에서는 직접적이고 시의적절한 처방을 집중적으로 다룬다.

충분한 근거가 있다면, 빈곤의 사악함을 억지로 감추지 않고, 있는 그대로 드러내려고 노력했다. 산업사회에서 생겨나는 빈곤과 일터에서 벌어지는 권력의 횡포가 지니는 본질이 바로 그런 살인적 핍박으로만 극명히 구별되고 똑바로 측정될 수 있기 때문이다. 마찬가지로 우리가 진실을 마주하는 데에 반드시 필요하다면, '정의, 신중, 끈기'처럼 인간의 감정을 고스란히 드러내는 단어의 사용도 서슴지 않았다.

마지막으로 이 책에 필요한 자료 수집과 원고 검토를 도와준 루엘린 스미스와 윌리엄 클락, 그 외 동료들에게 감사의 뜻을 전한다.

| 목차 |

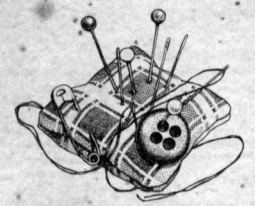

저자 소개 ···4
머리말 ···6

|제1장. 빈곤의 측정|

제1부. 국민소득과 노동자 소득 ···15
제2부. 노동자 계급 내 소득 불평등 ···19
제3부. 런던 동부의 빈곤 실태 ···21
제4부. 빈곤층의 체감 물가 ···26
제5부. 빈곤층의 주(住)와 식(食) 공급 문제 ···30
제6부. 비정규직 문제 ···34
제7부. 극빈층과 연관된 사실과 통계 ···40
제8부. 지난 반세기 동안 빈곤층의 감소 ···44

|제2장. 기계화가 노동자 계급의 노동환경에 미치는 영향|

제1부. 기계의 영향력 ···55
제2부. 고용자와 피고용자 계급의 분리 ···58
제3부. 노동력의 대체 ···62
제4부. 기계화가 노동의 성격에 미치는 효과 ···66
제5부. 인간은 기계 앞에 평등한가? ···71
제6부. 요약: 기계가 빈곤층의 삶에 미치는 영향 ···72

|제3장. 대도시의 인구 과밀|

제1부. 도시와 농촌의 인구 이동 ···77
제2부. 농촌인구의 도시 이동 ···80
제3부. 농업공황이 미치는 영향 ···83
제4부. 농촌인구 감소의 본질 ···85
제5부. 도시의 사회경제적 흡인 요인 ···87
제6부. 국민 건강에 미치는 영향 ···90
제7부. 외국인 노동자의 유입 ···94
제8부. 유대인과의 밥그릇 싸움 ···96
제9부. 외국인 노동자와의 경쟁이 초래하는 결과 ···98
제10부. 수밀구획 이론 ···101

제4장. 노동 착취 구조: '고한제도'

제1부. '고한'의 어원	⋯107
제2부. 오늘날 '고한'의 의미	⋯110
제3부. 주요 '고한' 산업	⋯113
제4부. 기타 '고한' 산업	⋯120
제5부. 고한 노동자는 누구인가? 하청업자인가?	⋯122
제6부. 중간자의 성격	⋯126
제7부. 중간자의 업무와 보수	⋯129
제8부. 고용주 겸 '고한 노동자'	⋯131
제9부. 소비자 겸 '고한 노동자'	⋯134
제10부. 소비자의 역할	⋯137

제5장. 고한제도의 원인

제1부. 미숙련 노동자의 과잉 공급	⋯145
제2부. 과잉 공급이 생겨난 이유	⋯148
제3부. '소규모 고용주'의 증가	⋯152
제4부. '소규모 작업장'의 경제적 이점	⋯155
제5부. 고용주의 책임 의식 부재	⋯160

제6장. 고한제도의 처방

제1부. 공장법	⋯167
제2부. 노동자 생산협동조합	⋯171
제3부. 노동조합, 조합을 설립할 능력	⋯173
제4부. 노동조합의 다른 용도—경쟁 제한	⋯176
제5부. 미숙련 노동자도 유효조합을 만들 수 있나	⋯180
제6부. 노동조합이 '고한'을 몰아낼까?	⋯184
제7부. 공공작업장	⋯186
제8부. 국가사업의 비영리성	⋯190
제9부. 외국인의 이주 제한	⋯194
제10부. '8시간 노동' 논쟁	⋯197

제7장. 노동시장에서 미숙련 노동자 계급의 초과 공급

제1부. '미숙련 노동자' 문제의 복습 …207
제2부. 인구증가 억제하기 …209
제3부. '해외이주 시키기' …211
제4부. 찰스 부스의 '배수(물 빼기) 정책' …214
제5부. '실업자' 처방 …219

제8장. 여성 노동자의 노동환경

제1부. 산업에 종사하는 여성 노동자 수 …229
제2부. 여성 노동자의 소득 …231
제3부. 고용 불안정 …235
제4부. 여성 노동자의 노동시간 …237
제5부. 위생 상태 …239
제6부. 여성 노동자의 고충 …240
제7부. 여성 노동자가 약자인 이유 …242
제8부. 노동조합이 있으면 가능한 일 …247
제9부. 법률과 여론의 힘 …250

제9장. 빈곤이 비윤리적인가

제1부. 윤리적 관점에서 바라본 빈곤의 원인 …259
제2부. 빈곤층의 '실업'과 악덕 …261
제3부. 물질적 욕구와 윤리 의식 …264
제4부. 금주와 기술 교육의 효과 …268
제5부. 발전을 가로막는 잘못된 딜레마 …272

제10장. '사회주의 법'

제1부. 계약의 '자유'를 제한하는 법 ···277
제2부. 법 이론 ···282
제3부. 정부의 역할 확대 ···284
제4부. 정부와 자치정부의 역할 ···286
제5부. '사회주의 법' ···288
제6부. '사회주의' 세법 ···291
제7부. 사회주의 법과 이론 ···293

제11장. 미숙련 노동자 계급의 미래

제1부. 자본 집중 ···303
제2부. 경쟁이 자본에 미치는 영향 ···307
제3부. 공동판매회사와 신탁회사 ···312
제4부. 신탁의 용도와 남용 ···316
제5부. 노동 단체의 설립 과정 ···320
제6부. 자본과 노동의 유사성 ···323
제7부. 산업사회에 평화가 찾아올 가능성 ···325
제8부. 큰 흐름 속에서 미숙련 노동자의 미래 ···330

참고문헌 ···333
미주 ···336
J.A 홉슨 생존 시기의 역사 연표 ···338

The Brilliant Thinking

| 제1장 |

빈곤의 측정

일러두기

1. 이 책은 J. A. 홉슨의 *Problems of Poverty: An Inquiry into the Industrial Condition of The Poor*(1906)을 완역한 것이다.

2. 본문의 주석은 대부분 지은이가 참고한 책들의 서지사항을 밝히고 있어 책의 마지막에 한꺼번에 미주로 정리해 두었다.

3. 독자의 이해를 돕기 위해 옮긴이와 편집자가 본문의 괄호로 주를 달아놓은 경우 각각 '―옮긴이'와 '―편집자'라고 표시했다.

4. '편집자 주'로 따로 빼기에는 그 설명 내용이 많지 않은 경우 별도의 '―편집자' 표기를 생략하였다. 괄호 안에 인물의 원어명과 간략한 직업을 설명하거나, 낯선 용어의 한글 풀이를 짤막하게 한 경우가 이것이다.

   예) 앤드류 먼스Andrew Mearns, 영국의 작가이자 순회목사
       구빈원workhouse/poorhouse, 영국의 빈민시설

제1부
국민소득과 노동자 소득

먼저 빈곤이 무엇이고 빈곤의 정도는 어떻게 이해해야 할까. 누가 빈곤층인가? 빈민구제법Poor Law에 등장하는 빈민의 정의는 이 책에서 다루려는 빈민의 정의보다 좁다. 법률에서 말하는 빈민은 법으로 구제해야 하는 '극빈층'만 가리킬 뿐이다. 반면 자본가 계급은 임금으로 먹고 사는 사람을 모조리 '빈곤층'에 포함시키곤 한다. 본래 빈곤이란 사는 것이 고통스러운 사회적 병리현상이기 때문에, 두 번째 뜻은 지나치게 포괄적이다. '지식인 계급'에서는 전체 노동자의 일부만을 '사회적 문제'로 인정한다.

하지만 현실에서 빈곤 문제는 노동자의 임금과 밀접한 연관이 있다. 따라서 빈곤을 정의하기 위해서는 먼저 노동자 계급의 노동환경을 나타내는 수치를 살펴보는 것이 도움이 된다. 먼저, 빈곤을 평가하려면 부富가 무엇인지 알아야 한다. 국민소득이란 무엇이며 이것은 어떻게 분배되는가. 정확히 국민소득이 얼마인지를 측정하려면, 훨씬 더 많은 정보가 필요하다. 하지만 일반적으

제1장 - 빈곤의 측정 • 15

로 숙련된 통계학자가 이르는 결론은 크게 차이가 없다. 즉 편의상, 국민소득이 총 18억 파운드라고 말해도 별 문제가 되지 않는다. 하지만 '국민소득이 사회 각 계급에 어떻게 분배되는가?'라는 질문에는 대답이 천차만별이다. 이자와 이윤을 계산하는 방법이 까다로워 의도치 않은 논쟁거리가 된다. 오늘날의 산업구조와 노동자 계급에서 단물을 뽑아먹으려는 권위 기관들은 실제보다 이자와 이윤을 낮게, 임금은 높게 발표한다. 반면 자본가 계급이 휘두르는 권력을 까발리려는 사람들은 노동자가 받는 임금을 실제보다 낮춰서 발표하곤 한다. 언뜻 이 책이 논쟁을 피해가려는 것처럼 보일 수 있지만, 필자는 이토록 중요한 주제를 가만히 두고 볼 수가 없다. 아래 나오는 셈법이 다양한 관점을 하나로 아우르며, 진실에 가장 가까운 결론을 내놓을 것이다.

분배 국민소득의 구성요소는 지대, 이자, 이윤, 임금이다. 지대는 경작, 거주, 채굴 등의 목적으로 땅을 빌려준 대가로 받는 소득이다. 이자는 사업 자본을 빌려주고 대가로 받는 소득이다. 이윤은 사업을 경영하는 대가로 받는 소득을 말한다. 임금은 노동자 계급이 노동의 대가로 받는 소득이다. 이렇게 볼 때, 국민소득은 다음처럼 분배된다.

표.1

분류	지대	이자	이윤	임금	총계
금액	2억	4억 5천만	4억 5천만	6억 5천만[1]	17억 5천만

(단위: 파운드)

리온 리바이 교수Leone Levi, 영국의 법학자이자 통계학자는 1884년 노동자 계급이 총 560만 가구이며, 총 임금소득이 4억 7천만 파운드인 것으로 집계했다.[2] 리바이 교수가 산출한 집계를 참고해서, 현재는 노동자 계급이 총 690만 가구이고, 총 임금소득이 6억 5천만 파운드인 것으로 추정해보자. 이렇게 계산하면, 노동자 계급의 가구당 연평균 소득은 약 94파운드가 된다. 그 당시 1파운드의 가치는 현재 100파운드 정도로 현재 원화 기준 약 1천 6백만 원 정도이다—편집자 즉, 평균 주급이 36실링약 1.8파운드—옮긴이이 되는 셈이다. 이는 추정한 값일 뿐, 노동자 계급이 실제로 벌어들이는 소득은 추정 값보다 적을 것이다.

이것으로 끝이 아니다. 노동자 계급의 가구당 평균 소득을 알아보는 것만으로 빈곤의 정도를 온전히 측정할 수 없다. 다음에 나오는 사항을 함께 고려해야 한다.

첫째, 유럽에서 영국은 가장 부유한 국가 중의 하나이다. 그런 영국 인구 약 4,200만 명 중에서 1,200만 명만이 빈곤의 고통에서 자유롭다고 한다. 이는 열 명 중 세 명꼴에 불과하다. 나머지 일곱 명은 겨우 입에 풀칠을 하거나 그마저도 못하는 처지인 것이다.

둘째, 만약 국민소득이 국민에게 평등하게 분배된다면, 가구당 연평균 소득은 182파운드가 되어야 한다. 현실에서 노동자 계급의 가구당 연평균 소득이 94파운드인 것과 비교하면, 오늘날 국민소득의 분배가 얼마만큼 불평등한지 가늠할 수 있다. 위의 숫자가 나타내는 것은 두 가지다. 현재 영국의 국가 생산성으로는 국민소득이 평등하게 분배되어도 각 가구는 경제적 풍요를 누리지 못한다. 하지만, 대영제국이란 나라가 가난해서, 국민 모두를 빈곤에서 구제할 수 없다는 빈곤불가피론 역시 사실과 전혀 다르다.

제2부
노동자 계급 내 소득 불평등

만약 어떤 가구의 주급이 36실링약 1.8파운드이라면, 누가 봐도 '호화로운 생활'과는 거리가 멀다. 하지만 만약 모든 가구가 주급 36실링을 벌어들인다면 어떤가. 이 사회에서 최악의 빈곤은 자취를 감추게 될 것이다. 실제로 빈곤이라는 사회적 병폐를 제대로 이해하려면, 반드시 노동자 계급 내에서 일어나는 소득 불평등에 대해 알아야 한다. 물론 노동자 계급의 모든 가구가 똑같이 주당 36실링만 벌고 생활고에 시달려야 한다는 뜻은 아니다. 중요한 것은 노동자 계급에서 일어나는 소득 불평등이 부유층 내부의 소득 불평등만큼이나 심각하다는 점이다. 단지 숙련 노동자와 미숙련 노동자의 급여 차이를 말하는 것이 아니다. 고급 기계공과 인쇄공이 주당 50실링을 벌고, 샌드위치 판매원은 일당 1실링 5펜스를 버는 것은 능력의 차이이다. 남성 노동자와 여성 노동자의 급여도 다르다. 단, 소득 불평등을 초래하는 중요한 원인은 따로 있다. 자, 노동자 계급의 가구당 평균 소득을 항상 아버지 혼자서 벌어들이는 것은 아니다. 오히려 가구당 평균 노동자 수는 2.25명이다. 이것은 무엇을 의미하는가. 어느 가구는 부부가 맞벌이로 나서고, 자식들까지 일해서 그만큼 벌어들인다. 또, 어떤 가구는 가족 구성원 한 명이 혼자서 대가족의 생계를 짊어질 수 있다. 어쩌면 그 사람이 일찍 남편을 떠나보낸 홀어머니일 수도 있다. 남성 노동자의 주급이 24실링이고 여성 노동자의 주급은 15실링이다. 이를 감안하면 남성인 가족 구성원이 갑작스레 세상을 떠나기라도 한다면, 나머지 가족들이 얼마나 큰 파란곡절을 겪게 될지 짐작이 갈 것이다.

노동자 계급 내의 소득 차이를 자세히 들여다보면, 또 발견하게 되는 점이 있다. 생활수준이 낮을수록, 소득이 조금만 줄어도 고통이 훨씬 가중되는 점이다. 예를 들어, 만약 부자가 소득이 절반으로 줄어들었다고 가정해보자. 반드시 소비를 줄여야 한다면, 부자는 아마 자신의 요트와 고급 차량, 호화 소유물을 포기해야 할 것이다. 하지만 부자 자존심에 금이 갈지언정, 생계가 위태로워지지는 않는다. 하지만 만약 고급 기계공 소득이 절반으로 깎인다면, 기계공과 나머지 가족들은 금세 배를 곯게 된다. 연봉이 500파운드에서 250파운드로 줄어드는 것과 주급이 25실링에서 12실링 6펜스로 반 토막 되는 것은 감수해야 하는 고통이 천지차이다. 노동자는 당장 노동자 계급 내에서 얼마나 잘 사는지에 상관없이, 언제든 질병, 사망, 또는 실업으로 불과 몇 주 안에 극빈층으로 전락할 수 있다.

제3부
런던 동부의 빈곤 실태

앞서 소득 불평등에 대해 간략히 알아봤다. 이 연구의 본래 목적은 빈곤층의 수와 빈곤의 심각성을 아는 것이다. 중요한 것은 소득 불평등 그 자체가 아니라, 현실에서 빈곤층이 느끼는 고통이 얼마나 심각한 지를 아는 것이기 때문이다. 평균 이하의 생활을 하는 사람들, 하위 노동자 계급을 구성하는 사람들에 얽힌 숫자와 그들의 삶에 대해 우리는 무엇을 아는가?

수년 전 앤드류 먼스Andrew Mearns, 영국의 작가이자 순회목사의 『런던 부랑인의 절규The Bitter Cry of Outcast London』가 문명사회를 발칵 뒤집어 놓았다. 덕분에 뒤늦게나마 런던에서 빈곤의 참상을 밝히려는 노력이 곳곳에서 일어났다. 전도사들이 적극적으로 뛰어들어, 빈곤층에 신앙과 윤리, 위생을 가르치기 시작했다. 손수 구호 물품을 조달하고, 산업 환경을 개선하기 위해 일한다. 하지만 가장 빛나는 업적은 손에 잡히지도 눈에 보이지도 않는다. 찰스 부스가 쓴 『사람들의 삶과 노동』이 바로 그것이다. 이 책은 신뢰할 수 있는 정보를 담고 있다. 게다가 매우 중요한 의미를 갖는다. 최초로 빈곤 문제에 대해 방대한 양의 사실을 조사하고, 사실을 바탕으로 성숙한 견해를 제시하고 그간의 오류를 낱낱이 바로잡는다. 또한, 가장 섬세하고 지적인 학문적 작업은 현실에 존재하는 삶의 문제를 헌신적으로 가까이서 들여다보는 것임을 강조한다. 사회과학의 새 길을 연 책이라고 부를 수 있다.

빈곤 문제 연구의 역사에서 찰스 부스와 동료들이 이뤄낸 업적이 새 시대를 열었다고 평가할 만하다.

당장 이 책의 빈곤의 실태조사만 하더라도 『사람들의 삶과 노동』에 실린 통계를 다수 인용했다. 다만, 지면을 고려해, 런던 시의 도시 빈곤 실태를 보여주는 통계만 소개할 수밖에 없다. 하지만 이제부터 나오는 것처럼, 비록 런던의 도시 빈곤이 부분적으로 특수성을 띠지만, 대체로 인구가 집중된 지역이라면 어디든 빈곤의 실태와 본질이 크게 다르지 않다.

찰스 부스가 조사한 지역은 쇼어디치와 베스널그린, 화이트채플, 세인트조지이스트, 스테프니, 마일엔드, 올드타운, 퍼플러, 해크니이다. 이 지역의 인구는 총 891,539명이며, 이 중 35%에 해당하는 316,000명의 가구당 주급이 21실링에 미치지 못한다. 찰스 부스는 이 35%에 해당하는 인구를 이른바 '빈곤층'으로 정의한다. 그렇다면 이번엔 빈곤층이 어떻게 구성되었는지 살펴보자. '빈곤층'은 다시 네 개의 계급으로 나뉜다. 각 계급은 A, B, C, D

로 구분한다. 최하층이 A 계급이다. A 계급은 약 11,000명이며, 총 인구의 1.25%에 해당한다. 이들은 구제불능의 힘없는 도시 야만인이다. '노동자 계급'은 오직 말뿐이다. "이들의 삶은 야만인의 삶과 같다. 이들의 삶은 극도의 고난과 시련의 연속이다. 음식은 돌처럼 딱딱하고, 호사스러운 날에나 겨우 물로 목을 축일 수 있다. 차마 입에 담을 수 없을 만큼 삶이 비참하다. 턱없이 부족한 임금으로 겨우 생계를 이어가며, 그마저도 여럿이 나눠 써야 한다. 당장 3펜스가 없으면, 하룻밤 보낼 잠자리조차 구하기 어렵다. 만약 잠자리를 구하지 못하는 날은 그날 밤 꼼짝없이 길거리에 나앉아야 한다. 그리고 아침이 밝으면, 그제야 공용 취사대로 돌아간다. 밤새 머물 곳 없는 사람들이 구부정히 길거리를 배회한다. 이들은 동전을 구걸하거나 불량배 짓을 하며, 영원히 실업자로 남는다. 괜히 술집 문 앞을 기웃거리고, 젊은 청년들은 동전한 닢이라도 구걸하려고 호시탐탐 사람들 호주머니를 노린다. 이들은 언제든 사회 분란을 일으킬 수 있는 분자들이다. 사회에 일말의 도움도 안 되는 존재이며, 부를 창출하기는커녕 오히려 축내기만 한다."[3]

B 계급은 10만 명으로 총 인구의 11.5%를 차지한다. 이 계급의 사람들은 제법 두터운 인구를 이루고 있다. B 계급은 주로 병자와 불구, 과부, 홀어머니, 그리고 그 가족들이다. 소득이 불규칙적이고, 주당 소득은 18실링에 채 못 미친다. 대부분 정상적인 업무를 효율적으로 처리하지 못하는 사람들이다. 도시 낙오자가 대부분 이 계급에 들어있다. B 계급은 빈곤 문제가 가장 복잡하고

암울하게 그늘을 드리운 곳이다. 실제로 B 계급 때문에 다른 계급까지 피해를 입는 모양새다. 다음은 찰스 부스의 설명이다.

"이 사회에서 B 계급이 사라진다고 가정해보자. C와 D 계급에 속한 어른과 아이들이 B 계급의 일자리까지 차지하게 된다. 또한, 현재 B 계급이 벌고 쓰는 것이 모두 C와 D 계급의 소유가 될 것이다. 특히 C 계급이 크게 덕을 보게 될 것이 분명하다. 따라서 이 사회의 모든 계급과 산업에서 고통이 사라질 것이다." C 계급은 약 75,000명으로 총 인구의 8%에 해당한다. 역시 소득이 불규칙적이고, 가구당 18-21실링으로 근근이 생계를 이어간다. 이 계급은 주로 미숙련 노동자와 수공업자, 행상인, 소매상인이 있다. C 계급의 가장 큰 문제는 저임금이 아니라, 비정규 일자리이다. 고용 불안에서 비롯하는 정신적 육체적 괴로움이 가장 큰 것이다. C 계급 위에 '빈곤층'의 최고 상위계급이 있다. 이 계급은 129,000명으로 총 인구의 14.5%에 해당하는 대규모 계급이다. 주로 부두 노동자와 강변 노동자, 공장 및 창고 노동자, 운전기사, 배달원, 짐꾼 등이 여기에 속한다. 이들은 비록 적은 금액이지만 소득 18-21실링을 꾸준히 벌어가면서 생계를 잇는다. "만약 가족들 중에 중환자가 있는 경우가 아니면, 이들은 소득이 꾸준히 있기 때문에 생활에 필요한 것을 충족할 수 있다. 다만 아내가 술꾼이라서 재산을 술값으로 탕진하지 않는다면 말이다."

"대체로 생계 때문에 고생하는 사람들이지만, 평범하고 성실하다. 정당한 값을 치르고 필요한 물건을 구입하며, 자녀 양육도 소홀히 하지 않는다."

앞서 봤듯이, 찰스 부스는 런던 동부의 35%만이 빈곤층이라고 했다. 그가 빈곤층 인구를 이처럼 낮게 정의한 데에는 나름대로 이유가 있다. 런던 동부의 인구 중에서 42%에 해당하는 377,000 명이 주당 21-30실링의 소득으로 생활한다. 이 금액은 만약 아버지의 직업이 안정적이고 부양가족이 대가족만 아니면, 물질적으로 불편함 없는 생활이 가능하다는 것이다. 하지만, 현실적으로 이마저도 저축하기에는 턱없이 부족하다. 삶의 곳곳에 도사리고 있는 위험이 언제든 불쑥 튀어나와, 이들을 빈곤의 나락으로 떨어뜨릴 수 있다. 런던에서도 유독 이스트엔드에 빈곤층이 많다고들 한다. 그런데 다른 곳과 크게 다르지 않다. 찰스 부스는 런던 인구의 30.7%가 빈곤층에 해당한다고 말하고, 시봄 론트리[4]는 요크 인구의 27.84%가 빈곤층이라고 정의한다. 두 사람이 제시하는 숫자(이마저도 구빈원과 기타 공공 및 사설 보호시설에 거주하는 빈민은 제외했다.)는 영국 산업도시의 현주소를 드러낸다. 최근에 실시된 어느 조사에 따르면, 베드포드샤이어[5]에 위치한 어느 농촌의 상황은 이보다 더 심각한 것으로 나타난다. 이곳은 인구의 34.4%가 수준 이하의 낮은 소득으로 생계를 이어가며, 신체 기능을 원활히 유지하는 것조차 버거울 만큼 심각한 빈곤에 허덕이고 있다.

제4부
빈곤층의 체감 물가

　노동자의 소득만 봐서는 빈곤이 얼마나 지독한지 보통 사람들에게는 피부에 와 닿지 않는다. 빈곤층의 고통을 실감하려면, 노동자가 주당 벌어들이는 소득뿐 아니라, 이들이 이 금액으로 무엇을 구매할 수 있는지를 함께 따져봐야 한다. 가뜩이나 도시 빈곤층은 저임금으로 생활고에 시달린다. 그런데 이들은 높은 물가 때문에 한층 더 지독한 고통에 시달리게 된다. 빈곤층일수록 잠자리와 음식에 치르는 값이 더 비싸다. 아무래도 빈곤층에게는 임대료가 가장 부담스럽다. 당연히 빈곤할수록 임대료에 대해 느끼는 부담도 늘어난다. 일반적으로 런던 동부에서 방을 빌리려면, 4실링을 지불해야 한다. 방 두 개를 빌리면, 7실링이다. 인구밀도가 높은 런던 중심부는 워낙 물가가 높기 때문에 단 1인실을 빌리는 데에 자그마치 6실링이나 지불한다.[6] 런던 교육청의 조사관 마챈트 윌리엄스가 런던 빈민촌 여러 곳을 대상으로 실태조사에 나섰다. 조사결과에 따르면, 빈민촌 인구의 86%에 해당하는 사람들이 소득의 20% 이상을 임대료에 지출한다고 한다. 46%가

소득의 25-50%를 지출하고, 42%는 20-25%를 쓴다. 임대료에 지출하는 금액이 소득의 20% 이하인 사람의 비율은 12%에 그치는 것으로 조사되었다.[7] 빈곤층은 주머니 사정이 빠듯하기 때문에 장기임대주택을 구하지 못한다. 그래서 매주 비싼 숙박비를 치러야만 잘 곳을 구할 수 있다. 모두들 출퇴근 시간을 고려해 일터 근처에만 거주하려고 하니(단, 출퇴근 열차는 노동자 계급 중에서 귀족 계급만이 누리는 특권이다.) 산업 중심지인 런던의 중심부에서 방을 구하기 위해 보이지 않는 사투가 심하다. 게다가 공장과 상점, 창고가 밀집한 중심부는 땅값이 비싸서, 괜찮다는 숙소는 요금이 굉장히 비싸다. '빈민가'는 인구 밀도가 높고 비위생적이다. 그런데도 부동산 주인들 사이에서는 오히려 짭짤한 수입원으로 통하는 이유도 다 그런 이유에서다. 빈곤 문제에서 임대료가 차지하는 중요성은 아무리 강조해도 지나치지 않다. 주거 문제를 해결하기 위해 모범 주택이 들어섰는데도 정작 하위 노동자 계급에는 썩 내켜하지 않는다. 노동자 계급은 차라리 조그만 집에 비좁은 방 한 칸을 얻어 지내는 것을 선호한다. 이런 데에는 금전적 이유 말고, 다른 이유가 있다. 노동자들에게는 '못사는 사람들의 욱하는 성질'이 있어서 오히려 자신들의 건강을 위해 마련해놓은 위생수칙도 신경질적으로 받아들이기 때문이다.

하지만 빈곤층을 괴롭히는 것은 비단 '안식처'뿐이 아니다. 빈곤층은 채소와 유제품, 식료품, 석탄처럼 흔히들 구매하는 물건조차 비싼 값을 치른다. 런던 동부에서 당근이나 설탕당근흰색의 당근처럼 생긴 미나리과 식물—옮긴이처럼 신선한 채소를 구입하려면, 도시 외곽의 농장에서 도매로 구입하는 것보다 값을 열 배나 높게 지불해야 한다.⁸

　이러니 생산자와 소비자 가운데서 이득을 두둑이 챙기는 유통업자에 대해 원성이 자자할 수밖에 없다. 그런데 유통업자가 취하는 이른바 부당이득에 대해서는 곰곰이 생각해볼 필요가 있다. 물론 빈곤층이 지불하는 값이 일부 소매상 호주머니로 들어가는 것은 사실이다. 하지만 현재의 유통구조에서 소매상의 노동량이 만만찮다. 설마하니 조그만 가게를 운영하는 소매상이 빈곤층에 물건을 팔아 돈방석에 앉겠는가. 빈곤층은 필요에 의해, 때로는 습관적으로 소매상을 찾을 수밖에 없다. 실제로 어떤 가구는 7주 동안 72번에 나눠서 차茶를 구매했다고 한다. 한편, 같은 기간 동안 빈곤층의 가구당 평균 구매횟수는 27번이다. 이들은 식료품을 1온스약 28그램—옮긴이씩 구입하는가 하면, 고기나 생선은 1/2페니, 석탄은 약 100파운드, 심지어 1파운드 단위로 구입하는 사람도 있다. 만약 빈곤층이 여러 번에 걸쳐 지불한 소액거래를 전부 더하면, 부유층처럼 고급 상품을 구입하고도 남는 액수일 것이다. 하지만 정작 소매상은 임대료를 지불하느라 등골이 휠 지경이다. 하도 경쟁자가 많아, 가게 매출도 시원찮다. 소매업 일은 일대로 중노동이다. 오히려 소매상은 본인이 가난하기 때문에 박리다매를 달성하지 못하면 가게 문을 닫을 수밖에 없는 처지다. 단골손님 중에는 외상을 달아놓는 사람이 많아, 소매상이 물건 값을 제때 받지 못하고 한참 뒤에야 받는 경우가 부지기수다. 이것에 더해 여러 가지 이유 때문에 빈곤층이 오히려 비싼 값을 치를 수밖에 없는 것이다. 이들은 그나마 누리는 호사품인 맥주와 담배마저 기이하게 비싼 값에 구매하게 된다.

빈곤층의 삶이 즉흥적이고 과소비가 심하다는 말이 괜히 나온 것은 아니다. 모두 맞는 말이다. 하지만 반드시 기억해야 하는 것은 현대 산업사회에서 빈곤층은 하루 벌어 하루 먹고 사는 존재가 될 수밖에 없다는 점이다. 이들은 즉흥적으로 사는 법을 터득하지 않을 수 없다.

제5부
빈곤층의 주(住)와 식(食) 공급 문제

앞서 말했듯이, 빈곤층은 소득이 낮아서, 비싸고 질 낮은 물건을 고를 수밖에 없다. 최하위 빈곤층을 이루는 도시 노동자 중에 유난히 환자가 많고 사망률이 높은 이유는 잠자리와 식사가 부실해서다. 빈곤층의 아동 사망률이 높은 이유도 그래서다. 막상 이들이 비싼 임대료를 지불하고 머무는 숙소를 들여다보면, 차마 집이라고 부를 수 없을 만큼 열악하다. 대충 세운 건물들은 그야말로 손봐야할 곳 투성이다. 사람은 바글대는데 통풍이나 위생시설조차 갖추고 있지 않다. 그야말로 최하위 도시민의 집단 수용소다. 왕립노동자주택위원회에서도 인구 과밀 문제에 주목한다.

"인구 과밀 문제는 오래전부터 특히 런던에서 여론의 뭇매를 맞아왔다. 요즘은 인구 과밀이 다른 도시에서도 골칫거리로 떠오르고 있다. 인구 과밀로 인한 성인 사망률이 막대한데도 그 어떤 정확한 사망통계표라도 이 문제를 짚어내지 못하고 있다. 물론 전염병이 인구 과밀 지역에서 급속도로 퍼지는 것도 문제다. 그런데 더욱 심각한 문제는 인구 과밀 지역에 거주하는 빈곤층의 건강이 점점 악화되는 것이다. 과밀 지역 거주자는 몸의 기력이 점차 약해지다가, 나중에는 면역 체계가 약해진다. 마지막에는 온몸의 기력이 쇠하고, 병에 걸려 수명이 단축되는 것이다." "리버풀에도 퀴퀴한 빈민촌이 존재한다. 평상시 이 지역의 감염률은 다섯 가구 중 한 가구 꼴이다. 그야말로 전염병의 온상지이다."

인구 과밀의 빈민촌은 '집'보다는 소굴이란 표현이 더 어울린다. 이처럼 위험하고 불안한 곳에서 자라나는 아이들은 훗날 무엇을 기억하겠는가? 아이들이 건전한 추억이라든가 뿌리 깊은 삶의 습관을 얻을 수나 있겠는가?

도시 빈곤층은 일종의 부랑인 집단이다. 물론 대도시에서 자기 집 마련하기가 어렵기는 모든 계급이 똑같다. 하지만 하위 노동자 계급은 마치 갈 곳 잃은 나비처럼 '나풀나풀' 이곳저곳 옮겨 다닌 지 아주 오래되었다. 교육청의 조사기록에 따르면, 베스널 그린의 표본 지역에 거주하는 1,204대 가구 중 530대 이상이 12개월 내에 다른 지역으로 이사했다. 이마저도 조사관이 집집마다 방문하기 전에 '잽싸게' 옮겨 다니는 최하위 빈곤층은 포함하지 않은 숫자이다. 1885년 11월과 1886년 7월 사이, 런던 시 유권자의 20%에 해당하는 사람들이 거주지를 옮긴 것으로 조사됐다. 자주 거주지를 옮기는 행태가 빈곤층이 비정규 노동자라는 점과 정확히 어떤 관련이 있는지는 아직 미지수다. 하지만 빈곤층이 보통 사람처럼 한 곳에 정착하지 못하고 꾸준히 교육받지 못하는 처지인 것은 분명하다. 이것은 빈곤층의 삶을 위축시키는 요인으로 작용한다.

　빈곤층이 정착하지 않고 떠도는 삶으로 되돌아가는 것은 인류 문명의 발달 단계를 거스르는 현상이다. 이는 예삿일이 아니다. 게다가 대부분의 경우, 빈곤층은 숙소에서 잠만 자는 것이 아니라, 일을 한다. 빈곤층이 그토록 인구가 과밀하고, 공기마저 탁한 공간에서 노동하면 무엇이 돌아오는가. 대가로 돌아오는 것은 낮은 임금과 탈진, 질병, 조기 사망뿐이다. 빈곤 문제에서 '빈곤층의 주거 환경'은 절대 빠져선 안 되는 주제이다.

　이처럼 빈곤층은 임대료를 비싸게 내고도 열악한 주거 환경에서 살아간다. 이제는 빈곤층이 소비하는 식료품을 살펴볼 차례이다. 런던의 극빈층이 거주하는 구역에서는 '자연식품'을 구하는 것이 거의 불가능하다. 빈곤층이 매일 소비하는 식품이 모두 가공식품이다. 특히 빵, 설탕, 차, 식용유가 가공식품으로 이미 악명 높다. 마가린 법은 마가린을 버터로 속여 판매하지 못하도록 규제하는 법이다. 하지만 여전히 빈곤층은 버터를 구하기 어렵다.

　또한, 현행 알코올 면허 법 하에서는 불량 알코올 문제가 심각한 문제다. 대체로 빈곤층의 노동자는 알코올을 과소비하지 않는다. 다만, 문제는 빈곤층이 소비하는 저급 알코올이 영양부족으로 부실한 몸에 독약으로 작용하는 점이다. 간혹 이런 말이 나돌기도 한다. "이스트엔드의 술꾼은 독특한 취향이 있다지. 그들은 퓨젤알코올알콜 발포시 생기는 혼합물로 과음 후의 두통과 현기증의 원인이 되는 물질—편집자을 즐겨 마신다네. 런던 동부의 빈민층은 위스키 10년산을 마셔도 정신이 말짱하다네."[9]

제6부
비정규직 문제

　빈곤 문제에서 빼놓을 수 없는 것이 한 가지 더 있다. 지금까지 살펴본 빈곤층의 열악한 생활은 주로 저임금에서 비롯하는 것이다. 하위 노동자 계급의 삶이 더욱 고통스러운 이유는 이들이 비정규직 노동자이기 때문이다. 고용이 불안정한 이유는 직업의 특성이거나 경기변동 때문이다. 이는 뒷장에서 자세히 다루도록 하겠다. 다만, 여기서는 사실만을 다루려고 한다. 비정규직이 그토록 넘쳐나는 이유는 일자리 수가 부족해서가 아니다. 진짜 이유는 노동시장에서 공급과 수요가 어긋나기 때문이다. 한쪽에서 여러 계급의 노동자가 밥 먹듯이 초과노동을 한다. 남녀 가릴 것 없이 화이트채플의 재단사와 셔츠 생산자, 버스기사, 종업원뿐만 아니라 철도노동자들도 하루 12시간, 14시간, 길게는 18시간씩 눈이 퀭하도록 초과노동을 한다. 반면, 그 옆에는 간절한 구직자들이 발을 동동 구르며 줄을 서 있다. 초과노동과 실업이라는 사회적 고질병이 쌍둥이처럼 엮여 있는 것이다. 어쩌면 조금 먹고 살만한 사람들은 실업자가 사회에 쓸모없는 찌꺼기라고 생각할 수 있다. 실업자는 노력은 하지 않고 자기연민에 빠져 사회적 동정이나 얻어내는 사람들이라는 것이다. 정부에서 실업 보조금이나 타 쓰면서 말이다. 스스로 일하고자 마음만 먹으면 무슨 일이든 못 구하냐는 것이다. 이런 '게으름뱅이 이론'을 반박할 근거는 얼마든지 있다. 다음 페이지에 상무부에서 발표한 통계가 있다. 이 통계는 숙련 노동자 조합의 평균 실업률을 나타낸다. 그 옆에 조선 산업과 보일러제조업 등 비정규 직종의 평균 실업률을 적어, 비교할 수 있도록 했다.

다음 페이지의 표를 보면, 조선 및 강변 산업에서의 날씨 요인이라든가, 양재업 및 제과업에서의 계절적 요인처럼 비정규직을 양산하는 요소들이 사실상 주요 산업의 평균 실업률에 미치는 영향이 미미한 것을 알 수 있다.

다음 페이지의 표는 굉장히 중요한 의미를 내포한다. 표를 보면, 1886년 실업률이 가장 높다. 하지만 1886년 실업률이 일반적인 불경기의 실업률을 대표한다고 볼 수는 없다. 오히려 1887년 실업률이 불경기의 평균 실업률에 근접하다. 위의 표는 노동조합이 제공한 자료를 바탕으로 만들어졌다. 1886년에는 영국에서 가장 힘 있는 노동조합에 속한 노동자들 즉, 각 업계에서 내로라하는 노동자들마저 실업률이 1,000명 당 71명에 달했다. 즉, 그 해에만 7%이상이 계속해서 실업상태였던 것이다. 이 기간 동안 강제로 쉬게 된 노동자는 동료 조합원에게서 생계비를 지원받았다. 실업자가 일을 안 구하는 것이 아니라 못 구하는 것임을 다시 한

표.2

연도	전체 실업률	조선 및 기타 실업률
1884	7.15	20.8
1885	8.55	22.2
1886	9.55	21.6
1887	7.15	16.7
1888	4.15	7.3
1889	2.05	2.0
1890	2.10	3.4
1891	3.40	5.7
1892	6.20	10.9
1893	7.70	17.0
1894	7.70	16.2
1895	6.05	13.0
1896	3.50	9.5
1897	3.65	8.6
1898	3.15	4.7
1899	2.40	2.1
1900	2.85	2.3
1901	3.80	3.6
1902	4.60	8.3
1903	5.30	11.7

(단위: %)

번 확인시켜주는 대목이다. 게다가 1890년 실업자들이 노동시장에 대거 흡수된 것은 무엇을 의미하겠는가. 불경기에 실업자가 된 노동자가 모두 나태한 게으름뱅이라는 혐의는 더 이상 성립하지 않는 것이다. 1887년 실업률을 보면, 영국에서 가장 실력 있고 쟁쟁한 노동자들이 모인 산업에서조차 실업률이 7%에 달하는 것을 볼 수 있다. 그나마 노동조합은 노동시장에서 공급의 줄을 쥐고 있다. 그렇다면 미숙련 산업처럼 유효 노동조합이 부재하는 산업은 아마도 실업률이 훨씬 더 높을 것이다. 평균 실업률을 12%라고 보아도 무방할 것이다. 실제로 섬유 산업에 종사하는 비정규직 노동자는 세금 신고서에 실제 임금의 90%를 적어도 된다. 또한, (특수한 경우를 제외하면) 노동자의 계급과 임금이 낮을수록 비정규직이 더 많다. 앞서 런던 동부 극빈층의 생활을 살펴보면서 이와 같은 문제를 언급했다. 찰스 부스에 따르면, 산업사회에서 두터운 층을 형성하고 있는 약 10만 명의 사람들이 쓸모없는 존재로 취급된다고 한다. 이는 비단 런던 동부만의 문제가 아닐 것이다. 인구가 집중된 산업 중심지라면, 어디든 이보다 사태가 심각할 수 있다. 훗날 해가 바뀔수록 영국의 비정규직 문제가 더 심각해지리란 예상도 가능하다. 그렇다면, 영국의 노동자 계급을 이루는 약 1,300만 노동자 중에서 200만 명에 이르는 사람들이 언제든 쓸모없는 노동력 즉, 과잉 노동력으로 분류될 처지에 있다는 말인가? 지금까지 보기엔 그렇다. 현대 산업사회는 필연적으로 상당한 양의 과잉 노동력이 존재하게 된다. 그리고 위의 표가 이 사실을 뒷받침한다. 사태를 이대로 보고 있을 수만은 없다. 우리가 주목해야 할 대상은 산업용 기계의 도입 필요성이 아니다. 오히려 기계화로 인해 나날이 증가하는 구제불능의 무기력한 빈곤층에 주목해야 한다. 현존하는 체제가 필연적으로 실업자를 양산한다면, 우리는 현존하는 체제를 바꿔야 한다. 현대인에게 최악의 삶이란, 굶주리고 수척한 얼굴로 산업 중심지의 부유한 군중 속을 헤매고 돌아다니는 모습이다. 산업사회의 끝자락이라도 붙들고 일자리를 구하려 노력하지만, 번번이 허탕치고 부를 창출할 기회조차 얻지 못하는 삶이다. 이들이 바라는 대가라고 해봤자, 문명사회의 편의나 호화로움이 아니다. 오히려 미개사회에서 구할 수 있는 돌처럼 딱딱한 음식과 온 가족이 몸을 뉘일 수 있는 잠자리를 요구할 뿐이다.

간혹 빈곤층의 참상을 담은 소식이 언론을 타고 흘러들어와, 한가로운 일상을 깨뜨린다. 그럴 때마다 사회 전체가 충격에 휩싸이곤 한다. 사람들은 이번 사건이 예외일 것이라고 자위하며, 이내 일상으로 돌아가 버린다. 하지만 대도시의 실태를 속속들이 꿰고 있는 사람은 우리 가까이에서 고요한 비극이 넘쳐나는 것을 안다. 전 세계를 통틀어서, 아사자餓死者 수가 가장 많은 나라가 영국이다. 기록에 따르면, 1880년 영국의 아사자 수는 101명이었다. 1902년 런던에서만 34명이 기록되었다. 물론 이 숫자들이 진실의 전부는 아니다. 실제로 굶주림으로 사망하는 사람의 수는 훨씬 더 많다. 하지만 공식적으로 기록되지 않는 것뿐이다. 런던 빈민촌의 아동 사망률이 부유층이 거주하는 지역에 비해 세 배나 높다. 아동 사망률 말고도, 이 시대의 역사를 검게 물들이는 점은 따로 있다. 대도시에 거주하는 아이들의 성장환경이다. 빈곤이란 무엇인가를 정확히 이해하는 데에는 사실과 숫자가 도움이 될 것이다. 그래서 지금부터 빈곤의 물질적 측면을 살펴보고, 빈곤 측정의 정확성을 높이려고 한다. 앞서 살펴본 것처럼, 빈곤층의 생활환경은 추하고 비인간적이다. 빈곤층의 생존을 위태롭게 만드는 잔인한 요소들이 도처에 널려있다. 게다가 개선의 기미가 보이지 않아, 희망조차 잃은 처지이다. 이처럼 빈곤의 주관적 측면만큼이나 끔찍한 통계가 다음에 등장한다.

제7부
극빈층과 연관된 사실과 통계

극빈층은 그야말로 최하위 빈곤층을 가리킨다. 여기서는 극빈층과 관련된 사실을 몇 가지 덧붙이려 한다. 빈민구제법에 근거해, 원외구호outdoor relief, 돈이나 재화를 제공받는 것가 엄격하고 효율적으로 지켜지고 있다. 덕분에 극빈층의 비율과 절대적 수가 꾸준히 그리고 상당히 감소했다. 하지만 여전히 혼자 힘으로 생계를 잇기 어려운 극빈층의 수가 너무 많아, 그대로 방치할 수 없다. 1881년 총 사망자 수의 10%가 구빈원workhouse/poor-house, 영국의 빈민시설과 공공병원, 정신병원에서 사망했다. 특히 런던에서 그 비율이 높으며, 최근 몇 년간 오히려 증가하고 있다. 1901년 런던에서 기록된 사망신고 78,229건 중 구빈원이 13,009건, 공공병원이 10,643건, 정신병동이 349건, 이렇게 세 곳에서 총 24,001건이 기록되었다. 전체 사망자 수와 세 곳의 사망자 수를 비교해보자. 런던은 전 세계에서 가장 부유한 도시이다. 그럼에도 불구하고, 런던 인구의 32.5%에 해당하는 사람들이 공공시설에서 연명하다가 생을 마감하는 것이다. 무려 세 명중 한 명꼴인 셈이다. 그마저도 원외구호 수혜 대상자는 기록에 포함되지 않았다. 게다가 이 숫자는 모든 계급을 포함시킨 비율이다. 빈곤층에서만 비율을 계산한다면, 그 비율이 훨씬 더 높아질 것이다.

극빈층의 죽음은 위와 같은 모습이다. 그렇다면 빈곤층의 삶은 어떤 모습인가. 빈곤층의 생활이 개선되고 있다고는 하지만, 여전히 만족스러운 삶과는 거리가 멀다고 말할 수 있다. 아직도 영국의 농업 노동자들은 구빈원에서 노후를 보내는 것을 순리로 여긴다. 원외구호가 시행되면서 실제로 극빈층이 줄어들었다. 하지만 일시적 감소일 뿐, 미래의 수요까지 줄어들지는 않을 것이다. 빈민구제법이 엄격히 시행되면서 실제로 화이트채플과 스테프니, 세인트조지 이스트 등 몇몇 지역에서 극빈층이 전원 구제되었다. 이로써 전체 극빈층이 감소한 것도 사실이다. 이와 같이 구빈정책이 슬기롭게 시행되고 있는 것은 사실이지만, 결코 빈곤층이 줄어드는 것은 아니다. 구빈정책만 엄격히 시행하면 당장이라도 전국의 원외 극빈층이 단박에 구제될 수 있다. 이대로 구빈원에서 사망자가 속출하도록 내버려두면 원내 극빈층indoor pauper, 구빈원에 거주하는 형태로 빈민구제를 받는 사람들도 일시에 줄어들 것이다. 하지만 이런 식으로 빈곤은커녕 극빈층조차 줄이기 어렵다. 게다가 최근 자선기관과 자선재단에서 빈민구제법의 위임을 받아, 더 효과적이고 인도주의적으로 구호 활동을 벌이고, 자선 활동 규모를 확대하고 있다. 국민의 건강증진을 목적으로 설립된 자선기관들이 1902-1903년 벌어들인 소득만 450만 달러에 이른다. 우애조합공제조합의 원형—옮긴이과 노동조합이 병들고 실직한 노동자들에게 구호활동을 베풀고 있고, 최하위 노동자 계급이 여기에 의존하고 있다.

극빈층이 줄어든 이유는 전적으로 원외구호 덕분이다. 늙고 쇠약해져서 구빈원에 입소하는 노동자 수가 전체 인구에서 차지하는 비율이 이전 세대보다 오히려 늘어났다. 1876-1877년 잉글랜드와 웨일스의 원내 극빈층의 수는 130,337명으로 비율상 1,000명 당 5.4명꼴이었다. 1902-1903년 그 수가 203,604명으로 늘어났고, 인구 1,000명 당 6.2명꼴이 되었다. 사실은 이 기간 동안 원내 극빈층의 증가폭보다 원외 극빈층의 감소폭이 더 컸다. 하지만 원내 극빈층이 급격히 증가하지 못한 이유는 단지 노동자들이 더 많이 절약하고, 자선사업이 활기를 띠고, 평균 임금이 올랐기 때문이다. 혹시 원내 극빈층이 제한적으로 증가한 이유가 정부기관의 능력이 뛰어나서라고 굳게 믿는 사람이 있는가. 설령 정부기관의 원외구호 정책이 엄격히 시행된다고 하더라도 미래에 잠재적 수혜자들의 발걸음이 구빈원으로 향하는 것을 막을 수는 없을 것이다.

런던의 극빈층 숫자에는 주목해야 할 점이 또 있다. 전체 인구에서 극빈층이 차지하는 비율이 꾸준히 줄어들고 있는 것은 사실이다. 하지만 도시가 시골보다 훨씬 더 느리게 진행되고 있다. 사실상 도시 극빈층의 수는 변화가 없다고 보는 것이 타당하다. 1861-1896년 내내 극빈층의 숫자에 변화가 없다가, 그 후 급격히 증가하는 추세이다. 여기서 주목할 것은 원내 극빈층의 증가 속도가 무척이나 빠르다는 점이다. 런던 전체 인구의 증가 속도보다 원내 극빈층의 증가 속도가 더 빠르다. 1861-1862년 원내 극빈층의 수가 26,667명이었다. 꾸준히 증가해서 1902-1903년 원내 극빈층 수가 61,432명으로 늘어났다. 비율상, 1,000명 중 9.5명에서 무려 13.4명으로 늘어난 것이다. 런던의 원외 극빈층 비율은 전국의 원외 극빈층 절반에 못 미치는 반면, 원내 극빈층 비율은 런던이 전국의 두 배 이상으로 높다. 쉽게 말해, 영국 인구의 1/6이 런던에 거주하는데, 영국 원내 극빈층의 1/3이 런던에 존재한다는 것이다. 이 사실만 놓고 봐도, 도시 생활의 본질이 적나라하게 드러난다. 대도시의 구빈원을 둘러보면, 구빈원의 수용 인원은 대부분 노약자와 어린이다. 실제로 노동 능력이 있는 사람은 아주 적은 숫자에 불과하다. 심지어 1/3이 아동이고, 1/10이 정신이상자, 1/2이 노약자와 환자이다. 결국, 사실상 1/15만이 신체 멀쩡한 성인이다. 오히려 정책 당국은 꼭 필요한 사람들만 구제받고 있다는 증거라며, 좋아한다. 하지만 지나치게 단편적인 평가이다. 현실에서 노동자들은 경제활동 능력을 모두 소진하고 나서도, 노후를 편히 보내지 못한다. 그토록 피하고만 싶었던 보호시설에서 여생을 보낼 수밖에 없는 처지인 것이다. 60세 이하 인구의 단 5%가 극빈층인 반면, 70세 이상 인구의 무려 40%가 극빈층이다. 1892년 노동자 계급만 따로 집계했더니, 65세 이상 인구 952,000명 중 402,000명 즉, 42%나 구제를 받았다. 현재 런던 빈곤층 노인 인구의 22.5%가 원내 극빈층이다. 이만큼 많은 노인들이 평생토록 등골이 휘도록 노동을 하고, 여생을 정부 보호시설에서 보내야 한다. 이들의 삶은 전쟁처럼 치열하다.

제8부
지난 반세기 동안 빈곤층의 감소

　우리가 정말로 중요하게 다뤄야 하는 것은 빈곤의 정의와 본질을 파악하는 것뿐이 아니다. 과연 이 빈곤이 증가하는가, 감소하는가에 대해 답을 구하는 것이 매우 중요하다. 몇 년 전까지만 해도 정치 선동가와 사려 깊은 저술가 사이에 '빈익빈 부익부'라는 정서가 관습처럼 퍼져있었다. 이런 관습이 무르익어 몇 년 전부터 대중 사이에서도 이 공식을 믿게 되었다. 수많은 통계조사가 이를 꼼짝없이 사실화했다. 지난 반세기 동안 리온 리바이 교수와 기펜 등 사려 깊은 연구가들이 노동자 계급의 노동환경을 크게 개선했다. 하위 일자리에서 상위 일자리까지 임금이 상당히 증가했고, 물가가 떨어지면서 실질 임금이 더욱 증가한 셈이 되었다. 뿐만 아니라, 노동시간이 단축되고, 노동자 계급이 양질의 음식을 소비하게 되었다. 또한, 노동자의 수명이 연장되고, 저축도 가능하게 되었다. 일반적으로 이는 의심의 여지가 없다. 지난 반세기 동안 노동자 계급의 노동환경이 눈에 띄게 향상된 것이다. 다음의 추정을 뒷받침하는 정확한 근거를 제시하지는 못하지만, 아마도 노동자 계급의 총 소득이 자본가 계급의 총 소득보다 가파르게 증가하는 것으로 보인다. 소득세 신고서를 바탕으로 조사한 결과, 전체 인구 중에서 연소득 150파운드 이상인 인구의 비율이 지난 세대보다 훨씬 증가한 것으로 나타났다. 1851년 소득세 납세자가 150만 명이었고, 1879-1880년 470만 명으로 증가했다. 동시에 평균 소득이 상당히 감소했는데, 그 이유는 1851년 총 소득이 2억 7,200만 파운드였던 것이 1879-1880년 5억 7,700만 파운드에 그쳤기 때문이다.

기업의 소득을 개인의 소득과 대등하게 비교하는 것이 정확한 정보를 얻는 데 걸림돌이 될 것이다. 하지만 이 사실을 감안하고, 다음 조사결과를 살펴보자. 멀홀Mulhall이 1867년과 1895년 개인의 소득을 비교했다. 그 결과, 중하위 계층이 가파르게 증가하고 있음에도 불구하고, 부유층은 더욱 가파르게 증가하고 있는 것으로 나타났다. 연소득 100-300파운드인 인구가 50%남짓 증가하는 동안, 300-1,000파운드인 인구는 약 두 배로 증가했다. 1,000-5,000파운드인 인구는 두 배 넘게 증가했고, 5,000파운드 이상인 인구는 세 배 넘게 늘어난 것이다.

비록 숙련 노동자 계급과 미숙련 노동자 계급 모두의 노동환경에 진전이 있는 것은 맞지만, 막연히 빈곤이라는 사회적 병폐가 세월이 흐르면 저절로 신속히 치료된다고 낙관하기는 어렵다. 노동자 계급의 평균 노동환경이 개선되었다고는 하지만, 제시된 근거들을 덥석 신뢰하지 말고, 반드시 아래 사항을 함께 고려해야 한다.

1 | 만약 영국의 현재 모습과 1830-1840년을 비교한다면, 누구든지 역사가 발전한다고 믿을 수밖에 없다. 1790-1840년은 영국의 노동자 계급에게 그야말로 칠흑 같은 암흑의 시대였다. 당시보다 현재 노동자 계급의 삶이 개선된 것은 사회적 병폐가 치료된 것으로 보는 것이 타당하다. 당시를 기준으로 역사가 발전했다고 생각하는 것은 무리이다. 예를 들어, 1730-1740년 특히 잉글랜드 남부의 노동자 계급의 생활은 지금과 비교해도 진전이라고 부를 만한 차이가 보이지 않는다. 150년 전 남부의 농업 노동자와 미숙련 노동자도 여러 면에서 비교해도 오늘날과 비슷한 생활을 했을 것으로 생각된다.

2 | 지난 20년간 생산 및 유통 비용이 줄어들면서, 물가가 상당히 떨어졌다. 하지만 오히려 부유층이 빈곤층보다 큰 덕을 봤다. 왜냐면, 편의품과 사치품 가격만 크게 떨어지고, 생필품 가격은 거의 그대로이기 때문이다. 노동자 계급에게 돌아오는 혜택이라곤 1880년 이후 식료품 가격이 40% 가까이 떨어진 것뿐이다. 런던의 노동자 가구가 지출하는 주요 식료품의 소매가격을 알아봤다. 1880년 이후 밀가루 가격이 60% 떨어지고, 빵 가격은 50% 이상 저렴해졌다. 양고기와 소고기 가격도 밀가루만큼 떨어졌고, 다만 베이컨 가격만 1880년과 1903년이 똑같았다. 설탕 가격은 1898년까지 굉장히 낮게 떨어졌다가, 이후에 전쟁세와 설탕관세 때문에 다시 오르기 시작했다. 차茶 가격은 크게 내리지 않았다. 그 외 커피와 코코아, 채소 등 식료품 가격은 이전보다 저렴해졌다. 의류 가격은 기존 제품은 그대로이지만, 저가상품이 새로 출

시되면서 덕분에 노동자 계급이 돈을 아끼게 되었다. 반면, 유제품 가격은 오히려 조금 올랐고, 연료는 상당히 올랐다. 임대료도 역시 크게 인상되었다. 최근 상무부에서 노동자 계급이 지출하는 주요 식료품과 임대료, 의류, 연료, 전기료를 대상으로 물가를 조사했다. 그 결과, 1880년 120실링과 1900년 100실링의 가치가 같았다. 1880-1895년 물가가 큰 폭 하락했으며, 이후부터 대체로 (의류 제외) 물가가 상승했다.

노동자 계급 중에서도 빈곤층만 따로 살펴보자. 비록 물가가 하락했다고 하지만, 빈곤층이 누리는 혜택이라곤 값싼 빵뿐이다. 식료품 가격과 전기료가 저렴해진 것도 이득이라면 이득이다. 하지만 어차피 보조금으로 해결하는 부분이니, 실질적 혜택이 반감하는 것이다. 또한, 의류의 경우, 빈곤층은 돈을 거의 쓰지 않고, 사실상 극빈층은 한 푼도 쓰지 않는다. 시내에 거주하는 극빈층은 물가가 하락한다고 해도, 임대료가 오르면 오히려 지출이 늘어나기 때문에 실질적 이득이 없다.

위의 사실들이 의미하는 바는 분명하다. 만약 노동자 계급의 임금상승률이 부유층보다 높다고 해도, 반드시 노동자 계급의 생활수준이 부유층만큼 단기간에 높아지는 것은 아니라는 점이다. 특히 하위 노동자 계급과 부유층을 비교해보면, 오히려 부유층의 재산 증가속도가 빈곤층의 빈곤 완화속도보다 빠르다고도 할 수 있다. 따라서 나중에는 빈부격차가 최대로 벌어지게 될 것이다. 하지만 이는 수사학적 의미가 있을 뿐, 구체적 근거가 뒷받침되는 것은 아니다. 중요한 것은 다음이다. 전체 인구에서 극빈층의 비율이 감소한 것은 사실이다. 하지만 영국의 역사를 통틀어, 오늘날 극빈층의 절대적 수가 가장 많다. 노동자 계급에게 암흑의 시대였던 1800년대 초를 포함시켜도 마찬가지다. 게다가 대도시마다 빈민층이 두텁게 자리하고 있다. 이처럼 빈민촌이 확산되는 중에도, 빈곤의 처방을 가로막는 어려움이 속속 드러나고 있다.

노동자 계급의 생활이 얼마나 개선되었든, 당장 미숙련 노동자 계급은 삶의 최소한의 조건조차 보장받지 못하고 있다. 이에 대해 멀홀 교수의 주장에 반기를 드는 사람은 아마도 없을 것이다.

"오늘날 영국의 평범한 농업 노동자와 미숙련 도시노동자 가구가 정상적으로 생활하는 데 필요한 최소한의 조건이란 다음과 같다. 배수시설과 방 몇 개를 갖춘 집, 따뜻한 옷가지, 갈아입을 내의류 몇 벌, 청결한 식수, 넉넉한 곡식, 적당량의 고기와 유제품, 약간의 차, 교육과 여가, 그리고 마지막으로 아내가 일을 마치고 돌아와 어머니 역할을 하고, 쌓여있는 집안일을 처리하는 데 필요한 시간을 가리킨다. 만약 이 중 하나라도 충족되지 않는다면, 마치 끼니를 굶긴 경주마나 연료 떨어진 증기기관차처럼 미숙련 노동자의 노동 효율성이 떨어질 것이다."[10]

끝으로 중요한 것을 짚어보도록 하자. 지금까지는 빈곤층이 물질적으로 얼마만큼 궁핍한지 알아봤다. 물론 빈곤층이 느끼는 고통을 이해하는 데에는 이것이 도움이 되었을 것이다. 하지만 사회적으로 얼마나 위험한지 아직은 설명하지 못했다. 극심한 빈곤과 고통, 무지에 가로막힌 빈곤층에게는 입장이란 것이 없다. 그래서 뒤따르는 사회적 위험도 존재하지 않는다. 그저 희망이 부재한 채 공허함만 가득할 뿐이다. 만약 빈곤층의 고통이 완화되고, 번영을 맛보고, 자신의 권리를 깨닫게 된다면, 비로소 위험해지는 것이다. 프랑스의 정치사상가 토크빌De Tocqueville이 프랑스 혁명 전에 이렇게 썼다. "프랑스에 번영의 새벽이 찾아오니, 인간 정신이 동요하고 들끓게 되었다. 사회 갈등이 첨예해지고, 구체제가 민심을 잃어갔다. 마침내 나라 전체에 혁명의 전운이 감도는 지경에 이르렀다. 프랑스라는 국가가 번영할수록 국민은 한계에 가까워졌던 것이다."[11]

마찬가지로 영국의 산업 환경이 격변하면서 대도시마다 빈곤층이 양산되었다. 그리고 빈곤층에 의무 교육과 값싼 신문, 공공 도서관 등 무수한 경로로 지식이 확산됐다. 빈곤층의 정치적 영향력과 정치의식이 성장하면서, 빈곤층 내에 빈곤에 대한 자의식과 불만이 싹트기 시작했다. 영국 정부와 국민이 빈곤층의 지적수준과 윤리 의식, 위생관념을 길러줬고, 따라서 빈곤층 스스로 이전에 느끼지 못했던 필요에 눈 뜨기 시작한 것이다. 낯부끄러움과 수치심을 느끼지 못하던 빈곤층에게 우리가 새로 가르친 것이다. 우리는 이들에게 인간다운 삶이 무엇인지는 가르쳐줬지만, 인간다운 삶을 성취할 만한 힘은 부여하지 않았다. 만약 빈곤의 뜻이 갖고 싶은 것과 가질 수 있는 것 사이의 괴리라면, 역사상 바로 지금이 빈곤이 가장 심각한 때이다. 빈곤층의 소득이 증가하고 있지만, 이들의 갈망과 욕구는 그보다 더 빨리 자라나고 있다. 따라서 빈곤층의 증오심 즉, 바넷이 화이트채플의 빈민가를 묘사하는 데 썼던 표현을 빌리면, "부유층을 바라보는 빈곤층의 적개심"이 부풀어 오르는 것이다. 한때 빈곤층은 아둔하고 빈곤에 절어, 불만을 느끼거나 분출할 만한 능력조차 없었다. 요즘은 빈곤이 완화되었다고는 하지만, 빈곤층이 어느 때보다 불만이 넘치고, 호전적이다. 빈곤층의 생활이 서서히 나아지고 있지만, 대중의 불만이 거세지는 것을 막기에 속도가 턱없이 느리다.

빈곤층 말고도, 불만에 가득 찬 사람들이 있다. 문명사회가 진정한 의미에서 진보하려면, 어느 계급도 낙오해선 안 된다. 따라서 특권 계급 중에서 주관이 분명하고 냉철한 시민들이 빈곤 문제에 대해 부담을 느끼고 있다. 이들은 오늘날 빈곤층의 생활을 목격하고도 현실에 안주할 수 있었지만, 스스로 권리를 부정한다. 윤리적으로 성숙한 문명 공동체라면, 다음의 두 가지를 반드시 지켜야 한다. 모든 구성원이 인간다운 삶을 누릴 것, 그리고 국가가 이 목적을 달성하기 위해 지식과 부, 에너지를 모두 써야 한다. 몇 년 전 프레더릭 해리슨Frederick Harrison, 영국의 법학자이 쓴 글을 보면, 여전히 실현이 요원해 보인다. "적어도 내가 보기에, 만약 현재 산업 환경이 이대로 유지된다면, 현대 사회는 노예제 또는 농노제 그 이상도 아니다. 실질적으로 부를 생산해내는 인구의 90%가 자기 소유의 집 한 채 없이 매주 거처를 옮겨 다닌다. 자기 소유의 땅이라고는 한 뼘도 없으며, 돌아갈 방 한 칸도 없다.

이들에게 귀중품이란, 끼니마다 장바구니에 담는 식료품뿐이다. 겨우겨우 주급을 벌지만, 그마저도 건강을 돌보기에도 부족한 금액이다. 대부분 마구간보다 못한 곳에 머무른다. 가까스로 극빈층에 비껴있는 사람이라도 언제든 불경기, 질병 또는 갑작스런 사별로 단 한 달 만에 굶주림과 궁핍에 맞닥뜨릴 수 있다."[12]

The Brilliant Thinking

| 제2장 |

기계화가 노동자 계급의 노동환경에 미치는 영향

제1부
기계의 영향력

하위 노동자 계급에 만연한 빈곤의 본질과 원인을 이해하려면, 반드시 기계화가 미치는 영향을 알아야 한다. 기계는 혁명의 신호탄이자, 혁명 매개체이기도 하다. 지난 한 세기 동안 기계화가 빠르게 진행되면서, 산업사회 지형이 완전히 뒤바뀌었다. 여기서 산업사회가 어떻게 변화했는지 세세히 다루지는 않을 것이다. 하지만 기계화가 오늘날 노동환경에 미치는 영향이 무엇인지에 초점을 맞추려 한다.

20세기 초 노동자 계급의 노동환경과 교육환경을 다루는 역사책을 읽어본 적이 있을 것이다. 어쩌면 설리, 메리 바튼, 알튼 로크가 쓴 소설을 읽어본 적도 있을 것이다. 만약 앞의 책들을 읽는다면, 어째서 제조업에 새 기계가 들어올 때마다 노동자 계급이 불신과 적개심에 가득 찰 수밖에 없는지 충분히 공감할 것이다. 노동자 계급은 수명이 짧기 때문에 세계를 바라보는 시야도 좁다. 노동자 계급은 기술로 먹고 사는 사람들이다. 불쑥 새 기계가 등장해 재주를 부리고, 노동자의 기술이 쓸모없게 돼버렸다. 이러니 노동자 계급이 새 기계를 마냥 환영할 수 있겠는가. 심지어 학력이 높고 취업 걱정이 없는 노동자마저도 제조업에 기계화가 무서운 속도로 확대되고 기계가 노동자를 밀어내는 현상을 회의적인 바라보는 노동자가 한둘이 아니다. 실제로 기계의 생산성은 상상을 뛰어넘는다. 100년 전 랭커셔 전역의 노동자가 손수 생산한 총 면방적량이 오늘날 기계를 이용하면 노동자 50명이 모두 끝마칠 수 있다. 리온 리바이 교수가 계산한 결과, 1년 동안 잉글랜드 전역의 실을 뽑는 데 방적기 한 대면 충분하다. 반면, 똑같은 작업을 노동자가 수행할 경우, 1억 명이 필요하다. 이렇게 놀라운 변화를 가져온 생산도구가 이른바 '노동력 절감형' 기계이다. 기계의 명칭에도 드러나듯, 가장 중요한 목적은 가능한 한 노동력을 줄이는 것이다. 얼핏 들으면, 존 스튜어트 밀 John Stuart Mill의 말이 타당성이 떨어진다. "새로 고안해낸 기계가 정말로 인간의 노동력을 덜어주는지 의문이다." 하지만 기계화가 노동환경에 미치는 영향을 이해하면, 밀의 의문이 충분한 숙고를 바탕으로 한 것임을 알 수 있다.

앞서 살펴봤듯이 기계화로 인해 생산력이 지대하게 향상됐다. 하지만 최하위 노동자 계급은 기계의 혜택을 전혀 누리지 못한다. 물론 타인이 애써 고안해낸 기계의 혜택이 반드시 빈곤층 노동자에게 돌아가야 한다고 주장하는 것은 아니다. 다만 급속히 성장하는 기계화가 현재의 경제체제에 미치는 영향을 알아보려는 것뿐이다. 이제, 기계화가 산업구조에 미치는 영향을 탐구하고, 노동자 계급의 사회경제적 복리후생에 어떤 결과를 초래하는지 이해하도록 하자.

제2부
고용자와 피고용자 계급의 분리

산업에 기계가 도입되면서, 강력하고 갑작스럽게 권력이 집중되는 현상이 나타났다. 독일의 화학자 바론 리비히Baron Liebig가 다음과 같이 말했다. "문명은 동력의 경제이다. 영국의 동력은 석탄이다." 제조업에 석탄과 증기력이 이용되면서, 특정 지역에만 대규모 공장이 집중될 수밖에 없었다. 몸집이 크고 비싼 증기 기계가 도입되기 전에는 노동자들이 집집마다 뿔뿔이 흩어져, 개인이 소유한 도구와 재료로 물건을 만들었다. 또는 장인의 공방에서 소수의 직인과 도제가 함께 작업하는 형태였다. 기계가 도입되면서, 이 풍경이 모두 사라졌다. 노동자는 대규모 공장 안으로 꾸역꾸역 밀려들어간다. 대부분 공장 근처의 인구 과밀 지역에 거주한다. 과거에 노동자는 손수 필요한 재료를 마련하고, 개인이 소유한 도구를 이용했다. 하지만 더 이상은 그럴 수 없다. 오늘날 노동자는 반드시 고용주가 제공하는 재료를 써야 한다. 자본가인 고용주가 소유한 기계 때문에 노동자의 기술마저 쓸모없는 것이 돼버렸다. 더 이상 노동자는 개인이 소유한 자본과 노동력으로 물건을 만들지 않는다. 더 이상 손수 만든 물건을 상인이나 소비자에게 판매해 생계를 이어갈 수도 없다. 이제 노동자는 갖고 있는 노동력을 고용주에게 파는 수밖에 없다. 부유한 고용주와 빈곤한 '일손'의 사회적 관계는 한때 소규모 공방의 장인과 직인, 도제의 개인적이고 친밀한 관계와 딴판이다. 이런 사회적 변화는 대규모 공장제에서 불가피하다. 중세 산업구조에서 가능했던 개인적 관계가 더 이상 불가능해진 것이다. 정리하면, 기계화가 가져온 변화는 두 가지다. 기술자는 더 이상 독립적 생산자가 아니라, 반드시 생계를 위해 자본가에게 고용되어야 하는 의존적 노동자다. 또한, 고용주에 대한 노동자의 의존성이 커진 반면, 노동자에 대한 고용주의 책임 의식은 오히려 줄어들었다.

공장제가 발달할수록, 노동자는 더욱 의존적이 되고, 고용주는 더욱 무책임해졌다. 따라서 기계화가 낳은 첫 번째 효과는 의존적 노동자와 무책임한 고용주가 두 계급으로 분리된 점이다. '무책임'이란 말이 결코 윤리적 낙인을 뜻하는 것은 아니다. 산업구조에서 고용주가 무책임한 것이나, 노동자가 의존적인 것이나 똑같이 잘못됐다. 무책임과 의존성은 필연적으로 기계의 승리에 뒤따르는 분립의 양상을 가리키는 표현일 뿐이다. 칼라일Carlyle과 러스킨Ruskin과 같이 소위 사상가라는 사람들은 이런 변화의 이면에 놓여있는 경제적 인과관계 따위를 무시한다. 그런 사람들은 무작정 고용주에게 '산업 선장'의 역할을 똑바로 하라고 떠들썩하게 요구한다. 즉, 고용주가 윤리적 책임을 통감해야 하며, 더불어 봉건제도를 부활시키려면 노동자 계급에 대해 보호권도 행사해야 한다는 주장이다. 실제로 이론가와 개혁가는 크게 두 부류로 나뉜다. 한 부류는 고용주에게 책임감을 강조하고, 다른 부류는 노동자에게 독립성을 심어주려 한다. 하지만 여기서 진정한 의미의 개혁안을 다루는 것은 무리다. 다만 기계화로 인해 계급이 분리된 것은 분명하다.

기계화가 도입되면서, 산업이 더욱 복잡한 양상을 띠게 되었다. 과거에 제조업자는 친숙하고 규모가 작은 시장에만 납품했다. 이런 소규모 시장은 경기가 안정적이고 예측 가능했다. 이제, 제조업 곳곳에 투기적 요소가 들어차있다. 시장의 규모와 경쟁자, 물건의 가격이 모두 미지수이다. 기계는 눈이 먼 거인처럼 뚝딱뚝딱 물건을 찍어낼 뿐이다. 통신이 발달하고 노동절감형 기계가 새로 도입될수록, 더욱 시장은 예측하기 까다롭고 어려워진다. 현대 산업사회에 항상 존재하는 경기변동의 물리적 원인이 바로 기계화다. 따라서 주기적으로 맞닥뜨리는 과잉생산과 이에 따른 불경기의 문제는 기계화와 밀접한 관련이 있다. 이 책에서 관심 갖는 것은 경기변동이 노동자 계급에 미치는 영향이다.

기계가 노동자 계급의 고용 안정성에 미치는 효과는 까다롭고 묵직한 주제이다. 주제의 중요성을 이루 말하기 어렵다. 기계가 도입되기 이전의 시대에는 전쟁과 흉년처럼 기타 이유 때문에 경기가 요동치고, 영국의 노동자 계급이 가혹한 시련을 겪었다. 하지만 오늘날 노동자 계급의 고용 불안정을 이해하려면, 특히 산업적 원인을 조명해야 한다. 대표적으로 노동자 계급과 증기 기계의 경쟁이 주요 원인이다.

    하지만 기계 그 자체 때문에 노동자 계급의 고용이 불안정하다고 섣불리 판단해선 안 된다. 오히려 현실은 정반대이다. 노동자 계급이 사용하는 값싼 도구는 일하지 않고 놀아도 막대한 손해가 발생하지는 않는다. 하지만 만약 값비싼 기계가 한시라도 동작을 멈추면, 자본가는 막대한 손해를 입게 된다. 따라서 값비싼 기계의 역할이 커질수록, 개별 자본가는 정규직 노동자를 고용해야 하는 동기가 더욱 강해진다. 다만 노동자 계급의 고용이 불안정한 이유는 기계가 노동력을 쉽게 대체하기 때문이다. 따라서 기계화가 노동자 계급의 고용 안정성에 미치는 영향은 서로 상충한다. 기계가 동작을 멈출 때마다 자본이 큰 타격을 입으므로 노동자 계급의 고용의 안정성이 높아진다. 동시에 기계화는 고용의 불안정성을 높이기도 한다.

제3부
노동력의 대체

　기계화가 노동자 계급에 미친 효과 중에 가장 주목할 것은 노동력의 대체이다. 지난 한 세기 동안 농업과 제조업 등에서 노동력과 기계력의 다툼이 계속됐다. 기계가 숙련 노동자를 차례대로 내몰았다. 매번 노동자는 잉여 노동력이 되거나, 새 기계의 노예로 전락했다. 종종 기계와 노동자의 신新농노제를 얄팍한 미사여구로 포장들하곤 한다. 물론 기계 노동자가 늘 존중받지 못하고, 불쾌하고, 소득이 적은 것은 아니다. 노동자 대신 기계가 가장 어렵고 고된 작업을 수행하는 것도 사실이다. 기계 덕분에 생산량이 늘고, 정규직 기계노동자가 그 혜택을 누리게 된 것도 사실이다. 노동자 계급에 존재하는 '귀족 노동자'는 기계화의 산물이다. 하지만 연구의 관심사는 취약 노동자 계급이다. 만약 노동력 절감형 기계가 계속 발전한다면, 취약 노동자 계급은 어떤 영향을 받는가? 기계는 노동 수요에 어떤 영향을 미치는가? 물음에 답하려면, 전체 노동시장에 대한 장기적 효과와 특정 노동자 계급에 대한 단기적 효과를 주의 깊게 구별해야 한다.

기계가 도입되면, 기계 때문에 실업한 노동자 수만큼 새로 노동자가 고용된다는 견해가 일반적이다. 실제로 기계화 초기에 국가 주요산업에 기계가 도입되면서 그런 효과가 나타났다. 방직산업에 방직기가 도입되면서 최초 효과로서 수공업자가 밀려났다. 하지만 직물류 가격이 떨어지고 시장 수요가 급격히 늘어나면서, 일자리가 이전보다 더 생겨났던 것이다. 특히 기계 제조와 상품 유통처럼 부수적 일자리까지 생겨났다. 이처럼 기계화 초기에는 기계가 노동력을 밀어내고, 다시 기계 덕분에 직간접적으로 다른 직종에서 고용이 창출되는 것으로 보는 견해도 있다. 만약 새 기계가 도입되면서 노동력이 절감된 덕분에 총체적 산업이 성장한다면, 장기적으로 노동자 계급이 기계를 두려워할 일이 없을 것이다.

　기계 한 대가 발명됨으로써, 네 사람이 만들던 부츠의 양을 한 사람이 만들 수 있게 됐다. 기계 한 대가 세 사람의 노동력을 대체한 것이다. 만약 부츠 값이 내려가서, 부츠 판매량이 두 배로 늘어난다면, '밀려난' 세 명 중 한 명이 다시 기계에 고용된다. 만약 또 한명이 기계화로 인해 늘어난 부츠 공급량에 맞춰 유통업에 종사하게 된다면, 총체적 노동량은 크게 동요하지 않는다. 하지만 반드시 두 가지 효과가 균형을 이루지는 않는다. 기계로 생산한 상품의 소비가 팽창해도, 쫓겨난 노동력이 동 업종이나 부수 업종에 고용되리란 법이 없다. 업종에 따라, 결과적으로 기계 노동력이 인간의 노동력을 밀어낼 수 있는 것이다. 이런 경향은 자못 의미심장하다. 최신 국세조사 분석 자료에 따르면, 농업에서

뿐 아니라, 주요 제조업에서 고용량이 급격히 줄어들고 있다. 직류 및 의류업에서 고용이 눈에 띄게 줄어들고, 또 어떤 업종은 고용 증가율이 전체 고용 증가율에 한참 미치지 못한다. 상대적으로 노동력의 중요성이 감소하고 있음을 의미한다. 기계화가 고도로 발달한 산업에서 이런 경향이 가장 크게 두드러진다. 다시 말해, 기계화가 고도로 발달한 산업에서는 기계가 수많은 노동자를 밖으로 쫓아내지만, 기계로 인해 늘어난 공급량을 생산해내는 데 추가로 노동자를 고용하지 않는다. 최근 주요 산업에서 내쳐지는 노동자 수가 증가하고 있다. 그렇다고 이들이 반드시 놀게 되는 것은 아니다. 대부분 새로운 수요를 충족시키는 데 고용된다. 하지만 새로운 수요 즉, 편의품이나 사치품 산업은 주요 생필품 산업에 비해 고용이 불안정하다.

따라서 비록 장기적 관점에서 기계화가 노동 수요를 감소시키지 않는다는 말이 사실일 수 있지만, 갈수록 노동자가 불안정 고용 산업으로 더 많이 내몰리게 될 것이다. 다시 말해, 비록 장기적으로 노동 수요의 증가속도가 기계화의 진행속도와 같아진다고 해도, 늘 노동자만 기계 때문에 노동력의 가치를 잃게 되고, 따라서 피해를 입는다. 실제로 특정 산업에서 기계가 노동자를 대체하는 과정에서 노동자 계급이 극심한 어려움과 고통을 겪는다.

이처럼 수공업자가 기계와의 경쟁에서 밀려, 미숙련 일자리를 찾아 나선다. 그래서 장기적 관점에서 기계화는 모두의 승리라는 주장이 듣기 껄끄럽다. "소위 단기적 효과라고들 하지만, 행복한 삶과 비참한 삶을 갈라놓기에 충분히 긴 시간이다."[13] 발전하려면 반드시 치러야하는 대가라고 규정하는 철학자도 있다. 하지만 형편없는 소리다. 기계가 한 단계 진보할 때마다, 사회가 그 혜택을 누린다. 단, 소수의 노동자는 절대 잃어서는 안 되는 것들을 잃게 된다.

다음은 1886년 산업보수위원회 회의를 인용한 것이다. "영국 국민은 기계 덕분에 생산비용이 절감되는 것에 반대하지는 않는다. 인류가 혜택을 누리고 있는 점을 알기 때문이다. 하지만 이들 중 대부분이 기계 때문에 일자리를 빼앗긴 숙련 노동자가 마주하는 고통과 불의에는 주목해야 한다고 생각한다. 숙련 노동자는 생계 수단을 박탈당하고, 고스란히 손해와 빈곤을 감당해야 한다. 숙련 노동자는 기득권을 빼앗긴 것에 대해 어떤 형태로든 보상받아야 한다. 이제까지 숙련 노동자는 기술로 생계를 유지하고, 공동체에 부와 번영을 가져다줬기 때문이다."[14] 기계 때문에 본래 일자리를 잃고, 새 일자리를 찾는 노동자가 실업인구에서 큰 비중을 차지한다. 곧 빈곤 문제에서 중요한 쟁점으로 떠오를 것이다.

제4부
기계화가 노동의 성격에 미치는 효과

　기계화가 노동의 성격에 미치는 효과가 무엇인가? 경제는 분업을 바탕으로 발전한다. 노동자의 업무를 전문화해서, 양질의 업무가 가능하도록 만드는 것이다. 만약 기계가 발명되지 않는다면, 노동자의 업무가 갈수록 전문화할 것이라고 예상할 수 있다. 즉, 노동자의 업무가 갈수록 단순하고 반복적이 될 것이고, 노동자는 타 업무 노동자와 늘 협업해야 할 것이다. 협업이 필요한 노동자의 수도 늘어날 것이다. 앞으로 현대식 기계가 발명되지 않는다면, 계속해서 노동자의 업무는 전문화되고 단순해질 것이다. 이로 인해 노동자는 산업의 노예가 되고, 업무의 지적 수준이 현저히 낮아질 것이다. 막강한 최신식 기계가 도입된다고 하더라도, 노동자의 업무는 서서히 세분화 또는 전문화할 것이다. 어째서 기계가 노동자를 타락시키고, 사기를 떨어뜨리고, 혼을 빼놓는다는 것인가?

　현대 산업의 가장 두드러진 특징은 기계가 끊임없이 전문화하는 것이다. 그렇다면 노동자는 기계를 조작하는 사람이니, 노동자의 업무도 응당 전문화하는 것인가? 얼핏 이렇게 생각할 수 있다. 하지만 자세히 들여다보면 현실은 그렇지 않다. 예를 들어, 기계가 도입되면서, 노동자의 업무가 더욱 세분화되고, 노동자는 한 가지 작업만 단순 반복하게 됐다. 한편, 기계는 고도의 섬세한 기술이 필요한 작업을 가장 잘해낸다. 알프레드 마셜Alfred Marshall, 영국의 경제학자로 케임브리지 학파의 창시자 교수가 다음과 같이 말했다. "기계는 노동자보다 한 가지 동작을 더 정확하고 효율적으로 반복할 수 있다. 게다가 몇 세대 전 숙련 수공업자가 손으로 하던 작업을 지금은 기계가 대신한다."[15] 알프레드 마셜 교수는 목재 및 금속 산업을 예로 든다.

"기계는 스스로 재료를 제자리에 올릴 수 없다. 특히 시간을 지체하지 않으면서 수행하기는 더욱 어렵다. 하지만 약간의 노동력과 인건비를 들이면, 이 문제를 해결할 수 있다. 실제로 노동자는 혼자서 처음부터 끝까지 기계의 동작을 감독하곤 한다. 노동자는 기계 앞에 앉아, 왼손을 재료 더미에 뻗어 목재 또는 금속 한 조각을 집는다. 그리고 이 재료 조각을 기계의 홈에 집어넣는다. 오른손으로는 기계의 손잡이를 잡아당기거나 기타 적절한 방법을 써서 기계를 작동시킨다. 기계는 줄줄이 재료를 깎고 누르고 뚫고 납작하게 만든다. 다시 노동자는 왼손으로 하나씩 결과물을 건져서 결과물 더미에 던진다."

마셜 교수는 이런 경향을 다음과 같이 요약한다. "따라서 우리는 한 가지 법칙에 이른다. 이 법칙은 특정 제조업에서 두드러지지만, 결국 모든 업종에도 똑같이 적용된다. 언제든지 단순하고 반복적인 업무는 기계가 대체할 것이라는 점이다. 기계가 도입되는 과정에 시간이 지체되거나 어려움이 있을 수는 있다. 하지만 생산량이 충분히 많다면, 목표 생산량을 달성하려고 돈과 창의력이 아낌없이 투입될 것이다. 여전히 기계가 문제없이 작동하는지 감시하는 사람이 필요하다. 하지만 요즘 기계의 자동화에 대한 관심이 높아지고 있다. 머지않아 기계가 스스로 오작동을 감지하고, 동작을 멈추게 될 것이다."[16]

생산 비용을 절감하려면, 기계가 단순 노동을 수행해야 한다. 따라서 필연적으로 노동자의 업무는 단순화하기 어려운 업무만 남게 될 것이다. 노동자는 생각과 지능을 요구하는 업무를 수행하게 될 것이다. 마셜 교수의 설명처럼, 제조업에서 노동자가 수행하는 업무의 비중이 계속해서 줄어들고 있지만, 노동자의 업무는 판단과 예측을 요구할 것이다. 마셜 교수가 다음과 같이 결론 내렸다.

"기계의 업무는 판단력을 요구하지 않는다. 반면, 기계를 다루려면, 노동자는 반드시 판단력이 있어야 한다. 따라서 요즘 지적 수준을 요구하는 노동의 수요가 크게 증가했다. 대부분의 산업에서 상위 노동자 계급은 새롭고 까다로운 상황에 정확하고 신속히 의사결정을 내릴 수 있는 자질을 갖추고 있다. 자질을 갖춘 노동자는 다른 산업으로 이직하기 쉽다."

만약 마셜 교수의 말이 맞으면, 비록 기계의 전문화로 인해 노동자의 업무가 전문화된다고 해도, 반드시 노동자의 업무가 좁고 비참해지는 것은 아니다. 오히려 노동자는 소득을 벌고, 더불어 판단력과 지적 수준을 높이게 된다. 여전히 노동자를 필요로 하는 산업은 가장 섬세한 기계를 사용해도 불가능한 즉, 덜 기계적인(지적 수준이 높은) 업무인 것이다. 지적 수준이 낮은 업무는 계속해서 기계화하고 있으니, 남아있는 업무는 갈수록 더 높은 지적 수준을 요구하게 될 것이다. 물론, 어떤 업무는 신중함과 판단력을 요하기 때문에 절대 기계가 수행할 수 없으면서, 동시에 약간의 지능과 배움만 요구하는 업무도 있다. 노동자가 기계를 다루지만, 노동자의 업무는 크게 어렵지 않은 것이다. 기계화가 노동자의 노동환경에 미치는 영향을 이해하려면, 이것 말고도 고려해야 할 것이 더 있다. 여전히 많은 노동자가 특히 아동 노동자와 공장이나 방앗간처럼 협소하고 부실한 공간에서 일하는 노동자는 신체적 도덕적으로 고통 받는다. 공장법으로 문제가 상당히 개선된 것이 사실이다. 하지만 여전히 기계화의 이점을 모두 상쇄할 만큼은 아니다. 제조업의 중심지에서 공장 노동자의 육체는 나약하고 망가지고, 삶이 병들어있다. 그리고 이는 기계화와 밀접한 관련이 있다. 하지만 비록 농촌 노동자가 가난하고 노동이 고된 반면, 도시 노동자보다 수명이 길고 건강하다고들 하지만, 도시 노동자는 고학력이고, 지적 수준이 높다. 도시 노동자의 지적 수준이 높은 이유는 넓게 보면 기계화 덕분이며, 기계화로 인해 사회적 환경도 바뀌었기 때문이다. 기계의 전문화로 인해 노동자의 지적 수준이 높아진 것은 장점이며, 덕분에 기계 소유주는 고용의 폭이 넓어졌다. 만약 노동자의 업무가 단순히 기계 조작법을 기억하는 것에 불과하다면, 기계의 전문화로 인해 노동자가 점점 더 노예화되는 것으로 비춰질 수 있다. 하지만 노동자의 업무는 판단력과 지적 수준을 요구하기 때문에 오히려 노동자는 더 자유롭다.

더불어 기계가 전문화하면서, 노동자의 분업에도 상충하는 효과가 나타난다. 종종 제조업은 한 가지 상품이 여러 지점에서 전혀 다른 기계로 생산한 부품으로 만들어진다. 따라서 숙련 노동자는 다른 공정으로 옮기기 더욱 어렵고, 실질적으로 자유를 제한받는다. 반면, 서로 다른 산업에서 유사한 기계와 공정을 도입하기 때문에 노동자에게 유리한 점도 있다. 나사 공장의 기술자가 타 공정으로 옮기기는 어렵지만, 타 산업의 유사 공정으로 옮길 수는 있다.

제5부
인간은 기계 앞에 평등한가?

'인간은 기계 앞에 평등하다.'라는 말이 있다. 만약 평범한 신체와 정신을 지닌 대다수가 평범한 집중력과 관심, 끈기, 기술만으로도 조작할 수 있는 기계라면, 인간은 기계 앞에서 평등한 것이 맞다. 심지어 여성 및 아동 노동자가 남성 노동자와 경쟁하는 것이 가능하다. 실제로 남성 노동자보다 인건비가 싸기 때문에 오히려 여성 및 아동 노동자가 일자리를 쟁취하기도 한다. 기계가 발달하면서, 노동시장에 여성과 아동 노동자가 쏟아져 나오기 시작했다. 이는 뒷장에서 자세히 다룰 것이다. 따라서 공장제와 기계화가 자유방임주의 시장경쟁 체제에 맡겨져선 안 된다. 공장법 및 관련 법률 즉, 고용주와 피고용자의 '계약의 자유'를 제한하는 법률이 모두 이런 배경에서 만들어졌다. 기계가 도입되면서, 신체적 힘이 약한 여성과 아동이 생산 과정에 참여하는 것이 가능해졌기 때문이다.

제6부
요약: 기계가 빈곤층의 삶에 미치는 영향

기계의 발달로 노동자 계급이 누리는 혜택과 불이익을 정확히 요약하는 것은 불가능하다. 노동자의 소득이 증가한 것은 사실이다. 하지만 기계 생산품이 저렴해도 소위 노동자의 소비품목이 아니다. 따라서 기계화 덕분에 생산력이 증대되고 혜택이 늘어난다고들 하지만, 공동체의 모든 계급에 혜택이 골고루 분배되는 것은 아니다.[17]

자본가 계급은 공동체의 나머지 계급과 달리, 기계화의 혜택을 가장 많이 누린다. 산업에서 자본의 중요성이 커지면서, 필연적 결과가 나타난 것이다. 일단 새 기계가 도입되면, 단기간에 비상한 수익이 발생하고 자본 투자가 매우 활성화한다. 반면, 갈수록 자본 사용에 대한 이자는 줄어들게 된다. 하지만 소비자도 역시 자본가가 경쟁하는 틈에 새 기계가 제공하는 혜택을 누린다. 따라서 공동체의 나머지 계급은 소비자로서 기계의 혜택을 누린다. 기계가 가장 발달한 산업은 편의품과 사치품이다. 따라서 소비자는 소득이 많을수록 더 많이 기계의 혜택을 누리게 된다. 극빈층이 기계 생산품을 소비하는 경우는 거의 없다. 따라서 빈곤층은 기계의 혜택이 거의 돌아오지 않는다. 하지만 기계가 발달해서 피해를 입는 소비자는 없다. 노동자 계급은 모두 소비자다. 모두가 기계의 혜택을 누리는 셈인 것이다. 앞서 살펴본 것과 같이, 귀족 노동자인 숙련 노동자 계급은 상당히 기계화의 혜택을 누렸다. 빈곤층의 정규직 미숙련 노동자조차 생활수준이 향상했다.

정작 기계화가 회의적인 이유는 따로 있다. 극빈층과 비정규직 저임금 노동자 때문이다. 경기가 격변하고, 새 기계가 도입될 때마다 수공업자가 내쫓기고 있다. 이들은 실업자가 되거나, 실업자와 다를 바 없는 신분으로 전락한다. 그리고 도시 빈곤층 중에서도 가장 구제불능의 비참한 계급을 이룬다. 잔뜩 취업에 굶주린 이들은 하위 정규직 노동자의 임금과 삶까지 더욱 아래로 끌어내린다.

*The
Brilliant
Thinking*

| 제3장 |

대도시의 인구 과밀

제1부
도시와 농촌의 인구 이동

대도시 성장은 빈곤 문제와 밀접한 연관이 있다. 도시와 농촌의 인구 이동을 들여다봄으로써, 빈곤의 실태와 노동자 계급의 생활을 이해할 수 있다. 먼저, 농촌인구가 도시로 이동하는 현상은 정확히 무엇을 의미하는가.

도시와 농촌의 인구통계를 살펴보면, 농촌인구가 도시로 이동하는 것을 한눈에 확인할 수 있다. 하지만 먼저 알아둘 것이 있다. 인접한 구와 군의 인구 이동이 활발한 점이다. 교통과 통신의 발달로 자연스레 인접한 지역의 인구 유동성이 크게 증가한 것이다. 덕분에 출생지에 남아있는 인구가 점점 줄어들고 있다. 1901년 잉글랜드와 웨일스에서 출신 구와 군에 남아있는 인구가 1,000명 당 739명꼴이었다. 매년 런던의 여러 구에서 주민의 1/4 이상이 다른 구로 이사하는 것으로 추정된다. 따라서 단지 스코틀랜드의 7대 도시에서 원주민 비율이 1,000명 중 524명꼴이라는 사실과 미들섹스에 거주하는 성인 남성의 35%만이 미들섹스

태생이라는 사실만으로는 대도시 성장을 증명할 수 없다.

실제로 의미 있는 결론에 이르려면, 유입인구와 유출인구를 비교해야 한다. 이 책은 런던 시에 초점을 맞춘다. 하지만 다소 차이가 있더라도, 인구밀도가 높은 도시는 모두 런던과 사정이 똑같다. 1881년 런던의 유입인구와 유출인구를 비교했더니, 유입인구가 유출인구보다 2배 가까이 많았다. 즉, 연간 1만 명 이상의 농촌인구가 런던으로 이동한 것이다. 최근 2년 동안 런던의 유입인구가 감소하고 있다. 하지만 수도권인 미들섹스가 급격히 성장하고 있으므로 여전히 농촌인구가 중심부로 이동하고 있음을 알 수 있다.

그렇다면 런던은 유입인구를 어떻게 수용하는가? 과연 런던의 유입인구는 런던 전역에 골고루 퍼지는가?

물론 그렇지 않다. 특히 런던 동부가 상당히 흥미롭다. 런던 동부의 인구는 전혀 증가하지 않는다. 런던의 유입인구가 대거 동부로 쏠리는 것이 사실이다. 하지만 런던 동부에서 교외로 이동하는 인구가 유입인구를 앞지르는 것이다. 1881년과 1901년 런던 동부의 인구를 비교하면, 인구증가분이 출생자 수에서 사망자 수를 뺀 숫자에도 미치지 않는다. 도대체 왜일까? 정답은 가까이 있다. 빈곤 문제에서 인구 과밀 문제를 빼놓을 수 없다. 런던 동부의 인구가 다른 지역만큼 증가하지 않는 이유는 더 이상의 유입인구를 수용하기 어려워서이다. 런던 동부의 인구가 이미

'포화상태'에 달한 것이다. 외지인은 반드시 거주민이 떠나야만 새로 들어올 수 있다.

마찬가지로 대도시마다 빈곤층이 거주하는 지역은 유출인구가 유입인구를 앞지른다. 대도시의 유입인구는 포화상태가 아닌 지역의 인구를 증가시킨다. 따라서 인구 과밀 지역이 점차 확대되는 것이다. 포화상태인 베스널그린과 마일엔드의 인구는 미세하게 증가하는 반면, 웨스트햄처럼 외딴 지역의 인구는 현저히 팽창한다.

제2부
농촌인구의 도시 이동

농촌인구의 도시이동을 살펴보려면, 외적 관점을 취하는 것이 도움이 된다.

해외인구는 제외하고, 우선 농촌인구의 도시이동을 다루려 한다. 런던의 유입인구는 대부분 농촌지역인 켄트, 벅스, 허츠, 데번, 링컨 출신이다. 제조업 중심지인 요크셔, 랭커셔, 체셔 출신은 드물다. 런던의 유입인구 중에 제조업지역 출신은 매우 미미하다. 1881년 런던 인구에서 12대 농촌지역 출신의 비율은 1,000명당 16명꼴이었다. 대조적으로 12대 제조업지역 출신의 비율은 1,000명당 2.5명에 그쳤다.

종종 농촌지역의 인구감소가 다소 과장되곤 한다. 만약 농촌인구에 농촌위생지역과 인구 10,000명 미만의 도시가 포함되면, 1891-1901년 농촌의 인구증가율은 5.3%였다. 이에 비해 인구밀도가 높은 도시의 인구증가율은 15.8%였다. 만약 농촌인구에 인구 5,000명 미만의 도시만 포함된다고 해도, 여전히 농촌의 인구 증가율은 3.5%에 그친다. 하지만 만약 농촌인구에 대표적 '출신지역'과 교외 주거지역이 포함되지 않고 오로지 농업지역만 포함된다면, 오히려 시골인구는 감소한다. 1891-1901년 잉글랜드와 웨일스의 18개 군에서 농촌인구가 감소하고, 도시인구가 증가했다. 게다가 지난 40년 동안 이 추세가 가속화하고 있다. 1861년 농촌인구의 비율이 37.7%에서 1901년 23%로 대폭 낮아졌다.

위 숫자들이 무엇을 의미하는가. 농촌인구의 자연증가분이 도시로 이동한다는 뜻이다. 런던을 비롯해, 모든 대도시가 유입인구를 족족 흡수하고 있다. 대도시에 인구 과밀 현상이 나타나는 것이다. 대도시일수록 흡인력이 세고, 영향권이 넓다. 대도시의 인구 흡인 요인은 세 가지이다. 첫째, 물리적 거리이다. 런던의 유입인구는 대부분 미들섹스와 켄트, 벅스처럼 런던을 둘러싸고 있는 이른바 '대표적 고향' 출신이다. 북부와 서부로 멀어질수록, 점차 그 비율이 줄어든다. 하지만 반드시 그런 것은 아니다. 북동부의 더럼과 노섬벌랜드, 그리고 남서부의 데번과 서머싯 출신의 비율이 런던에 더 가까운 스태퍼드, 요크셔, 랭커스터 출신보다 훨씬 많다. 이런 경우, 다른 흡인 요인이 두 가지 있다. 배가 다니고 해안에 위치한 더럼과 노섬벌랜드는 교통이 발달했고 교통비가 저렴하기 때문에, 노동인구의 유동성이 크다. 데번과 서머싯은 대도시임에도 불구하고 경쟁력이 현저히 약하기 때문에, 외부인구가 런던으로 쏠린다. 반면, 요크셔와 랭커셔, 그리고 중부의 주요 제조업도시는 산업 중심지로서의 흡인력이 워낙 강해, 오히려 런던보다 강한 흡인력으로 인근지역의 인구를 흡수해버린다. 따라서 잉글랜드 지도를 펼치고, 대도시로 쏠리는 힘을 표시하면, 무조건 인구가 많든 적든, 거리가 멀든 가깝든, 소용돌이처럼 휘몰아치는 도시생활로 농촌인구가 휘말려 들어가는 것이 보인다. 전형적인 농촌지역을 들여다보면, 겨우 인구 4-5만인 군 한 두 곳의 인구증가율이 전국 평균을 웃돌 뿐이다. 인구 5천-1만인 읍은 겨우 인구를 유지한다. 인구가 더 적은 행정구역은 점차 인구가 줄어들고 있다. 반면, 산발적 농업인구는 거의 그대로이다. 가장 고통 받는 사람은 소규모 행정구역 주민이다. 다음에서 그 이유를 살펴보려 한다.

제3부
농업공황이 미치는 영향

농촌인구가 도시를 살찌우는 힘의 본질은 과연 무엇인가? 앞서 언급했듯, 결코 대도시의 흡인 요인은 한 가지가 아니다. 오히려 다양한 요인이 긴밀히 얽혀 초래하는 결과이다.

흔히들 귀에 익은 것처럼, 대표적 예가 농업공황이다. 너무 주제가 심각하고 우울하기 때문에 여기서 확장할 필요는 없다. 농업에서도 노동의 수확체감의 법칙이 작용하는 것이 분명하다. 즉, 일정 면적의 토지에 노동을 투입하면 생산이 증가하지만, 노동 투입량이 한계를 넘으면, 생산 증가 비율이 점차 감소하는 것이다. 반면, 제조업은 노동을 투입할수록 노동자당 평균 생산량이 무한히 증가한다. 이렇기 때문에 인구밀도가 높은 잉글랜드에서 농촌의 젊은 노동자가 도시로 이동해 제조업 노동자가 되길 희망하는 것이다. 똑같은 이유에서 농촌인구가 그대로인 반면, 도시인구는 팽창하는 것이다. 또한, 철도와 증기선의 발달로 아메리카와 오스트레일리아, 아시아의 먼 나라와 교역하면서, 영국의 농업이 이들의 광활한 대지와 저렴한 토지에 견주어 치열히 경쟁하게 됐다. 도시와 농촌의 인구 이동이 활발히 일어나게 된 주요 원인이다. 선진국의 상업인구는 농업인구보다 빠르게 증가한다. 농산품의 해외수입이 증가할수록, 도시와 농촌의 관계도 더욱 빠르게 변화한다.

제4부
농촌인구 감소의 본질

앞서, 농촌인구 자체는 거의 감소하지 않는 것을 확인했다. 하지만 농촌지역에 거주하는 농부와 농업 노동자는 현저히 감소했다. 종종 농업인구에 비농업 종사자를 포함시키곤 한다. 농업 후퇴의 심각성이 가려지는 것이다. 최근 몇 년간 소매상과 철도노동자, 유통업자, 가사도우미, 교사처럼 직접적으로 물질적 부를 창출하지는 않는 직업의 종사자 수가 상당히 증가했다. 모든 농업의 종사자 수가 감소한 것은 아니다. 농부와 농업 노동자는 감소했지만, 상품작물 재배자는 크게 증가했다. 실제로 더 많은 도시민이 농촌에서 농사일을 부업으로 삼는 추세다.

실제로 절대적 농업인구는 크게 감소하지 않았다. 농촌의 중소상공업 인구가 크게 줄어드는 추세이다. 앞서 살펴봤듯, 제조업이 도시에 집중되는 현상이다. 농촌의 중소상공업이 송두리째 흔들리고 있다. 여기에 철도의 발달이 주요 역할을 했다. 농촌지역에 철로가 지나는 곳마다, 전통 가내수공업의 씨가 말랐다. 심지어 철도가 생기기 이전, 이미 기계가 발달하면서, 방직산업이 무너져 내렸다. 방직산업에 종사했던 랭커셔와 요크셔, 기타 농촌 지역의 노동자 가구가 무수히 실업했다. 새로 철로가 만들어지고, 거듭 새 기계가 들어올 때마다 방직산업이 붕괴했다. 물론 수제부츠와 끈처럼, 한때 서부 및 중부 지역에 번창했던 영세 수공업도 무수히 문을 닫았다. 게다가 간접적으로 농업과 관련 있는 업종이 다수 도시로 이동했다. 농촌의 대장장이와 벽돌제조업자, 목재 톱질꾼, 선반공, 대형통 제조업자, 수레바퀴 제조업자가 농촌에서 재빨리 자취를 감추고 있다.

제5부
도시의 사회경제적 흡인 요인

　도시 노동자의 임금이 높은 것이 순박한 시골얼뜨기에게 강력한 흡인 요인으로 작용한다. 도시와 농촌의 임금 차이는 자세히 비교할 필요마저 없다. 런던 등 대도시 노동자의 임금이 웬만한 잉글랜드 농업 노동자의 150%에 이른다. 마찬가지로 숙련 노동자의 임금도 비슷하다. 가뜩이나 농촌지역에서 취직이 어렵고, 교육의 기회가 높아지고, 교통비가 저렴해지니, 평소 불만인 농업 노동자들이 도시의 고임금에 더욱 동요하는 것이다. 런던은 임금이 높은 만큼 물가도 높고, 보통은 삶과 노동환경이 열악해 건강과 행복을 해친다. 하지만 단점은 몸소 겪어야 비로소 뼛속 깊이 깨닫게 된다.

　고임금 말고도, 도시는 고유한 흡인 요인이 있다.
　"수많은 군중과 역동성, 극장과 공연장, 거리의 화려한 불빛과 어디론가 바삐 걸어가는 도시인들"[18]이 이제 막 세상에 눈뜨기 시작한 시골뜨기에게 도시로 가고픈 강력한 충동을 일으킨다. 도시의 접근성이 좋아지면서, 도시의 유혹이 누구에게나 손닿는 거리에 들어섰다. 도시의 사회적 흡인 요인은 좋은 점보다 나쁜 점이 많다. 또한 시골사람 중에 가만히 있지 못하고 무모한 사람에게 점점 더 영향을 미친다. 도시의 떠돌이와 거지는 더 많이 편의와 이득을 누린다. 여전히 런던 등 대도시의 부자들이 무심코 적선을 베푸는 일이 잦기 때문에, 도시 빈민촌의 빈곤과 타락을 부추기는 데 한몫 하는 것이다.

"도시의 무책임한 적선이 널리 알려지면, 도시의 강력한 흡인 요인으로 작용한다. 모두들 일할 의지를 상실하고, 오히려 사방에 널린 일자리를 마다하고서 구제받으려 애쓴다. 결국, 노동자는 임금인상을 요구하고 고용주는 요구를 거부함으로써, 노동시장만 더욱 정체할 것이다." 런던 시 구호재단의 포터 씨가 이렇게 썼다.

이러니 농촌의 놈팡이와 게으름뱅이, 알코올중독자, 범죄자가 도시로 몰려들어, '사회 잔해계층'에 한자리씩 차지하는 것이다. 하지만 이 계층의 규모가 과장되어선 안 된다. 이들은 '사회 잔해계층'에서 비교적 작은 부분을 차지할 뿐이다. 도시의 범죄자와 놈팡이는 대부분 도시 태생이지, 도시로 올라온 농촌 태생은 소수이다. 혹시 농촌인구 중에 아주 소수만이 도시에서 고군분투하다가 죽어간다니, 오히려 소수라는 점이 박수칠 만한 일이 아닌가. 절대 그렇지 않다. 농촌인구 중에 도시의 고임금을 뒤좇아 도시로 올라온 인구가 비록 소수이지만, 농촌에서 이들은 아주 중요한 계층이다. 대부분 20-25세의 혈기왕성한 청년이며, 제조업에 종사하려고 농업을 그만두거나, 농촌에서 수공업자로 존속하지 못하고 도시로 이동하는 것이다.

제6부
국민 건강에 미치는 영향

　오늘날 산업체제에서 농촌지역의 몰락은 필연인 것처럼 보인다. 무조건 개탄하거나 맹비난할 일은 아니다. 덕분에 경제와 교육, 사회적 혜택이 골고루 돌아가게 됐다. 농촌노동자 중에 도시로 옮겨 근면성실하게 일하는 노동자는 대체로 물질적으로 나은 생활을 누리는 것이 사실이다.

　하지만 거시적 관점에서 이런 변화는 심각한 문제를 낳는다. 유능하고 건강한 농촌청년의 도시이동이 국민 건강에 어떤 영향을 미치는가? 우선 사망률을 살펴보자. 1902년 농촌지역의 사망률이 13.7%였고, 도시지역의 사망률이 17.8%였다. 무조건 도시생활이 농촌보다 건강에 해롭다고 단정할 수는 없다. 런던의 부유층이 밀집한 햄스테드의 사망률은 보통 농촌지역보다 현저히 낮다. 도시의 사망률은 온전히 빈곤층의 몫이다.

　통계를 살펴보면, 런던의 빈곤층이 밀집한 리버풀이나 글래스

고의 사망률이 보통 농촌지역의 두 배임에도 불구하고, 농촌지역의 인구는 도시로 이동하는 모양새이다. 비로소 대도시 성장과 농촌의 몰락이 무엇을 의미하는지 또렷해졌다. 매년 건강한 농촌 인구가 건강에 해로운 도시로 몰려들어, 국민 사망률만 높아지는 꼴이다. 심지어 런던의 유입인구 중에 하위 노동자 계급은 일 년 사이에 사망률이 두 배나 높아지는 것이다. 게다가 불특정 다수가 아니라, 특정 인구가 여기에 해당한다. 이처럼 유해한 환경에 노출되는 인구는 다름 아닌, 젊고 팔팔하고 혈기왕성한 농촌청년이다. 런던 시민 3세 즉, 조부모와 부모가 모두 런던 태생인 사람은 이중에 찾아보기 어렵다. 부모 또는 본인이 농촌 태생인 사람이 런던으로 옮겨와 힘겹게 일하고, 육체적으로 지적으로 진력을 다한다. 특히 육체노동에서 이런 현상이 더욱 두드러진다. 1888년 르웰린 스미스Llewellyn Smith, 영국의 통계학자가 런던 경찰국의 통계를 인용했다.

표.3

기관	런던 출생	농촌 출생	합계
런던 경찰국	2,716	10,908	13,624
런던 시경	194	698	892

(단위: 명)

철도 노동자와 짐꾼, 버스기사, 옥수수 및 목재 운반꾼처럼 육체노동자가 대부분 농촌 태생이다. 도시생활이 얼마나 건강에 해로운지 단지 사망률만 봐선 정확히 알 수 없다. 도시의 온갖 요인이 사망률에는 직접 영향을 미치지 않지만, 분명히 생명력을 떨어뜨린다. 이처럼 눈에 보이지 않는 요인도 삶의 질을 평가하는 데에 고려돼야 한다. 도시 빈민가의 사망률이 농촌지역의 사촌들보다 두 배나 높을 뿐 아니라, 살아있는 동안 도시 빈민층의 건강과 활력도 농촌지역보다 뒤쳐진다.

단순히 사회적 환경과 노동환경의 변화라고 생각하기엔 중요성이 너무 크다. 도시빈곤의 문제는 인류의 건강을 퇴보시킬 수 있다. 뜬구름 잡는 얘기가 아니라, 튼튼한 근거가 뒷받침하는 가설이므로 주목할 만하다. 전문가인 오글Ogle 박사가 다소 충격적인 말로 다음과 같이 상황을 요약한다.

"계속 도시의 사망률이 높아지고 특히 농촌청년이 도시로 이동한다면, 점차 전체 인구가 악화하는 것이 당연하다. 공동체의 힘 있고 혈기왕성한 구성원이 나머지 인구보다 더 빨리 체력을 소진하기 때문이다. 결국, 부적자생존의 구조로 이어질 것이다."

도시라는 이름의 막강한 흡혈귀가 정신없이 바쁘고 건강에 해로운 도시생활에 흥분해 날뛰다가 기력을 소진한다. 부족한 기운은 건강한 농촌청년의 피를 빨아 수혈한다. 어쩌면 미래의 과학기술이 대도시의 과밀인구를 분산시킬 수 있다. 만약 그렇다면, 오늘날 산업화 때문에 대도시로 쏠리는 힘의 방향을 역전시킬 것이다. 전혀 터무니없는 소리는 아니다. 대도시마다 공장의 흡인 요인으로 작용하는 경제적 자원이 언젠가는 전국에 편리하고 저렴한 방법으로 분배되는 것도 가능하다. 물론 한곳에 모여 일하고, 한곳에 모여 사는 인구 과밀의 생활도 청산하게 될 것이다. 충분히 과학기술이 발달하면, 인류는 오늘날 철과 증기의 시대보다 확실한 혜택을 누리게 될 것이다.

제7부
외국인 노동자의 유입

앞서 농촌인구의 도시이동에 대해 충분히 다뤘다. 하지만 주목해야 할 유입인구가 더 있다. 국내 도시로 유입하는 저렴한 외국인 노동력이다. 여기서도 마찬가지로 다소 과장된 측면부터 바로 잡으려 한다. 먼저 영국으로 이주한 독일과 폴란드, 러시아의 유대인 노동자가 영국의 노동시장에서 값싼 노동력을 공급하고, 영국인 노동자의 일자리를 모두 빼앗아간다는 소문이 있다. 이는 사실이 아니다. 유럽의 일류국가 중에 영국에서 외국인 이주민의 비율이 가장 낮다. 1901년 영국 외국인 이주민은 인구 10,000명당 1명꼴이었다. 이는 불과 1%에 훨씬 못 미치는 숫자다. 영국의 전체 인구에서 외국인 이주민의 비율은 매우 미미하다. 대조적으로 1871-1901년 외국으로 이주한 영국인은 상당히 많다.[19] 심지어 외국인 이주민이 가장 많이 유입하는 런던조차 대다수 유럽국가의 수도와 마찬가지로 외국인 이주민의 비율이 1% 남짓이다. 정확히 통계를 들여다보니, 런던 외국인 이주민의 비율이 이주민 2세대를 제외하면, 3%인 것으로 나타났다. 실제로 더 높을 수 있지만, 어차피 차이는 크지 않다. 흔히들 우려하는 것은 외국인 이주민의 수가 아니다. 과연 외국인 이주민이 영국의 소득과 직업을 얼마만큼 차지하는가이다. 런던 외국인 이주민의 40%가 스테프니에 거주한다. 1881년 15,998명이었으며, 1901년 54,310명으로 증가했다. 현재 스테프니 외국인 이주민의 비율은 1,000명당 182명꼴이다. 마찬가지로 홀번, 웨스트민스터, 말리본, 베스널 그랜, 세인트판크라스 역시 외국인 이주민의 비율이 높다. 다음 1902년 왕립외국인이주위원회의 자료를 인용했다. "가장 심각한 문제는 외국인 이주민이 대거 유입하는 바람에 런던의 특정지역에만 인구 과밀 현상이 일어나고, 오히려 영국인 원주민이 다른 곳으로 쫓겨나는 것이다." 실제로 인구 과밀의 문제는 입증됐다. 1901년 영국 외국인 이주민의 48%가 6개 자치구와 맨체스터, 리버풀, 리즈 세 개 도시에 집중된 것으로 조사됐다. 독일과 프랑스, 이탈리아의 전문 기술자가 영국의 더 나은 노동환경에서 일하려고 이주해오는 경우가 상당히 많다. 한편, 러시아와 폴란드 유대인의 수가 눈에 띄게 증가하고 있다. 이들은 정치 및 종교 박해 또는 산업의 종말 때문에 영국의 대도시로 이주해, 특정 제조업의 미숙련 노동시장에 대거 뛰어든다.

제8부
유대인과의 밥그릇 싸움

외국인 이주민 개개인을 보자면, 장점이 많다. 중국인은 윤리의식이 낮아 정착지의 분위기를 해친다고들 하는데, 이는 사실이 아니다. 미국으로 이주한 이탈리아의 하위 계층이 언쟁을 즐기고 불법을 저지른다는데, 적어도 여기선 사실이 아니다. 어쩌면 외국인 이주민의 위생관념이 철저하지 않을 수 있지만, 화이트채플 원주민의 위생관념도 그다지 높은 편은 아니다. 대체로 외국인 이주민의 성격은 성실하고 근면하고 조용하고 진지하고 검소하고 빨리 배우고 정직하다. 특히 유대인 이주민이 더욱 그렇다. 옛날식 정치경제학적 관점에서 최소비용으로 최대 부를 생산하는 점은 오히려 우리가 이들을 좇아야 한다. 만약 국가의 목표가 최대의 부를 생산하는 것이라면, 우리가 목표를 이루는 데에 외국인 이주민이 꼭 필요한 것이다.

하지만 국가의 목표는 생산에 참여하는 모든 계급의 복지도 증진시키는 것이기 때문에, 그렇다면 외국인 이주를 바라보는 관점이 아주 달라진다. 위에 나열한 외국인 이주민의 미덕이 유대인 이주민의 치명적 악덕이기도 하다. 이들은 쥐꼬리만 한 임금에도 열성적으로 일하며, 생계를 위해서라면 닥치는 대로 일한다. 기술력, 근면성, 적응력에서 모두 런던 태생을 앞지른다. 한마디로 유대인 이민자는 최악의 경쟁자다. 이상적 '경제인'이며, 시장의 생존경쟁에 '최적자'이다. 가정에서 도덕적이고, 모범시민이기도 하지만, 사회적 차원에서는 도덕성이 제로다. 만약 동료 노동자에 대해 죄책감이나 배려심이 조금이라도 있다면, 그렇게까지 임금을 낮추고, 죽도록 일하지는 않을 것이다. 이들은 물불 가릴 것 없이 온갖 장사수완을 동원하는데, 일일이 법으로 제한하기 어렵다. 선조에게서 물려받은 월등한 계산력을 아낌없이 발휘하며, 거주지역의 약자와 어수룩한 자, 악한 자를 죄다 이용해 먹는다.

제9부
외국인 노동자와의 경쟁이 초래하는 결과

런던의 노동시장에서 유대인 이주민과 기타 빈곤층의 외국인 노동자는 또 다른 공통점이 있다. 모두들 영국인보다 열악한 환경에서 살아갈 수 있다는 점이다. 다음은 베아트리체 웨브Beatrice Webb, 영국의 사회학자가 폴란드 유대인에 대해 쓴 것임에도 많은 부분에서 저렴한 외국인노동력 모두에게 해당하는 말이다. "시장 경쟁자로서의 폴란드 유대인을 보면, 이들에게는 생활의 표준이 존재하지 않는다. 생활환경에 따라 생활수준이 높아지거나 낮아진다. 빈곤에도 침울하지 않고, 저임금에도 기죽지 않는다." 이 말은 치명적 의미를 담고 있다. 앞서 말했듯이, 전반적으로 노동자의 생활수준이 향상했다고들 하지만, 여전히 도시마다 턱없이 모자란 임금과 비정규직에 매달려 언제든 빈곤의 나락으로 떨어질 처지로 살아가는 노동자 계급이 존재한다고 했다. 자, 한창 신음하는 이들 사이에 경쟁자가 나타났다. 경쟁자는 경제적으로 훨씬 더 열악한 환경에서도 살아남고, 얼마를 받든 하루 종일 온몸을 바쳐 일한다. 신입 경쟁자가 무조건 일하겠다는 일념으로 임금

수준을 끌어내리고 또 끌어내려, 원주민 노동자가 굶어죽을 최저수준보다 아래로 떨어뜨리고도 살아남을 사람들이다. 이제까지 영국의 하위 노동자 계급이 새로운 필요에 눈뜨고, 제 목소리를 내고, 시민들이 계몽되면서, 천천히 꾸준히 노동환경이 진전했다. 덕분에 빈곤층의 노동자까지도 물질적 편의를 조금이나마 더 누리게 됐고, '최소한의 삶'이라는 기준이 조금이나마 높아졌다. 만약 이런 곳에 폴란드 유대인이 한 가득씩 실려 오면, 틀림없이 살겠다고 발버둥질하며 모든 성과를 짓밟아버릴 것이다. 동등한 생활수준을 누리는 다수의 노동자가 소수의 일자리를 놓고 경쟁하는 모양새는 아니다. 물론 그것만으로도 이미 충분히 끔찍하기는 하지만, 이 싸움은 생활표준이 높은 집단과 낮은 집단 간 경쟁이다. 결과는 필연적으로 후자가 전자를 밀어내고 일자리를 쟁취하게 된다. 마치 금본위제가 명목화폐를 밀어내는 것처럼, 낮은 편의수준이 높은 것을 몰아내는 것이다. 외국인 이주에 얽힌 핵심 쟁점이 여기에 있다.

중요한 것은 외국인 이주민의 수가 얼마인지가 아니다. 미숙련 일자리와 비정규직이 만연한 곳에 외국인 이주민이 조금만 이주해도 파장이 배가된다. 비정규직이 만연하고 취직이 어려운 곳에 외국인 노동자가 조금만 더해져도, 외국인 노동자는 열악한 노동환경을 견디기 때문에 금세 평균 임금이 현저히 낮아지는 것이다. 유대인 노동자가 영원히 굶어죽을 만큼의 임금만 벌며, 미숙련 노동자로 남아있는 것은 아니다. 이들은 사다리 맨 아래부터 시작한다. 근면성과 기술력으로 숙련 노동자의 자리에 오르거나 결국 하도급 업체 또는 소규모 상점을 차리게 된다. 얼핏 보기에 유대인 노동자의 지위가 높아지면, 미숙련 노동시장에서의 경쟁 또한 사라질 것이라고 생각하기 쉽다. 만약 유대인 노동자의 지위가 높아지면서 떠나간 빈자리에 신입 유대인 노동자가 들어서지만 않는다면, 노동시장의 경쟁도 사라질 것이다. 계속해서 외국인 노동자가 이주해오니, 문제가 되는 것이다.

경제적 관점에서도 외국인 노동자의 이주가 끊이지 않을 것으로 보인다. 점차 통신기술이 발달하고, 교통비가 저렴해지고, 외국인에 대한 편견이 깨지면, 자연스레 산업사회의 노동자가 최고의 노동시장을 찾아 나설 것이다. 따라서 다양한 공동체에서 표준 노동환경이 세워지고, 생활수준이 높게 또는 낮게 조정될 것이다.

제10부
수밀구획 이론

　마지막으로 언급할 것이 있다. 영국의 유대인 이주민이 노동시장에서 영국인 미숙련 노동자를 위협하지 않는다는 설이 있다. 유대인이 영국의 기존 산업에 끼어드는 것이 아니라, 영국에 없는 새로운 산업을 창출하기 때문이라고들 한다. 이 이론에 따르면, 유대인은 수밀구획배가 충돌이나 좌초 따위로 침수하는 것을 국부적으로 막아 안전을 유지하기 위하여 만든 구획—편집자처럼 막힌 공간에서 유대인끼리만 경쟁할 뿐, 영국인 노동자와 직접적으로 경쟁하지 않는다. 만약 실제로 유대인 이주민이 새로운 산업을 도입하고 새로운 수요를 만들어낸다면, 이 이론은 주목할 만하다. 실제로 에드워드 3세 시대에 플랑드르 이주민이 영국에 새 방직기술을 들여왔고, 위그노 난민은 비단과 유리, 종이 제조업의 기틀을 세웠다. 이들은 영국 산업에 직접 공헌했으며, 오히려 노동시장에서 영국인 노동자에게 간접적인 도움까지도 줬을 것이다. 하지만 현대의 유대인 이주민은 전혀 다르다. 이들은 새로운 수요를 창조하거나 공급하지 않는다. 영국인 노동자와 직접 경쟁하지 않는다는 이론도 사실이 아니다. 유대인 이주민이 최초로 저가 의류를 취급하기 시작한 것은 사실이다. 유대인이 저가 외투를 거의 독점하다시피 하고 있으며, 역시 이들이 만들어낸 산업이다. 하지만 꼭 새로운 산업을 창조한 것은 아니다. 유대인 이주민은 저렴한 노동력을 이용해 의류를 대량생산하고 수출한다. 그렇다면 꼭 이들이 나서지 않았더라도, 영국인 노동자가 기계를 이용해 더 건강한 노동환경에서 생산할 수도 있었던 것 아닌가. 더불어 영국의 일자리와 임금도 영국인 노동자에게 더 많이 돌아갔을 것이다. 유대인은 지난 10년 동안 점점 더 많이 영국에 이주해왔다. 그럴수록 영국의 가구 제작과 신발제조, 제과, 미용, 기타 국내 서비스직에서 영국인 노동자와 유대인 이주민의 직접 경쟁이 치열해져갔다. 마지막으로 영국인 여성 노동자와 유대인 이주민의 경쟁이 최악의 양상으로 치닫고 있다. 의류 업에선 화이트채플의 유대인조차 꺼리는 저임금 일자리를 놓고서, 치열한 경쟁이 벌어진다. 끊임없이 침투하는 값싼 외국인 노동력은 현존하는 '고한제도극단적인 저임금과 장시간 노동 등 나쁜 노동조건 하에서의 가혹한 노동 착취 제도—편집자'에도 상당히 책임이 있으며, 산업 환경의 발전을 저해하고 빈곤 문제를 낳는다.

The Brilliant Thinking

| 제4장 |

노동 착취 구조: '고한제도'

제1부
'고한'의 어원

지금까지는 현대 산업사회의 지형을 살펴봤다. 이제 도시빈곤의 단면인 이른바 '고한제도'에 대해 알아보려 한다.

먼저 '고한제도'란 무엇인가. 최근 '최고위원회'에 제출된 전문가 집단의 보고서를 살펴보면, '고한제도'의 뜻이 20가지가 넘는다. 따라서 논의를 시작하기에 앞서, 용어의 뜻을 조심히 다뤄야 한다. '고한제도'는 용어가 애매모호하다. '제도'는 현대 산업사회의 혹독함을 반영하지 못하고 의미가 겉돌기 때문이다. 논의에 앞서, 먼저 용어의 정의를 내려야 한다. 먼저 '고한이란 무엇인가?'부터 알아보도록 하자.

산업계에서 이 용어를 처음 사용한 것은 양복점의 재단사들인 것으로 추정된다. 본래 양복점이 모든 작업을 자체적으로 수행하지만, 점차 편의를 고려해 집에서 일하는 개인 재단사들에게 하청 주기 시작했다. 가내 재단사들은 소득을 올리려고 되도록 장시간 일했다. 한편, 양복점의 재단사들은 양복점에 고용돼 정해진 시간 동안만 일했다. 양복점 재단사는 가내 재단사를 '고한 노동자'로 부르기 시작했다. 점차 가내 재단사들 때문에 양복점 재단사의 일감이 줄어들기 시작했다. 이로 미뤄볼 때, 본래 '고한'이란 장시간 노동을 뜻했을 뿐, 저임금을 의미하지는 않았다. 요즘 학생들이 속으로 이 용어를 사용하는 것도 똑같은 의미이다. 또한, 본래 '고한 노동자'란 스스로 땀 흘리며 일하는 노동자를 가리킨 것이지, 다른 사람에게 고된 노동을 시키는 자가 아니었다. 하지만 곧 가내 재단사에게 일감이 '밀려' 들었고, 혼자 일하기 어렵게 되니, 가족과 외부인 재단사를 고용하기에 이르렀다. 여기서 다시 용어의 뜻이 넓어진다. '고한 노동자'는 자신을 포함해 다른 사람에게도 '땀 흘리게' 일을 시키는 노동자를 가리킨다. 이로써 '고한 노동자'는 자신을 고용한 양복점과 자신이 급여를 제공하며 고용한 보조 노동자 사이에서 '중간자'의 역할을 했다. 기타 의류업에서도 똑같은 양상이 나타났고, 하청 주는 중간자가 생겨났다. 따라서 '고한 노동자'라는 용어가 외부 노동자와 일반 노동자 사이에서 도시의 소규모 하청업자를 가리키는 말로 쓰이게 됐다. 하지만 '고한'과 '고한 노동자'에는 그보다 많은 의미가 담겨있다. 가내 재단사가 주택의 다락방에서 장시간 노동하면서, 여러 가지 폐단이 발생했다. 저임금, 비위생적 환경, 고용 불안정, 산업권력의 횡포가 있기도 했다. 이 모두가 고한이라는 개념과 결부됐다. 이로써 용어는 초기의 산업적 의미가 퇴색하고, 도시빈곤이란 사회적 병폐를 가리키는 용어로 자리 잡았다. 본래 '고한'이란 '장시간' 노동을 꼬집는 말이었지만, 이제 저임금이 문제까지 포함하게 됐다. 실제로 저임금이 중요한 개념으로 등장하면서, 종종 고한 노동자는 임금은 적게 주면서 노동시간 및 기타 노동환경에 무심한 고용주를 가리키는 말로 쓰인다. 예를 들어, 노동조합에서 '고한'이란 용어를 쓰는 것은 고용주가 노동자에게 지급하는 임금이 '표준'에 못 미치는 경우이다. 개혁가들은 고한의 주요 특징으로서 소규모 작업장 및 노동자 자택의 비위생적 노동환경을 꼽는다.

제2부
오늘날 '고한'의 의미

앞서, 넓은 의미의 '고한'이 장시간 노동과 저임금, 비위생적 작업환경 등 하청업의 폐단을 포함한다고 했다. 마찬가지로 만약 하청업 외에도 똑같은 폐단이 존재한다면, 이 용어를 쓸 수 있다. 여전히 하청업의 노동자가 '고한' 노동하는 것이 사실이다. 또한, 여전히 하청업자가 '고한 노동자'의 전형으로 여겨지는 것도 사실이다. 하지만, '하청업'이 곧 고한 노동의 근본적 원인인 것은 아니다. 이유는 다음과 같다.

첫째, 다른 산업의 하청업은 고한의 폐단이 존재하지 않는다. 상무부 소속의 버넷Burnett이 최고위원회에 제출한 보고서에 따르면, 기계공학처럼 노동조합이 강력한 산업에서는 간혹 하청업의 노동환경이 '말이 필요 없는 정도'로 훌륭하다고 한다. 마찬가지로 건설업의 하청업이 반드시 '고한' 노동인 것도 아니다.

둘째, 최악의 '고한'이 관찰되는 곳은 하청업이 아니고, 오히려 탐욕스런 중간자도 없는 곳이다. 최악의 고한은 특히 여성 노동자에게서 관찰된다. 포터Potter가 깊이 조사한 끝에 다음 결론에 이른다. "이스트엔드의 정가의 의류매장에 들어갈 제품을 생산하는 노동자는 최소한의 계약조차 없이 최악의 저임금을 받으며 일한다."[20] '고한'이란 거대한 증기세탁기 앞에서 일하는 여성 노동자를 가리키는 말이다. 이들은 금요일과 토요일에 하루 15-16시간씩 노동한다. 또한, 저임금을 받고 장시간 노동하는 음식점과 상점의 여성종업원을 가리키는 말이기도 하다. 버얼리 씨의 말을 빌리면, "아예 부잣집에 들어가 살면서, 일주일에 평균 95시간씩 일하고, 겨우 숙식만 해결하고 연봉 15파운드를 받는 노동자"에게 쓰는 말이다. 화이트채플의 하청업자 밑에서 하루 14시간씩 노동하는 여성 재단사도 마찬가지다.

이처럼 '고한'과 '고한제도'의 뜻은 하청업자 밑에서 장시간 노동하는 재단사를 가리키는 좁은 의미였다. 점차 장시간 노동과 저임금, 열악한 주거 환경에 맞닥뜨린 도시 노동자 모두에게 해당하는 넓은 의미로 발전했다. '고한'이야말로 도시빈곤의 산업적, 경제적 폐단을 한마디로 압축하는 용어다. 모든 산업의 밑바닥에는 반드시 '고한'이 존재한다. 어느 산업이든지 '담배꽁초'처럼 비참하게 짓밟히는 노동자 계급이 존재한다. 극빈층의 수공업자와 하루 1실링 2펜스 버는 샌드위치 판매원, 런던 동부 및 중부 지역의 제조업마다 최하위 노동자 계급이 전부 여기에 해당한다. 미숙련 노동자라면, 누구나 예외 없이 똑같은 처지다. 비참하기 짝이 없는 서기는 25실링에 못 미치는 급여로 아내와 아이들을 부양하고, 더불어 품위 유지에 힘써야 한다. 안내원은 하루 종일 노동하고도 평범한 요리사만큼도 벌지 못한다. 이들을 비롯해, 두뇌 노동자의 처지가 수공업자의 '고한'과 크게 다를 바 없다. 뒤에 살펴보겠지만, 원인도 거의 똑같다. 단지 이 책이 수공업자의 '고한'을 더 자세히 다루는 이유는 수공업자의 노동환경이 '고한'의 폐단을 더 직접적이고 적나라하게 드러낼 수 있기 때문이다. 모든 산업의 사회적 병폐가 본질이 다르지 않다.

— 제3부
주요 '고한' 산업

최악의 '고한'이 관찰되는 특정 산업을 알아보고, 각각의 심각성을 따져보자. 다음에 등장하는 요약은 최고위원회에서 '고한제도'와 관련된 자료를 다수 끌어온 것이다. 여성 산업에서 고한의 폐단은 너무 중요한 주제라서 뒤에서 별도로 다루려고 한다. 다음 등장하는 일련의 사실은 주로 남성 산업에 해당하는 내용이다.

재단업 Ⅰ
여전히 최고가의 의류는 고도의 숙련 기술을 갖춘 고임금 노동자가 생산한다. 하지만, 저가 의류는 '고한 노동자'가 생산한다. 이들은 숙련 또는 미숙련 재단사이다. 인건비가 저렴한 미숙련 노동자가 작업한 내용을 감독한다. 런던의 외투 제조업은 조끼 및 바지 제조업과 완전히 구별된다. 런던 동부의 외투 제조업은 경계가 뚜렷이 구분되는 1평방마일 구역 안에서 생산된다. 화이트채플 전역과 인접한 두 개 교구 정도가 여기에 해당한다. 산업 전체가 유대인의 손바닥에 안에 놓였다 해도 과언이 아니다. 인구는 3-4만 가량이다. 최근 조사에 따르면, 작업의 품질이나 노동환경 등을 기준으로 작업장이라고 부를 만한 곳이 906곳 있는 것으로 조사됐다. 이곳은 고용된 노동자 수에 따라 분류할 수 있다. 비교적 큰 작업장은 10-25명 이상의 노동자를 고용하고, 대체로 임금이 꽤 높은 편이며, 고한의 폐단이 관찰되지 않는다. 하지만, 전체 작업장의 80%를 차지하는 소규모 작업장에서는 고한제도의 전형적 폐단이 속속들이 드러난다. 인구 과밀과 열악한 위생환경, 장시간 노동이 그것이다. 명목상 남성은 하루 13-14시간씩 노동하고, 여성은 공장 감독관의 지도하에 공장에서 정해준 시간만큼 노동한다. 하지만 "간혹 가구 및 철도차량 산업의 노동자 중에 배움이 왜곡된 노동자가 있다. 특히 가내 작업장의 노동자와 압착기술자, 일반 기계기술자, 벌채기술자 등이 많은 경우에 고용주의 '편의'를 위해 12-15시간씩 노동하고, 임금은 10-13시간만큼만 받는다."[21] 이보다 상위 노동자 계급은 보유한 기술이 있고, 소규모 작업장에서 고용이 조금 불안정하더라도 높은 임금을 받는다. 하지만 1실링짜리 외투를 생산하는 노동자는 대부분 여성이다. 이들은 하루 12시간씩 일하고서, 많게는 1실링 6펜스, 적게는 1실링 미만을 번다. 이처럼 하위 일자리도 구제불능인 상태이다. 기술이 전무한 '풋내기 직공'은 명목상 임금을 받으며 수습 기간을 지내다가도 나중에 만약 기계기술자가 되면 일당 6-10실링을 벌거나, 언젠가 고한노동자가 되기도 한다. 일반 노동자는 그런 희망조차 없다. 유대인 하청업자조차 단칼에 거절하는 최저가의 외투 제조업은 비유대인 여성 노동자의 손에 일감이 떨어진다. 이 여성 노동자들이 저가의 외투뿐 아니라 하층민의 조끼 및 바지도 생산한다. 대부분 도매상에서 옷감을 떼어와, 집이나 소규모 작업장에서 작업한다. 일에 대한 보상은 비참하리만큼 낮다. 보상이 적은 이유는 부분적으로 공장 때문이다. 다른 이유는 이 책 나중에 자세히 다룰 것이다. '바지 마무리공'인 여성 노동자는 하루 12-15시간씩 일주일 동안 작업하고, 겨우 4-5실링을 벌어들인다. 이것이 하위 재단업의 미숙련 노동자가 처한 현실이다. 하지만 다른 '고한' 산업과 마찬가지로 '재단업'도 위에 언급한 최하위 노동자 계급에 각별히 주의가 필요하다. 수습 초년생인 '풋내기 직공'의 임금이 보잘 것 없지만, 특정 산업에서 저임금 문제의 근거가 될 수는 없다. 수습생이다 보니, 얼마 안 되는 임금으로 생계를 이어가는 사정이 딱하기는 하다. 하지만, 어느 분야에서든 수습생이 물질적 안락을 누릴 수 없는 것은 당연하다. '고한'의 진짜 근거는 하위 숙련기술자의 임금이 굶어 죽는 수준이라는 데에 있다. 다음 두 가지 사실로 미뤄 보아, 재단업에 '고한'이 만연한 것을 알 수 있다. 지난 몇 년 동안 특정 직업의 임금이 30%가까이 감소했다. 동시에 고용의 불안정성은 심화됐다. 제법 대규모인 작업장의 노동자가 주당 평균 3일을 일하는데, 훨씬 작은 작업장과 가내 미숙련 노동자는 평균 2.5일 일한다.

리버풀과 맨체스터, 리즈 등 지방도시의 의류산업에 '고한'이 빠르게 확산되고 있다. 모두 '외국인, 특히 유대인의 유입' 탓이다. 도시마다 고용 불안정, 저임금, 열악한 위생환경, 인구 과밀,

조사기피 등 똑같은 폐단이 드러난다. 특히 리즈에서 심각성이 불거지고 있다. "이 도시에 유대인이 운영하는 작업장이 97곳 있다. 불과 5년 전, 유대인 작업장이 불과 10군데 남짓이었다. 재단업의 유대인 노동자 수가 3,000명에 육박한다. 리즈에 거주하는 유대인 수는 5,000명에 이른다."[22]

부츠 제조업 |

부츠 제조업의 고급 수제품은 대부분 숙련 기술자가 생산한다. 고용이 다소 불안정하지만, 임금이 아주 높다. 강력한 노동 단체가 있기 때문에 간혹 노동자가 13-14시간씩 초과노동 해도, 최악의 '고한'은 존재하지 않는다. 마찬가지로 재봉틀을 이용해 제작하는 고급 부츠 역시 숙련 노동자가 만들며, 임금이 아주 높다. 하지만 런던에서 대량 생산되는 저렴한 기성부츠나 요란한 치장의 신발 및 슬리퍼 등 제조업에 최악의 '고한제도'가 모습을 드러낸다. 여기에 '고한 고용주'가 큰 역할을 차지한다. "노동량이 많을 때, 유능한 '고한 노동자'가 18-25실링 가량 번다. 덜 숙련된 노동자가 15-16실링 가량을 벌어들인다. 반면, 소년과 신입 외국인 노동자는 10실링, 8실링, 7실링, 심지어 더 적게도 번다. 고용주는 생산비용을 충당한 뒤에 남는 30실링 정도가 자기 몫이라고 스스로 밝힌다. 실제로 고용주의 몫은 그보다 훨씬 많다. 하지만 산업의 특성상 고용이 불안정하기 때문에 고용주이든 노동자이든 연간 평균 주급이 최고치에 한참 못 미친다."[23] 최하위 노동자의 경우, 성인 남성이 주당 15실링 이하를 버는 것으로 나타난다. 심지어 작업속도가 더딘 노동자는 주당 10-12실링 가량을 버는 것으로 나타난다. '고한' 노동자는 하루 15-18시간씩 노동하며, 종종 '풋내기 직공'은 18-20시간을 노동하기도 한다. '펠트 및 융단 갑피' 제조업의 여성 노동자는 최선을 다해도 소득이 일당 1실링 3펜스를 넘지 못한다. 최하위 직종일수록 오히려 임금이 더 낮아진다. 데이비드 프레드릭 슐로스David Frederick Schloss, 영국 상무부 연구가가 소규모 작업장에서 일하는 다섯 명의 남성 노동자의 임금을 조사한 결과, 평균 주급이 11실링에 못 미치는 것으로 밝혀졌다. 물론 이 임금은 숙련 노동자의 임금이 아니다. 숙련 노동자의 일은 모두 기계에 넘어갔다. 남은 일은 쉽고 단조로운 작업뿐이다. 완전 미숙련 노동자도 몇 주만 연습하면 금세 맡을 수 있는 작업이다. 대체로 최저임금의 작업은 외국인 노동자가 맡아서 한다. 다만 1887년 런던의 4대 교구의 인구를 살펴보면, 전체 부츠 산업의 외국인 노동자의 비율이 16%에 불과했다. 불과 몇 년 동안 이 산업에서 저가상품의 가격이 상당히 떨어지고, 부츠 산업에 종사하는 남성 노동자가 가장 큰 피해를 입었다. 대체로 가내노동의 비중이 높다보니, 공장법이 원활히 적용되지 않는다. '요인'으로 불리는 중간자 때문에 소규모 고용주의 경쟁이 더욱 치열해진다. 중간자는 소규모 제조업자를 경쟁시켜 가격을 떨어뜨리고, 결과적으로 노동자의 임금까지도 최소임금수준으로 떨어뜨림으로써 이윤을 남긴다. 대다수의 소규모 생산자는 극도로 빈곤하다. 산업구조상 가죽상인으로부터 단기신용으로 물건을 받아오기 때문에, 계속해서 손해를 보더라도 어떻게든 물건을 팔아 빚을 갚아야 한다. '요인'은 투자자로서 이 상황을 이용해 저렴한 가격에 재고를 축적한다. 도매가격이 오르면, 대량의 재고를 시장에 풀어버린다. 이 때문에 시장이 매우 불안정해진다.

다음은 최고위원회 보고서를 인용한 것이다. 산업현장의 지형을 압축적으로 묘사하고, '고한'의 원인과 증상이 혼동되는 것을 설명함으로써, 복잡한 사회현상을 '상식'적으로 분석한 보고서이다. "부츠산업에서 '고한'의 원인은 기계화와 노동의 세분화, 외국인 노동자, 해외시장과의 경쟁 등이다. 또한, 요인의 행태도 많이 영향을 미쳤다. 소규모 장인 간 경쟁이 과열된 것도 한몫했다. 또한, 노동조합이 공장노동자를 가내 노동자로 내쫓고, 해외시장과의 경쟁에서 장애요소로 작용하며, 최신식 기계의 도입을 방해한다는 주장도 있다."[24]

셔츠 제조업 |

셔츠 제조업은 의류산업에서 최악의 폐단이 가장 적나라하게 드러나는 곳이다. 특히 런던 동부의 여성 노동자에게 해당한다. 조직적 노동 단체가 단 한곳도 없으며, 모든 작업이 가내 노동이다. 작업장에 삼삼오오 모이는 경우조차 없으며, 전부 다 뿔뿔이 흩어져 각자 집에서 작업한다. '고한'의 폐단이 가장 완벽하게 드러나는 예다. 보통 셔츠는 도매로 12장당 10실링 6펜스에 판매된다. 이 중에 노동자가 2실링 1.5펜스를 가져가고, 고한 노동자는 종종 4실링까지도 챙길 때가 있다. 이곳은 특히 기혼 여성의 경쟁이 치열하다. 셔츠 제조는 기술력과 자본이 없어도 가능하기 때문이다. 그래서 남편의 소득이 부족하거나 고용이 불안정한 기혼 여성이 주로 작업에 참여한다. 이들은 얼마를 벌든지 기꺼이 하루 종일 일하고자 한다. 최고위원회에 보고된 최악의 사례는 일주일을 노동하고 총 3-5실링을 번 것이다. 그러니 미혼여성과 과부는 이 일을 맡을 수조차 없다. 생계에 꼭 필요한 최저임금에도 못 미치기 때문이다. 하지만 기혼여성은 미혼여성보다 저렴한 노동력을 제공함으로써 노동시장의 경쟁에서 이겼다. 만약 기혼여성과의 경쟁이 없었다면, 임금이 생계에 필요한 최저수준을 만족시켰을 것이다. 셔츠제조를 부업으로 삼는 노동자 때문에 '고한'의 폐단이 더욱 악화되는 것이다.

제4부
기타 '고한' 산업

망토 제조업도 여성 산업이다. 가장인 여성이 일하기에 임금수준이 셔츠 제조업보다는 조금 높은 편이다. 노동자는 일당 1실링 3펜스-1실링 6펜스를 벌 수 있다.

모피업에 남성 외국인 노동자가 많으며, 원주민 및 외국인 여성 노동자가 수천 명이다. 대부분 소규모 작업장에서 작업하며, 중간자가 감독한다. 중간자는 모피 제조업자로부터 값비싼 모피를 받아와, 따로 '일손'을 고용해 바느질 및 손질하게 한다. 지난 몇 년 동안 임금이 생계유지수준 아래로 떨어졌다. 남성 노동자의 임금이 10-12실링이며, 소녀와 젊은 여성 노동자의 임금은 4실링까지 낮아졌다. 도저히 생활이 불가능한 액수이므로, 반드시 가족 중에 다른 소득이 있거나 스스로 불법의 소득활동을 하는 소녀와 여성 노동자만이 일할 수 있다.

가구 및 덮개 제조업에 재단업과 똑같은 폐단이 드러난다. 이

전에는 제조업체가 자체적으로 전체 생산과정을 운영했지만, 이제 소규모 요인에게 하청 주는 것이다. 저임금의 미숙련 일감은 대부분 소수의 '다락방 장인'과 자급자족의 개별 노동자가 가져간다. 고급기술이 필요한 일자리는 제조업체가 보호하기 때문에 결코 임금이 하락하는 일이 없다. 하지만 미숙련 일자리는 기계와의 가격경쟁 때문에 임금이 아주 낮다. 하청이 여러 단계에 걸쳐 이뤄지면, 손해를 입는 쪽은 실제 작업을 수행하는 노동자이다.

고한 산업 중에서 가장 문제가 심각한 곳은 쇠사슬 및 쇠못 제조업이다. 크래들리 히스 소속의 사슬 제조업자의 노동환경은 이미 세간의 주목을 받았다. 이 산업의 고용제도는 다소 복잡하다. 중간자가 '분무기'로 불리고, 중개인의 역할을 한다. 장인으로부터 재료를 받아, 노동자에게 분배하고, 다시 완제품을 수거한다. 최고위원회의 자료에 근거하면, 복잡한 형태로 뿌리 깊은 권력남용이 존재하며, 종종 구조적으로 현물지급금지법을 위반하기도 한다. 작업이 극도로 고되며, 보통 노동시간이 하루 12시간 정도로 길다고 한다. 임금은 겨우 생계유지수준이다. 여성 노동자가 수행하기에 적합하지 않은 작업이 더 많다.

제5부
고한 노동자는 누구인가? 하청업자인가?

앞서 살펴본 '고한'의 폐단은 비단 주요 산업 최하위에만 창궐하는 것이 아니다. 거의 모든 산업의 열위에 들끓는 사회적 병폐다.

'고한'의 뜻을 알고 나면, 자연스레 '고한 노동자'란 누구인가 하는 질문이 떠오른다. 이 폐단을 야기한 사람은 누구인가? 존 불잉글랜드를 의인화한 인물─옮긴이은 감성적으로나 이성적으로 굉장히 구체적이고 물질주의다. 고한이란 개념을 개인 또는 계급으로 형상화하고 싶어 한다. 만약 고한 노동자를 찾아내기만 한다면 당장 증오심을 드러내고 싹을 자를 생각이다. 인간 내면에 꿈틀대는 정의감과 박애주의는 희생양이 필요하다. 그런데 보다시피 많은 경우에 고한이 있는 곳에 하청업자가 있더란 말이다. 대충 이쯤에 책임이 있는 듯 보인다. 40년 전 킹즐리 목사가 쓴 사회소설 「앨턴 로크」에 악덕 하청 재단사가 등장해서 강렬한 인상을 남겼다. 마치 거미처럼 자신이 만든 거미줄로 운 없고 죄 없는 먹잇감을 꾀어 피를 빨아 이윤을 남긴다. 마음은 따뜻하지만 논리가 허술한 자선가들이 정의감에 휩싸이고, 노동자 계급 내부의 근시안적 선동가들이 열변을 토하고, 우스꽝스런 풍자만화가 가세하니, 대중 머릿속에 런던 동부 고한 노동자라는 인물의 전형이 공고히 심어졌다. 하는 일 없이 빈둥대는 배불뚝이 중간자가 고급 조끼에 번쩍거리는 장식과 시계 줄을 매단 채 샴페인을 즐기고 유향 시가를 태우면서 흐뭇하게 내려다보는 곳에는 비참한 생명들이 자신의 행복과 건강, 삶을 탐욕스런 냉혈인간에게 고스란히 바치고서 퀭한 몽골로 잔뜩 웅크려있다.

사실적 연구에 근거하면, 위에 묘사한 창조물은 미신에 불과하다. 고한이 창궐한 소굴에 기거하는 비참한 생명체는 과장이 아니다. 오히려 모두가 산증인이다. 하지만 인간의 탈을 뒤집어쓴 괴물 거미는 사실이 아니다. 정확히 고한 중간자가 누구인가에는 다양한 의견이 있지만, 최악의 '고한' 산업에서 중간자는 한가하지 않고 부유하지도 않다. 물론 부유하고 편의를 누리는 하청업자도 있지만, 대체로 높은 임금을 지불하고, 권력도 남용하지 않는다. 최악의 고한이 존재하는 것이 사실이지만, 현실에서 고용주로서의 고한 노동자는 항상 빈곤하며, 치열한 경쟁 속에 이윤은 낮아져가며, 겨우 생계를 이어가는 정도이다. 실제로 화이트채플 최악의 '고한' 소굴에서 고용주는 대부분 고임금의 기계기술자보다 더 벌지 않는다. 따라서 현실의 '고한 노동자'는 직접 일하고, 다른 노동자만큼이나 열심히 일한다. 흡사 위에 묘사된 고한 중간자처럼 상위 업체의 고용주와 하청 노동자 사이에서 아무 일도 하지 않고, 혼자만 이윤을 챙기고 제 배불리는 사람도 있다. 하지만 굳이 몸으로 노동하지 않더라도 고한 노동자는 감독 및 관리자로서의 역할을 수행한다. "작업장의 모든 작업을 속속들이 수행할 능력이 있고, 실제로 수행하는 유일한 사람은 고한 노동자뿐이다."

옛말에 재단사 아홉 명이 신사 한 명을 만든다고 했다. 하지만 현대 산업에서 작업이 세분화되면서 현실이 완전히 역전했다. 이제는 아홉 명이 힘을 합해, 재단사 한명이 했던 작업을 수행한다. 이 아홉 명에는 감독관과 재단사, 재봉사, 기계기술자, 공그르기 기술자, 단춧구멍 내는 사람, 압착기 기술자, 일반 노동자 등이 포함된다. 실제로 재단업에만 25개의 세분화된 작업이 존재한다. 이제는 재단사는 모든 작업을 수행하는 옛날의 재단사가 아니다. 각자 '단춧구멍 내는 사람' 또는 '재봉사'를 가리키므로, 전체 작업을 조망하고 지시할 수 있는 감독관이 필요하게 된 것이다.

하지만 '감독'하고 '조직'하는 사람이 실제 성과와 동떨어지게 비합리적으로 높은 보수를 받는 것은 별개 문제다. 실제로 리즈와 리버풀처럼 대도시의 '고한' 재단사는 "재단업에 대해 일말의 지식도 부재하다."고 한다. 현직 재단사가 이처럼 무지하고 무능력하면, 사업수완이 뛰어난 유대인이 대형 제조업체의 관리자급에게 뇌물을 바치고, 정작 자신이 못하는 재단일감을 받아온다. 유대인이 할 수 있는 일이라곤 대형 제조업체의 관리자보다 더 독하게 빈곤층의 노동자를 착취하는 것뿐이다. 유대인 중간자가 제조업체에 '편의'를 제공하는 것이다. 겉으로 장인 재단사가 하는 일을 하고, 실제로는 대형 제조업체의 고한 관리자가 하는 일을 대신하면서, 보수를 받는 것이다.

따라서 고한 노동자의 '역할'에는 분명히 상위 업체의 가림막도 포함된다. 유명한 제조업체는 여론과 회사의 '이름'을 의식하기 때문에 절대 회사지붕 아래 노동자를 직접 고용하지는 않는다. 장막에 가려져 고한 노동자의 소굴이 보이지 않아야 비로소 소비자가 문제없이 지갑을 열기 때문이다. 하지만 '유대인 고한 노동자'가 유능한 재단사이건 빈곤층의 노동자를 고용하는 '주최자'에 불과하건, 분명한 사실은 이들에게도 나름의 역할이 있고 보수를 받는다는 점이다. 곧, 현대 산업체제에서 그 역할이란 것이 쓸모가 있다는 점이다.

제6부
중간자의 성격

　실제로 산업에서 중간자는 어떤 위치인가. 대중이 생각하는 것처럼, '중간자'는 쓸모없는 존재이기 때문에 이들을 없애면 모든 문제가 해결되는 것인가. 이것은 혼동에서 비롯한 생각으로 다시 들여다볼 필요가 있다. 현실의 '중간자'는 산업체제의 일부이다. 단순히 대중이 생각하는 것처럼 고용주와 노동자의 관계 또는 생산자와 소비자의 관계에 불쑥 끼어들어 기생하면서, 하는 일이라곤 노동자와 소비자를 닦달해 제 배불리는 것뿐인 불청객이라든가 기생충이 아니란 말이다. 귀납적으로나 연역적으로 추론해도 그것은 근거 없는 믿음 즉, 미신이다. 넓은 뜻에서 '중간자'는 제품이 중간자를 거쳐 일반 소비자에게 전달되지만, 이 과정에서 제품에 경제적 가치를 더하지 않는 사람을 가리킨다. 즉, 중간자는 전체 생산 단계에서 제품 분배 전까지 손에 잡히는 성과를 내놓지 않으면서, 이익을 취하는 사람이다. 마치 투기꾼처럼 곡식이나 목재를 사재기하여, 필요에 따라 묶어두거나 대형시장에 풀기도 한다. 도매상인처럼 어부에게서 직접 생선을 매입해, 생선

가게 주인에게 팔아, 생선 물가를 높이기도 한다. 런던 동부에서 가게를 운영하는 상인들처럼 채소가격이 올라가는 원인이 되기도 한다.

온갖 종류의 중간자를 여기서 다루지는 않겠다. 다만, 중간자는 편리하게 물질적 부를 분배하는 역할을 한다. 분배의 역할은 농부와 어부, 상품작물 재배자의 생산만큼이나 중요하다. 후자는 상품의 질과 외양에 직접 영향을 끼치고, 전자는 그렇지 않다는 차이뿐이다. 제조업체와 노동자 사이에 놓여있는 중간자는 크게 세 종류이다. 첫째, 도매상에서 일감을 의뢰받아 재료를 집으로 가져온 다음 가족 또는 외부인력을 고용해 작업을 수행한다. 공방의 장인이나 재단업의 '고한 노동자'가 여기에 해당한다. 둘째, 중간자는 분배자이다. 중간자가 재료를 받아와 개별 노동자에게 분배하면, 노동자는 각자 집에서 작업을 수행한다. 다시 중간자는 완제품을 수거한다. 특히 대도시 전역에 노동자가 뿔뿔이 흩어져있는 경우, 도시마다 뿔뿔이 흩어져 사는 경우, 분배자의 역할과 책임감이 막중하다. 마지막으로 '하청업자'가 있다. 이미 상위 업체가 계약한 일감의 일부를 받아와, 필요한 재료와 도구를 모두 구비해두고 노동자를 고용해 일을 시킨다. 아니면, 상위 업체에서 받아온 일감의 일부를 각자 재료와 도구를 구비한 노동자에게 다시 맡긴다. 하청업은 채굴 및 건설업에 다양한 사례가 있다. 어느 것이든 중간자가 한낱 기생충에 불과한 경우는 없다. 어느 경우에도 중간자 또한 노동하며, 비록 노동이란 것이 물질적으로 상품을 변형시키는 작업이 아니지만, 분명히 중요한 작업이다. 무엇보다 현재의 산업 환경에서 나머지 생산자가 수행하는 역할만큼이나 꼭 필요하기 때문에 합당한 대가를 받는 것임은 틀림없다. 투입이 없으면 산출도 없다는 격언은 비단 화학뿐 아니라 상업에도 적용된다. 자유 경쟁 사회에서 아무것도 하지 않는 사람은 아무것도 누리지 못한다. 자본가로서의 중간자는 자신이 소유한 자본을 이용해 소득을 얻는다. 하지만 말인즉 중간자의 자본이 생산과정에 요긴히 쓰인다는 것을 함축한다.

제7부
중간자의 업무와 보수

중간자는 하는 일이 없으므로 보수를 받을 자격이 없다고들 한다. 그런데 이 불평에는 두 가지의 오류가 있다. 첫째는 이미 다뤘듯이, 중간자가 '분배자'로서 수행하는 역할을 이해하지 못해서이다. 이보다는 두 번째 오류에 주목할 필요가 있다. 흔히들 혼동하는 것이 특정 직업이 상황이 달라지면 쓸모없어질 것이기 때문에 지금 당장 이 직업이 쓸모가 없고 보수를 받을 자격이 없다는 주장이다. 이 세상에서 사기와 범죄가 자취를 감추면 변호사는 쓸모없는 직업이 될 것이다. 그렇다고 지금 당장 변호사라는 직업이 쓸모없다고 주장하는 것이 타당한가. 계속 새 기계가 등장할 때마다 차례대로 쓸모없는 '노동자'가 생겨나고 있다. 따라서 언젠가 산업구조가 재편되고 중간자가 불필요해지면, 제아무리 유능한 중간자라도 사라질 것이다. 하지만 실제로 변화가 찾아오기 전에는 응당 중간자가 보수를 받아야하고, 또 마땅히 받을 만하다. 실제로 어떤 중간자는 직위를 이용해, 상위 업체 또는 대중으로부터 합당한 액수 이상의 이윤을 착취하는 자도 있다.

하지만 평범한 '고한 노동자'로서의 중간자가 벌이는 행위는 아닙니다. 설령 중간자가 거대 이윤을 챙긴다 하더라도, 보수가 과하다거나 부당하다고 주장하는 것이 오히려 부당하다. 직업별로 경제적 가치를 매기는 것은 '자유 경쟁'에 근거한 것이다. 먼저 그것부터 따져 물어야 할 것이다. 따라서 '고한' 중간자는 반드시 필요한 직업이며, 그 대가로 보수를 지급받는 것이다. 만약 누군가 그 금액이 과도하다고 주장하려면, 먼저 합당한 금액이 얼마인지 증명하는 법칙을 선보여야 할 것이다.

제8부
고용주 겸 '고한 노동자'

따지고 보면, 중간자는 상위 업체와의 관계에서 본인이 '고한' 노동을 할 수밖에 없는 입장이다. 따라서 필연적으로 다른 노동자에게 다시 '고한' 노동을 시키는 수밖에 없다. 또한 현실에서는 상위 업체가 '노동자'를 직접 고용할 때 최악의 '고한'이 발생한다. 두 가지 사실로 미뤄, 화살은 고용주에게 돌아가야 하는 것이 아닌가? 고용주가 책임지도록 하는 것이 맞지 않은가? 과연 사실인가? 만약 어떤 제조업체가 거대자본을 거느리고 대규모 인원을 고용하고서도, 노동자에게 겨우 생계유지가 가능한 정도의 임금을 지급하는 것으로 악명 높으면, 흔히들 고용주가 악덕과 착취를 일삼는 인물이라고 너무 쉽게 죄를 뒤집어씌우는 경향이 있다. 회사가 임금을 인상할 능력이 있는데도 불구하고 더 큰 이윤을 남기려 한다고 덧붙인다. 빈곤층의 생계를 담보로 이용해 먹는다는 것이다. 우리는 고용주에게 씌운 혐의를 다시 생각해볼 필요가 있다. 실제로 위의 경우는 일부 고용주에 해당하며, 따라서 혐의가 사실과 다르다는 것을 알게 될 것이다. 회사 중에 특히

권 또는 사업상 기밀을 보유한 회사 즉, 천연자원이나 지리적 특성, 시장 통솔권 등 특별한 장점을 갖고 있는 회사는 자본경쟁이란 풍파에서 스스로를 보호하는 바람막이가 존재하기 때문에 대체로 이윤을 남기게 된다. 앞서 나열한 독점권이 시장에서 얼마만큼 가치 있는가에 따라 초과이윤을 가늠할 수 있다. 탄광 또는 가스공장 소유주 그리고 유명 비누 또는 비스킷 회사, 그밖에 시장 점유율이 견고한 자본가는 대부분 평균 시장임금을 뛰어넘는 높은 임금을 노동자들에게 제공하고도 사업상 건재하다. 심지어 면업 지대인 랭커셔에서는 동일한 산업 내에서 종종 전체 산업이 크게 이윤을 남기기도 하는데, 이런 경우, 거의 모든 회사가 임금을 인상시키고도 전혀 끄떡없다. 만약 이 경우, 고용주가 노동자에게 임금을 충분히 지급하지 않는다면, 결과적으로 노동자가 떠안게 될 역경과 타락에 윤리적 책임을 느껴야 한다. 고용주가 '우리는 시장 수준에 맞게 임금을 지급할 뿐이니 못마땅한 노동자는 일을 그만둬라. 대신 일하려는 사람이 줄을 섰다.'는 식으로 윤리적 책임을 피해갈 수는 없다. 적어도 시장에 '윤리적 사고방식'이 설자리가 남아있다면 말이다.

하지만 현실에서 위와 같은 고용주는 드물다. 독점권이 없고 자본경쟁의 풍파에 전속력으로 노출되는 회사들은 이윤이 '최저생계비' 수준이다. 말인즉, 노동자의 임금이 더 이상 올라가면, 회사의 이윤이 적자가 되거나 투자자본이 남아나질 않는 것이다. 일반적으로 합자회사 및 유한회사처럼 주로 차입자본으로 사업하는 회사들은 노동자의 임금을 더 올리고 나면, 다른 회사들과의 치열한 경쟁에서 발붙이기 어렵다. 만약 인심 좋은 고용주가 완전 자유 경쟁 속에서도 노동자의 임금을 20%나 올려줘야 겨우 성이 찬다면, 먼저 자신의 '관리감독 임금'부터 전부 헌납하고 차입자본 이자는 호주머니를 털어서 내야 할 것이다. 사실상 애초에 세운 회사의 중장기 목표는 모두 폐기처분해야 할 것이다. 중간자와 마찬가지로 정상적 환경에서 사업하는 고용주는 저임금, 장시간 노동에 책임이 없다. 노동자의 산업 환경을 하루아침에 크게 개선할 능력이 그에게는 없다. 설령 간절히 원한다고 하더라도 말이다.

제9부
소비자 겸 '고한 노동자'

　세 번째 시선은 보다 장기적 관점이다. 소비자에게 책임이 있는 것으로 바라보는 관점이다. 노동자의 임금이 낮을 수밖에 없는 이유는 소비자가 물건가격을 낮추려 하기 때문이라는 것이다. '싼 것'만 미친 듯이 찾는 것이 '고한'의 진짜 원인이라는 생각이다. 예전에는 소비자와 상인이 정기적으로 거래했다. 소비자는 상인에게 정당한 가격을 지불하고, 상인은 소비자에게 좋은 물건을 판매하는 것에 만족했다. 따라서 상인은 제조업자에게 합당한 가격을 지불하고, 제조업자는 다시 노동자에게 합당한 임금을 지불하고, 그만큼 제품의 질을 높게 유지하는 것이 가능했다. 그러니까 안 좋은 물건은 수요가 없었다. 오로지 숙련기술만 수요가 있었고, 숙련기술자도 합당한 임금을 받았다. 현대에 들어, 시장 경쟁이 치열해지면서 모든 것이 바뀌었다. 선전과 광고가 큰 역할을 차지하고, 소비자와 판매자의 결속이 산산이 부서졌다. 판매자는 소비자가 누구든지 최대량을 판매하는 것이 목표이다. 소비자는 판매자가 누구든지 가능한 한 저렴하게 원하는 물건을 손에 넣는 것이 목표가 됐다. 따라서 상품의 질은 낮아졌다. 질 좋은 물건을 판매하는 것은 더 이상 상인들의 관심사가 아니다. 소비자들은 어느 물건이 좋은 물건인지 전문적 견해를 듣고 싶어도 상인에게 의존할 수 없게 됐다. 상인은 사사로이 한쪽 견해에 치우쳐있을 뿐이다. 오늘날 상인은 전문가와 논쟁하면, 쉽게 패배하는 아마추어일 뿐이다. 그렇다고 해서 오늘날 소비자가 더 악독해진 것인가 하면, 꼭 그렇다고 말할 근거가 없다. 소비자는 예나 지금이나 가장 저렴한 가격에 물건을 구하는 것이다. 다만, 중요한 것은 오늘날 소비자들이 싸고 좋은 물건을 가려내는 능력이 예전보다 뒤떨어진다는 점이다. 예전에는 제조업자의 기만에 속아 넘어가지 않도록 친분이 있고 신뢰하는 소매상인과 거래했다. 그런데 이제는 그렇지 않은데다가, 공공연히 소비자를 기만하는 요소가 갈수록 늘어나는 추세다. 거래가 복잡해질수록, 상품종류가 다양해질수록, 생산과 분배가 전문화할수록, '기만의 기술'이 발달할수록, 전문가인 판매원이 비전문가인 소비자를 압도하고 이윤을 남기기 쉬워졌다. 정신없이 바쁜 매장에서 쓸모없는 물건, 불량식품, 싸구려 천과 가죽 등이 팔려나갈 뿐이다. 기만의 기술이 이토록 세밀히 발달하다보니, 소비자는 매번 속고 또 속기 쉽다. 소비자가 일부러 낮은 가격에 질 나쁜 상품을 선호할 만큼 어리석은 것이 아니다. 단지 좋은 물건과 나쁜 물건을 가려내는 판단력이 부족한 것이다. 따라서 어차피 값비싼 물건이 품질 좋은 물건이라는 보장이 없으니, 차라리 저렴한 물건을 고르는 것이다. 이래서 시장에 나쁜 물건이 넘치는 것이지, 결코 소비자가 싼 값에 환장해서가 아니다. 어쨌거나 결과적으로 일부 소비자가 미숙련 공업을 선호하는 바람에 최악의 '고한' 노동이 발생하는 것도 사실이다. 값싼 옷과 부츠를 대량 생산하는 사람은 재단사나 제화공이 아니라, 일반 노동자이다. 작업에 필요한 엉터리 기술 또는 속임수를 배우는 데 몇 주면 충분하다. 그러니까 의류업의 '고한 노동자'나 소규모 고용주가 새로 사람을 뽑을 때에 미숙련 노동시장을 근거지로 생각하는 것이다. 굳이 대중이 질 좋은 물건을 구매하고 합당한 가격을 지불하겠다고 고집한다면, 이 세상에서 '고한' 산업이 사라질 것이다. 하지만 소비자에게 모든 죄를 뒤집어씌우기 전에 다음 내용을 살펴보고, 정상 참작해야 한다.

제10부
소비자의 역할

　물건 값이 비싸다고 해서 그 물건을 생산하는 노동자가 '고한' 노동하지 않는 것은 아니다. 만약 내가 생산과정이 훌륭한 상품과 그렇지 않은 상품을 구별할 수 있다면, 당연히 후자를 선택하고, '고한'을 없애는 데에 일조할 것이다. 하지만 그저 높은 가격만 지불한다고 문제가 해결되는 것이 아니다. 저렴한 가격에 살 수 있는 물건을 괜히 비싸게 구매하면 미숙련 노동자들의 고용주 배만 불릴 뿐이다. 그리고 폐단의 근원인 생산과정이 바람직하지 않은 상품에 대한 수요도 전혀 줄지 않는 것이다. '고한'에 일조하고 싶지 않은 소비자는 제일 먼저 구매하려는 상품의 질을 따져야 한다. 가격은 나중이다. 숙련 노동자는 미숙련 노동자만큼 심하게 '고한' 노동하지 않는다. 고급 기술은 반드시 합당한 보수를 받는다고 생각해도 무방하다. 구매하려는 상품의 질을 정확히 판단하는 능력이 없는 소비자는 비싼 가격을 주고 물건을 산다고 해도 과연 노동자에게 그만큼의 임금이 돌아가는 것인지 확신이 들지 않는다. 유명한 상품이 소위 이름값 한다는 보장은 없다. 상품명으로는 노동자가 임금을 제대로 받는지, 또는 거래처 공장의 노동자들이 임금을 제대로 받는지 알 길이 없다. 일반 소비자라면, 문득 어느 상점에 들어가서 물건을 구매하는데, 과연 자신의 소비가 '고한'에 직간접적으로 영향을 미치는 것인지 아는 것은 불가능하다. 하지만 소비자가 위원회를 지정해서 각 상품을 생산한 회사가 합당한 임금을 지불하는지 일일이 조사하도록 역할을 위임하는 것은 가능하다. '화이트 리스트' 즉, 선한기업 목록이 있다면 회사 자체가 임금을 충분히 지급하는지, 해당 거래처 역시 임금을 충분히 지출하는지 확일 할 수 있다. 그렇다면 '고한'에 반대하는 소비자가 안심하고 구매할 수 있을 것이다. 악명 높은 '고한' 기업을 질타하는 여론과 전문가의 견해가 형성되고, 이것이 현실에 적용된다면, 틀림없이 큰 효과가 있을 것이다.

과연 높은 가격을 지불하고 질 좋은 물건을 구매하면 '고한' 산업이 종식하고 빈곤의 문제가 말끔히 해결되는가 하면, 헛된 상상에 불과하다. 비록 열악하고, 멸시 당하고 또 사회를 타락시키는 일자리이지만, 덕분에 다수의 빈곤하고 비능률적인 노동자가 근근이 생계를 이어나간다. 이것마저 빼앗긴다면, 노동자는 곧바로 빈곤과 고통을 경험하게 될 것이다. 숙련 노동자는 수요가 더욱 많아지겠지만, 미숙련 노동자는 높은 벽을 넘지 못하고 경쟁에서 밀려나게 될 것이다. 그리고 무능하고 절망하고 허약한 미숙련 노동자가 어느 때보다 많이 넘쳐흐를 것이다. 미숙련 노동자에 대한 수요가 감소하면 장기적으로 효과가 어떻게 나타나든지, 당장 고통스러울 것이다. 결코 가볍게 넘길 문제는 아니다. 당장 나타나는 효과와 미래에 가능한 효과가 이렇게 모순이면, 자선가는 늘 난처하다. 런던 성냥팔이 소녀가 처한 환경이 예이다. 마음씨가 고운 사람은 누구나 성냥팔이의 비참한 생활을 보고 분노한다. 사람들은 성냥팔이가 보잘것없는 액수를 벌어들이는 것을 보고, 성냥 장사를 뿌리 뽑아야 한다며 불매운동을 제안한다. 하지만 소녀가 벌어들이는 소득이라곤 판매수익뿐이다. 인도주의적 감정에서 우러나온 행동이지만, 오히려 소득을 더욱 비참한 지경으로 깎는 결과를 초래할 것이다. 즉, 고통을 줄여주려다가 오히려 키우는 것이다. 어쩌면 누구는 가게에서만 성냥을 구매하고, 가게 종업원들은 임금을 제대로 받는다고 말할 수 있다. 하지만 성냥팔이 소녀는 얻는 것이 없다. 어쨌거나 당신은 성냥팔이 장사를 망하게 했다. 소녀는 가게에서 일할 수 없다. 소녀는 노동력 등급이 다르기 때문이다. 사회개혁가는 매번 똑같은 딜레마에 빠진다. 산업 관계망이 복잡해서, 진보를 상징하는 마차가 거대 트럭으로 모습을 바꿔 한 바퀴 진보할 때마다 죄 없는 희생자를 수없이 많이 짓밟아버린다. 한 가지 분명한 것은, 만약 대중 소비자가 매번 구매할 때마다 노동자 환경을 고려하느라 심혈을 기울인다고 해도 결코 소비자는 노동자가 모두 고용이 안정적이고 임금이 충분한지 확신하지 못한다는 점이다.

결론은 대중이 개별 소비자로서 또는 집단 소비자로서 할 수 있는 일이 아무것도 없다는 것이 아니다. 앞서 살펴봤듯이 고용주와 중간자가 일부 책임을 지는 만큼, 대중에게도 일부 책임이 있다. 하지만 병폐가 어디서 비롯됐는지 똑바로 알려면, 개인이나 산업사회의 계급 중 어느 한쪽이 아니라, 개인과 계급 사이에 존속하는 관계성을 이해해야 한다. 즉, 현존하는 산업 체제가 내포하는 본질과 성격을 이해해야 한다. 모호하게 들리겠지만, 옳은 말이다. 성급히 정의내리고자 욕심 부리면, '고한'이란 병폐를 좁게 이해하게 된다. 그것만큼 개혁 노력을 지연시키는 행위가 없다.

The Brilliant Thinking

| 제5장 |

고한제도의 원인

제1부
미숙련 노동자의 과잉 공급

'고한'이 가져오는 폐단을 설명하려면 산업 체제를 살펴야할 차례다. 문제는 크게 세 가지로 나타난다. 세 가지 주요 측면에서 문제를 살펴볼 수 있다. 종종 '고한'의 원인이라고들 부르는데, 오히려 '고한'의 조건이라는 표현이 더 적합하다. 서로 별개가 아니라, 여러 가지 면에서 긴밀히 엮여있다.

'고한'의 첫 번째 조건은 미숙련 비능률 노동자의 초과 공급이다. 경제학 논리를 죽 늘어놓지 않아도 쉽게 알 수 있는 내용이다. 일자리에 필요한 노동자 수보다 일자리를 구하는 노동자 수가 더 많고, 노동시장이 자유 경쟁이라면, 임금은 꼭 필요한 노동자 수를 유인하는 정도에 그친다. 다시 말해, 미숙련 노동시장에 다수의 실업자가 존재하면, 임금과 노동시간, 그 외의 노동환경이 일정 수준으로 통제된다. 일정 수준이란, 실업자에게 열린 대안들보다 약간 더 매력적인 수준을 말한다. 실업자에게 열린 대안들이란, 잡역과 도둑질, 굶어죽기, 보호시설에 의존하기 등이 있다.

몇몇 국가에서는 미사용중인 토지가 무료로 사용가능하다. 이때 토지의 노동생산성이 최저임금에 영향을 미친다. 토지사용권이 없는 국가에서는 미숙련 노동자의 공급이 수요보다 많을 때마다, 위에 나열한 대안들이 최저임금 수준을 결정하는 것이다.

실업자가 많으면 미숙련 노동자의 임금이 겨우 생계유지수준으로 내려가고, 그마저도 우리가 '고한제도'라고 부르는 노동환경에서 발생하는 소득이다. 미숙련 노동자의 임금을 이처럼 최소한으로 낮게 유지하려면, (대안이 나아지지 않는 한 절대 오르지 않는다.) 실업자 수가 대단히 많아야 하는 것도 아니다. 이미 고용된 노동자와도 경쟁하기 때문에 실업자가 아주 조금만 있어도 충분히 임금을 낮게 유지할 수 있다. 상황은 숙련 노동자 모두가 똑같다. 다만 중요한 차이점이 있다면, 숙련 노동자의 최저임금은 일정 수준 이하로 절대 떨어지지 않는다. 일정 수준이란, 숙련 노동자가 추가 기술을 익히고 써서 고급 숙련 노동자로 거듭나려는 마음이 들지 않도록 묶어두는 데에 필요한 수준이다. 노동조합에서는 본능적으로 온갖 노력을 기울인다. 해당 산업에서 실업 노동자의 경쟁으로 최저임금 수준이 낮아지지 않도록 애쓰는 것이다. 강력한 노동조합에서는 표준 임금을 마련하는 데에 성공했다. 절대 누구도 그 이하로는 임금을 받아들이지 않기로 확정한 것이다. 실업자는 조합의 기금에서 도움 받을지언정, 표준 임금보다 낮은 임금을 수용할 수 없다. 상대적으로 미숙련 노동조합은 실업자와의 경쟁에서 결코 자유롭지 않다. 기꺼이 임금을 낮게 받으려는 경쟁자들을 영원히 붙잡아둘 능력도 안 된다. 그래서 미숙련 노동조합은 조합원 수를 제한함으로써 노동시장에서 비조합원이 쉽게 이기지 못하도록 애쓴다. 노동 공급을 제한해서 임금이 지나치게 떨어지는 것을 예방하는 것이다. 중요한 것은, 이들이 내색하지 않더라도 분명히 사실을 인지하고 있다는 점이다. 미숙련 노동자의 초과 공급에서 '고한'이란 산업적 병폐가 비롯한다는 사실을 말이다.

제2부
과잉 공급이 생겨난 이유

앞에 두 장에서 미숙련 노동자의 초과 공급에 관련된 주요 산업 동향을 다뤄봤다. 하지만 문제를 명료히 드러내려면 다양한 원인들을 하나씩 짚어보는 것이 좋겠다.

A | 농촌인구의 도시이동이 완전 미숙련 노동자의 초과 공급을 더욱 부추긴다. 이중 상위 노동자는 초과공급 속에 오래 머물지 않고, 더 숙련되고 고임금인 계층으로 상향 이동한다. 하위 노동자는 영구적으로 비능률 노동자 무리가 되어, 최저생활 임금을 두고 경쟁한다.

B | 값싼 미숙련 외국인 노동자가 런던을 비롯한 대도시로 꾸준히 유입한다. 가끔씩 강제 망명으로 대도시의 유입인구가 대폭 높아지기도 한다. 이들이 미숙련 노동자 계급에서 함께 경쟁하면, 경쟁의 치열함이 배가된다.

C | 외국인 이주민 때문에 노동공급이 늘어나면, 원주민 미숙련 노동자의 노동환경이 부실해진다. 당연히 노동수요가 줄어도 마찬가지다. 국내 시장에서 무관세수입품목과 '고한' 노동자의 생산품이 경쟁하면, 값싼 외국인 노동자가 유입하는 것과 똑같은 효과가 나타난다. 독일제 저가의류가 대량으로 수입되어 런던 동부의 상점에서 국산품과 경쟁한다면, '고한'이 계속될 것이다. 마찬가지로 독일 이주민노동자가 런던 동부에서 동일제품을 만든다면, 역시 '고한'이 계속될 것이다. 두 경우 모두, 소비자는 값싼 노동력 덕분에 싼값에 물건을 구입하고, 노동자들만 저임금에 고통 받는다. 영국에서 만든 영국 제품을 독일로 수출해, 값싼 독일 제품이 입힌 손해를 만회해야 한다는 주장이 있다. 미숙련 노동자의 관점에서 자신이 할 수 있는 일이 아니고서야 아무런 해결책이 못 된다.

D | 기계화로 인해, 기계가 숙련 수공업 노동자를 대체하고, 노동자의 기술의 가치를 한순간 강탈해감으로써 미숙련 노동자의 공급이 증가한다.

E | 기계화가 확대되고 교육수준이 올라가면서, 여성 및 아동 노동자의 위치가 남성 노동자와 동등해진다. 이로써 몇몇 특정 업무에 미숙련 노동자의 공급이 증가한다. 여성 및 아동은 과거 남성이 독점했던 업무를 대신 맡거나, 새로운 일자리(예: 우체국 또는 전신국)를 쟁취한다. 과거에는 새로운 일자리에 남성 노동자만 뽑혔다. 이처럼 여성과 아동이 노동시장의 경쟁에 직간접적

으로 뛰어들면서, 미숙련 노동자의 초과 공급을 더욱 부추긴다.

F | 매우 중요한 요인이 한 가지 더 있다. 지방공장과 런던공장의 경쟁이 매우 치열해지고, 오히려 런던의 공장이 경쟁에서 밀리고 있다. 지난 몇 년 동안 제조업이 런던에서 지방으로 점차 이전하고 있다. 런던의 공장노동자가 대거 일자리를 잃게 됐다. 런던공장이 문을 닫으면서, 실직하고 굶주린 노동자가 대거 '고한 산업'으로 몰려들었다.

거시경제학적 관점에서 볼 때, 자유 경쟁체제에서 노동자의 초과공급은 '고한제도'의 가장 중요한 양상이다. 최근 비정규 부두 노동자의 경쟁에서 이런 양상이 두드러지게 나타난다. 생계를 위한 발버둥이 적나라하게 드러났다. "런던에는 부두마다 '우리'라고들 부르는 장소가 있다. 쇠창살이 둘러싼 일종의 축사이다. 나는 굶주림으로 죽어가는 부두 노동자 300명이 '우리' 주변에 운집한 것을 목격했다. 그때 우두머리처럼 보이는 자가 나타나 일손 셋이 필요하다고 했다. 그 말을 듣고 굶주리고 불우한 300명이 엉망진창으로 달려들어, 고작 2-3시간짜리 작업을 얻으려 싸우기 시작했다. 나는 그날의 광경을 결코 잊을 수 없다. 도저히 잊을 수 없다. 말 그대로 그들은 탐나는 표에 닿으려고 서로의 등에 기어올랐다. 피터지고 질식한 사람들이 심심찮게 눈에 띄었고, 등에는 옷이 너덜너덜 찢겼다." 부두 노동자의 상황이 산업 동향을 더 비극적으로 나타내는 것일 뿐, 미숙련 도시노동자들의 경쟁도 위에 묘사된 그림과 크게 다르지 않다. 실제로 목격하지 않왔다면, 묘사가 과장된 측면이 있는 것처럼 느끼겠지만, 적어도 공급이 수요를 초과하는 상황에서 미숙련 노동자들의 자유 경쟁이 어떤 모습인가 정확히 이해할 수 있다. 다른 업종에서 미숙련 노동자들이 똑같은 방식으로 앞다퉈 무엇인가를 쟁취해야 한다면, 똑같은 장면이 지긋지긋하게 반복될 것이다. 하지만, 재봉사와 재단사, 셔츠 마무리작업공, 모피 재봉사 등 간의 경쟁이 조용하고 개인적이어도 그 치열함과 참담함, 수치심은 덜하지 않다. 이처럼 최저생활임금을 제공하는 일자리를 차지하려고 벌이는 생계를 향한 몸부림은 필연적으로 미숙련 노동자의 초과 공급과 자유 경쟁에서 비롯하는 결과다.

제3부
'소규모 고용주'의 증가

　자, 지금까지 상당히 많이 논의를 진전시켰다. 이제는 '고한제도'에서 중요한 부분을 차지하는 또 다른 면을 다루려 한다. 부스 박사와 동료들은 '고한'이란 사회적 병폐의 뿌리가 '소규모 고용주'의 증가에 있다고 밝혔다. 이 시대의 산업동향을 들여다보면, 갈수록 노동력이 한곳에 집중되고, 고용이 공장에 집중된다. 하지만 런던을 비롯한 대도시의 특정 산업은 여전히 협소한 작업장이나 개별 가정집에서 소규모 단위로 작업한다. 최악의 '고한'이 대부분 그런 산업에서 발생한다. 산업이 진화하는 것을 지체시키는 경우이다. 어쩌면 그보다 최악인지도 모른다. 어떤 산업은 공장제로 진화하다가, 돌연 산업흐름을 역류하면서 다시 작은 단위로 쪼개졌다. 대표적 사례가 의류업이다. 의류업에서 가정집과 소규모 작업장이 차지하는 비율이 갈수록 증가하고 있다. 비단 런던 동부만이 아니다. 대도시인 리버풀, 리즈, 셰필드 등에서도 이런 현상이 나타나고 있다. 특히, 외국인 노동자가 깊숙이 침투한 산업에서 이런 현상이 두드러진다. 실제로 고한 작업장은 대부분 외국인 노동자를 쓴다. 특히 의류업이 가장 잘 알려져 있다. 지난 10년 동안 리버풀의 가내노동자가 양복점 노동자를 대체했다. 가내노동자 중에서 여성 노동자가 차지하는 비율이 증가하는 추세다.

다음은 최고위원회의 회의내용을 인용한 것이다. "현재를 기준으로 리버풀에 거주하는 고한 노동자의 2/3가 외국인"이다. 이들은 대부분 독일과 러시아, 폴란드 출신이다. 16년 전, 리즈의 유대인 작업장 수가 12곳뿐이었는데, 현재 수백 곳에 이른다.

최악의 '고한' 산업은 가내 노동자에게 하청을 준다. 따라서 개별 노동자의 소규모 작업장이 사회적 병폐의 온상지인 것이 맞다. 만약 감시망의 사각지대에 놓인 가내수공업과 소규모 작업장이 전부 공장과 대형 작업장에서만 수행된다면, 비로소 노동자 계급의 노동시간과 위생환경이 법적으로 관리될 수 있을 것이다. 곧이어 여론에 부합하도록 표준 임금이 정상적으로 지급되고, 노동조합도 생겨날 것이다. 결과적으로 최악의 병폐도 이 사회에서 자취를 감출 것이다. 오랫동안 고한제도를 연구해온 개혁가들은 소규모 작업장의 폐지를 원대한 목표로 삼는다. 다음의 전문가 증언은 학생의 뜨거운 호응을 얻고 있다. "만약 고용주가 곳곳에 흩어진 작업장을 모두 매입한 뒤, 오직 공장제에서만 생산한다면, 생산비용이 줄어들고 노동자는 지금보다 나은 노동환경에서 일하게 되고 노동시간도 단축될 것이다. 사업 이윤이 노동자 계급에 골고루 돌아가는 한편, 대중도 이전과 똑같은 가격에 원하는 물건을 손에 넣게 될 것이다."[25] 미국과 영국이 똑같이 저가 운동화를 생산한다. 공장제도인 미국이 고한제도인 영국보다 더 저렴하게 생산하고 판매한다. 하지만 오히려 노동자의 임금은 미국이 영국보다 더 높다. 게다가 런던 고한산업은 지방공장과 똑같은 조건에서 경쟁한다. 지방공장에서는 노동자가 아니라 기계로 제품을 찍어낸다.

제4부
'소규모 작업장'의 경제적 이점

우리가 대답해야 할 질문은 이것이다. 런던처럼 대도시에서 소규모 작업장이 시대의 산업흐름을 역행하는 힘이 무엇인가. 심지어 계속 성장하는 이유가 무엇인가. 소규모 작업장이 사라지지 않고, 존속하는 것을 보면, 분명히 소규모 작업장 제도에만 존재하는 산업적 이득이 있는 것이다. 다음의 사항을 고려하면, 이 주제를 더 잘 이해할 수 있다.

1 | 고한산업은 대부분 노동수요가 들쭉날쭉하다. 정확히 말해, 고용이 불안정하다는 것은 고용이 충분치 않음을 뜻한다. 고용의 '불안정성'은 고한제도에서 최악으로 꼽히는 폐단이다. 하위 노동자 계급일수록, 고용의 불안정성도 더 심각하다. 특히, 여성 노동자가 많은 산업에 '계절'과 유행의 요소가 끼어든다. 하지만 재단이나 셔츠제조, 신발제조, 가구 및 덮개 제조처럼, 성수기나 비수기가 없고, 수요도 변덕스럽지 않은 산업조차도 노동시장이 꽤 자주 크게 변동한다. 고한산업의 평균 노동일수는 주당

3-4일인 것으로 짐작된다. 해마다 6주의 성수기가 두 차례 있는데, 성수기마다 불쌍하고 가엾은 생명체들이 으레 초과노동을 한다. 버넷 씨는 이렇게 말한다. "성수기를 제외한 9개월의 작업량이 성수기작업량의 절반을 넘지 못한다. 특히 하위 노동자 계급이 그렇다."

여기서 소규모 작업장의 생존전략이 엿보인다. 고용주의 입장에서 노동 유연성의 가치를 높이 사는 것이다.

"고급사업체는 고용의 안정성을 지키지만, 오히려 저급사업체는 불안정성을 이용한다. 경제적 손실이 심각하지 않는 한, 대형공장은 가동을 멈추지 않는다. 대형작업장도 멈추지 않고, 계속 일하려고 부단히 애쓴다. 하지만 가내작업장의 고용주는 노동자 2-3명을 고용하고, 만약 경제적 손실이 발생하면 노동자를 쫓아내고, 그저 노동자가 능력껏 끼니를 찾아 나서도록 내버려둔다."[26]

대체로 소규모 작업장의 고한 고용주는 자본 2파운드로 사업체를 세울 수 있으며, 노동자보다 훨씬 많이 벌기를 기대하지 않는다. 따라서 큰 힘을 들이지 않고 고용인원을 늘리고 줄일 수 있다.

2 | 대형 사업체는 임대료가 아주 비싸다. 특히 런던은 정말 심각하다. 높은 임대료 때문에 소규모 작업장 및 가내 공업이 존속하는 것이다. 실질적 고용주인 대형사업체는 높은 임대료를 꺼

려하기 때문에 하청업자 및 개별노동자에게 일을 맡긴다. 이들은 작업장으로 가정집을 활용하기 때문에 임대료를 내지 않는다. 따라서 고한제도의 최악의 폐단이라고들 하지만, 사실상 소규모 작업장에만 있고 대형공장에는 없는 특별한 경제적 이점인 것이다.

3 | 공장법의 사각지대에 있는 것도 경제적 이점이다. 필요시 고용주가 노동자에게 초과노동을 시킨다. 작업장의 좁은 공간에 노동자를 몰아넣어, 임대료를 아낀다. 현재 산업체제에서 생산비용을 절약하려면 위생조건을 어기는 것도 꼭 필요한 방법 중 하나이다. 어차피 고용주로서의 회사와 하청업자가 노동자의 건강과 삶의 질을 고려해봤자, 얻는 것이 없다. 언제든 현재 노동력을 대체할 새 노동력이 노동시장에 넘치기 때문이다.

4 | 작업장 제도가 '값싼' 이유가 더 있다. 작업장의 노동자는 소규모로 무리지어 일한다. 서로 뿔뿔이 흩어져 살고, 거의 교류하지 않기 때문에, 강력한 노동조합을 만들어 노동자의 권리와 이익을 보호하지 못하는 것이다.

5 | 작업장의 고한노동자 중에 유대인이 많다는 사실이 의미심장하다. 유대인 이주민의 빈곤층이 체질상 고한노동자의 역할에 적합하다는 것이고, 영국의 대도시마다 유대인 이주민이 악덕 고한제도의 초석을 세우고 있음을 뜻한다. 본래 노동시장에서 독립성과 통제력은 시장가치가 있다. 하지만 특히 유대인은 내성적이며, 종종 역사에서 탄압받아왔기 때문에 더욱 그런 자질이 필

요하다. 대부분의 경우, 사람들은 주인이 되고 싶지, 하인이 되고 싶지는 않다. 특히 유대인은 열망이 뜨겁다. 앞서 살펴봤듯이, 유대인 이주민의 능력이나 성향이 수공업노동자의 관리자가 되려고 각별히 노력을 기울였다. 그리고 임금 노동자가 아닌 이윤 창출자가 되고자 애썼다. 유대인은 고한노동자자가 되는 데 환장한다. 그래야만 고리대금업에 더해, 사회계층의 사다리 맨 아래부터 시작해, 단계적으로 화려히 생활수준을 높여갈 수 있기 때문이다. 유난히 런던 유대인후원회의 자선활동이 다른 단체보다 부각되는 경향이 있다. 사실, 런던 유대인후원회의 자선활동은 인위적으로 소규모 작업장의 고용주를 늘리는 데 꽤 큰 책임이 있다. 후원회에서는 소정의 후원금을 제공해, 빈곤한 유대인이 '스스로 일어서도록' 돕는다. 크게 두 가지의 효과가 있다. 먼저, 유럽의 유대인이 런던으로 이주한다. 6개월 동안 고한노동자 밑에서 '풋내기'로 일하고, 비로소 후원대상인의 자격을 얻으면, 유태인후원회에 후원금을 신청한다. 그러면 다시 후원받은 이가 소규모 고용주로서 새 출발을 하고, 다른 '풋내기'를 고한 노동시킨다. 언젠가 그들이 고한 노동 당했던 것과 똑같이 말이다. 사실 어느 사회이든, 자선활동의 목표는 똑같다. 즉, 산업사회의 약자가 스스로 일어서도록 돕는 것이다. 하지만 불행히도 현실에서는 독립 초기의 노동자들을 무참히 짓누르며, 일어서게 된다.

6 | 지금까지 특히 런던에 집중된 소규모 작업장의 경제적 이점을 살펴봤다. 하지만 가장 중요한 특징은 저렴한 미숙련 노동자의 초과공급이다. 소규모 작업장의 핵심기반이 바로 미숙련 노

동자의 초과공급이다. 앞서 나열한 모든 경제적 이점이 노동시장의 공급이 넘친다는 것을 전제한다. 만약 노동시장의 공급이 부족하다면, 오히려 임금이 훨씬 높을 것이고, 그렇다면 소규모 작업장의 존립 자체가 불가능하다. 왜냐하면 공장제의 대형기계가 현재 몇몇 산업의 소규모 작업장보다 경제성이 뛰어날 것이기 때문이다. 만약 노동시장에서 미숙련 노동자의 공급을 제한하고, 대안으로 이들의 해외이주가 확대되거나 미사용 토지가 무료로 개방되는 등 두루 시행된다면, 무수한 고한 작업장이 문을 닫고, 결국 대형공장이 가장 유리해질 것이다.

제5부
고용주의 책임 의식 부재

　고한제도를 접근하는 세 번째 관점은 윤리적 관점이다. 고한제도의 주요 원인이 고용주의 책임 의식 부재에 있다는 것이다. 앞서 살펴봤듯이, 현대 산업사회는 산업이 공장단위로 운영되고 산업구조가 갈수록 복잡해져만 간다. 필연적으로 고용주와 피고용인의 개인적인 관계가 완전히 단절된다고 했다. 예전처럼 고용주와 피고용인의 관계가 친밀하지 못한 이유가 단지 둘의 사회적 격차가 갈수록 벌어지고, 피고용인 수가 증가해서만은 아니다. 그것만큼 중요한 이유가 하나 더 있다. 현대 산업에서 실질적 고용주가 점점 더 '비인격적'이 돼가기 때문이다. 무슨 뜻이냐면, 실질적 고용주는 이름뿐인 고용주나 관리자가 아니다. 여기서 진짜 고용주는 자본이다. 그리고 어느 산업이든, 고용주와 피고용인의 관계에 책임 의식을 가져야 하는 사람은 자본의 소유주이다. 영국 사업체의 1/8을 합자회사가 소유하고 있다고 한다. 대형 사업체만 따지면, 1/8을 훨씬 넘는다. 초대형 사업체는 대다수가 합자회사의 소유이다. 결국, 사업체의 사장은 단지 남의 자본을 관리하는 역할에 불과하다. 따라서 관리자는 자신이 고용한 '일손'의 수가 많아지면서, 개인적인 책임감이 약화됐다. 한편, 자본가의 이익을 배불려줘야 하는 임무도 막중하므로, 정작 행동의 자유는 제한된다. 정작 자본가는 무수한 인간의 운명을 손바닥에 올려두고 쥐고 흔드는 사람임에도 불구하고, 손바닥 위의 사람들의 이름조차 관심이 없다. 따라서 진짜 '고용주'와 '일손'의 관계단절이 사업체규모의 확대보다는 훨씬 더 완전한 설명인 듯 보인다. 단, 반드시 고용주와 피고용인의 관계단절 때문에 피고용인이 실업하는 것은 아니다. 과거의 장인과 직인, 도제의 친밀한 관계가 마치 꿈꾸는 것처럼 아름다웠다고 회상할 근거가 전혀 없다. 종종 현실의 장인은 신경질적이고 포악하게 통제했다. 아마도 당시의 무자비한 고용주의 횡포가 오늘날의 돈벌이만 고집하는 천박한 부호의 무관심보다 더 큰 피해를 입혔을 것이다. 현대의 산업구조에서는 고용주의 사소한 원한이나 부당한 간섭 때문에 피고용인이 시달리는 경우가 줄어들었다. 한마디로 피고용인이 예전보다 자유롭다. 하지만 한편으로 과거의 상위계급인 장인이 인정을 베풀기 때문에 피고용인이 극심한 빈곤과 타락에 내몰리지 않았는데, 오늘날은 그러지 말란 보장이 없다. 고용주와 피고용인의 관계가 인간적 결속에서 '금전적 결속'으로 바뀌었다. 아마도 상위 노동자 계급에게는 금전적 관계의 자유가 진정한 자유일 것이다. 고용주의 무책임이 오히려 노동자에게 독립심을 심어주고, 건전한 인격을 형성시켜준 것이다. 경제적 결속에서 괴로운 사람은 하위 노동자 계급이다. 혹독한 노동시장의 하위 노동자 계급은 갈수록 더 많이 고용주에게 인간성을 호소해야만 하는 위치이다. 특히 초기 공장제에 고용주의 책임 의식이 훼손되면서 최악의 폐단이 나타난 적이 있다. 이후, 점차 영국의 국민 사이에 문제의식이 퍼져나갔고, 노동자를 보호하는 공장법과 고용주책임법 등 일련의 법률이 마련됐다. 본래 책임 의식은 자연스레 도덕적 감정에서 비롯하는 것이지만, 책임 의식이 부재하는 곳에 국가가 강제로 법적 책임을 고용주에게 부과했던 것이다. 국가가 법을 제정해 조사관에게 권한을 위임하면, 조사관이 고용주에게 피고용인에 대한 책임을 깨닫게 하고, 실제로 법적 책임을 이행하도록 단속했다. 따라서 특정 산업에서는 비록 인위적이라도 어느 수준의 책임제도가 작동한다.

고용주가 미숙련 노동자에 대한 법적 책임을 이행하지 않는 산업에 '고한'이 존재한다. 걸보기엔 과거의 장인과 직인, 도제가 오늘날의 소규모 작업장과 고한 소굴과 다르지 않다. 단지 옛 제도가 오늘날 살아남아, 굳이 법적 책임이 새삼스레 필요한지 의문일 수도 있다. 하지만 고한제도는 그저 옛 제도가 지금까지 존속한 것이 아니다. 과거 소규모 작업장의 장인은 실질적인 고용주였다. 현대 '고한' 소굴의 장인은 실질적인 고용주가 아니다. 단지 고용사업체와 노동자의 연결고리에 불과하다. 그렇다면 고한의 진짜 원인이 무엇인가. 고용사업체가 공장법의 책임을 회피하려고, 직간접적으로 '고한 노동자'를 매개로 외부노동자를 고용해 쓰기 때문이다. 다시 '중간자'에게 법적 책임을 부과함으로써, 소규모 작업장을 무너뜨릴 수도 있다. 하지만 만약 근본적으로 '고한'을 개혁하고자 한다면, 실질적인 고용사업체가 직간접적으로 고용하는 외부노동자의 노동환경을 직접 책임지도록 강제해야 한다.

법적 책임뿐 아니라, 노동조합이 노동자의 권익을 대변하면서 고용주의 책임이 더욱 강화됐다. 숙련 산업의 노동조합이 워낙 강력해서, 실제로 법적 제재 이상의 효과를 나타낸다.

"노동조합의 본질은 노동자의 자발적 조합이며, 최적의 노동환경을 보장하기 위해 상호 보호하고 돕는 것이다." "노동조합의 근본적이고 주된 목적이기도 하며, 조합의 활동은 임금인상 또는 임금인하 반대, 노동시간 단축 또는 노동시간연장 반대, 그 밖에 고용과 해임 절차 및 노동환경과 관련된 제반의 문제를 포함한다."[27] 기술자와 보일러 제조공, 방적공, 인쇄공은 법의 보호는 포기할지언정 절대 노동조합의 권력은 포기하지 못한다. 노동조합의 힘이 약할수록, 공장법 및 고용주책임법의 역할이 중요하다. 앞서 본 것처럼, 고한 산업은 법의 사각지대이고, 동시에 영향력 있는 노동조합도 부재하다. 만약 노동조합이 충분히 강력하면, 고한은 뿌리내리지 못한다. 지금 '고한' 노동 당하는 노동자가 필요한 것은 국가의 법 제도와 노동조합이라는 자구책이다.

The
Brilliant
Thinking

| 제6장 |

고한제도의 처방

제1부
공장법

지금까지 산업사회의 병폐인 '고한'의 세 가지 주요 측면을 살펴봤다. 미숙련 노동자 계급의 초과공급, 소규모고용주의 증가, 자본의 무책임이다. 그렇다면, 현재까지 제시된 '고한'의 처방은 무엇인가. 하나씩 처방을 살펴보는 것이 거의 불가능하기 때문에 여기선 '고한'의 폐단별 주요처방을 간략히 언급해도 충분할 것이다. 고한제도의 처방은 크게 세 가지로 분류된다.

첫 번째 처방은 법적 수단으로 소규모 작업장 제도를 무너뜨리고, '고한' 노동자를 괴롭히는 초과노동과 비위생적 환경을 뿌리 뽑는 것이다. 간략히 처방을 언급하자면, 고용주의 법적 책임을 늘리고, 반드시 이행토록 강제하는 것이다. 간접적인 방법으로 대중의 관심을 집중시켜, 소규모 작업장 제도를 서서히 무너뜨리는 방법이 있다. 소규모 작업장에만 까다롭고 고비용인 조건을 적용해, 도저히 지금의 추악한 모습으로는 존속하지 못하도록 만드는 방법도 있다. 최고위원회의 보고서에 유익한 제안이 담겨

있다. 모든 작업장에 공장법의 위생조항을 확대 적용하자는 내용이다.

실제로 '고한'의 본질은 값싼 노동력을 남용하는 것이다. 만약 모든 형태의 고용에 공장법이 확대 적용된다면, 반드시 고한작업장도 생산비용이 오르고, 결국 대형공장제와의 경합에서 패배하고 말 것이다. 약 30년 전, 이미 칼 마르크스가 분명히 이 사실을 꿰뚫어봤다. "소위 가내 공업이나 가내 공업과 제조업 중간형태의 고용에 대해 노동일수와 아동고용만 법으로 제재해도 금세 해당산업이 종말을 맞을 것이다. 오로지 이들 산업의 경쟁력은 값싼 노동력을 무한히 착취하는 것뿐이기 때문이다."[28]

현행 공장법이 소규모 작업장에 적용되는 데 다음과 같은 애로사항이 있다.

1 | 소규모 작업장을 적발하기가 어렵다. 작업장등록제가 효과가 없다. 원시적 방법인 발품을 팔아, 낱낱이 뒤지고 검문하기에는 조사관 수가 턱없이 모자라다.

2 | 작업장에 진입하는 것이 제한된다. 조사관의 임무는 "작업장안으로 들어가, 샅샅이 조사하고 살피는 것이다. 작업장의 내부에 노동자가 있다거나, 공장 또는 작업장으로 추정되는 장소가 있으면, 밤낮 가리지 않고 작업장이든 공장이든 전부 살펴야 한다." 현실에서는 가정집이 작업장으로 사용되기 때문에 조사관

이 뜻대로 진입할 수만은 없다. 실제로 최악의 '고한'이 벌어지는 곳은 대부분 조사관이 진입할 권리가 없는 장소이다. 조사관이 입주자의 동의를 기다리는 동안 '고한 노동자'는 불법의 증거가 될 만한 모든 흔적을 없애버린다.

3 ❙ 위생시설을 감독하기가 불가능하다. 공장조사관에게 위생시설 감독권이 없기 때문이다. 별도의 위생조사관을 거치지 않고선, 공장조사관이 아무런 조치도 취할 수 없다. 따라서 위생환경 개혁제도가 원활히 작동하지 않고 있다.

만약 작업장등록제를 의무화하고, 합리적인 조사절차도 도입하고, 위생시설 관리체제를 개혁한다면, 부분적으로나마 소규모 작업장의 폐단을 바로잡고, 가시적인 성과를 이루게 될 것이다. 하지만 결코 '고한'을 종식시키지는 못할 것이다. 그리고 '고한'이 종식하지 않으면, 어떻게든 저임금 문제도 수그러들지 않는다. 심지어 만약 느닷없이 급격히 공장법이 확대 적용된다면, 소규모 작업장의 고용이 줄어들 것이다. 그러면, 대형공장의 정규직이 불가능한 미숙련 노동자의 일시적인 고통이 더욱 심각할 것이다. 따라서 법적 제재가 노동환경을 일부 완화할 수는 있지만, 과연 결과적으로 임금이 오르고 고용이 안정될지는 미지수이다.

심지어 이론상, 현행 공장법이 전방위의 '고한'을 제재하는 것이 불가능하다. 뿌리부터 '고한'의 폐단을 처방하려면, 현행 공장법에 포함되지 않는 대상이 중요하다. 즉, 숙박업과 음식점, 모든 종류의 상점, 유흥업소, 세탁소 등의 허드렛일이 가장 '고한'의 폐단이 발생하기 쉬운 곳이다. 따라서 모두 공장법에 포함시켜야 한다.

제2부
노동자 생산협동조합

　두 번째 처방은 노동자가 조합을 만드는 것이다. 실제로 강력한 노동자 조합이 존재하는 산업은 고한의 폐단이 나타나지 않는다. 따라서 만약 하위 노동자 계급이 한 데 모여 노동자 조합을 만들면, 아마도 '고한'도 존속하지 못할 것이다. 흔히들 주장하는 노동자 조합의 형태는 크게 노동자 생산협동조합과 노동조합이다.

　만약 하위 노동자가 협동생산 한다면, 빈곤의 압박에서 벗어나 '고한제도'의 횡포에서도 자유로워질 것이라고들 주장한다. 현재로서는 실현가능성이 전혀 없는 이야기이다. 면밀히 영국의 협동생산을 연구한 사람은 누구나 노동자의 협동생산이 비현실적인 처방이라고 인정할 것이다. 현재는 높은 도덕수준과 교육수준을 갖춘 숙련 노동자 계급에서만 드물게 협동생산이 성공을 거두고 있다. 오늘날의 산업 환경에서 저임금 미숙련 노동자가 협동생산을 도입하는 것이 전혀 불가능하다. 최고위원회의 연말 보고서에 협동생산이 병폐의 처방으로 자세히 소개된 것은 가히 놀랄 만하다. 현실은 다음과 같다.

"이따금 런던 동부에 생산조합이 생겨나곤 했다. 하지만 절대 오래 존속하지 못하고 빛을 발하지도 못했다. 종종 자선사업의 성격을 띠며 선의의 의도로 시작되지만, 협동생산이 '고한'을 밀어내겠다니, 터무니없는 도전이다. 또한, 현존하는 생산조합도 언급할 가치조차 없다."[29]

만약 협동생산 및 판매가 현실이 된다면, 역사상 산업사회의 자유와 민중의 권익이 향상되는 가장 의미심장한 사건이 될 것이다. 만약 공동체의 노동자 계급이 생산조합 단위로 결속한다면, 만약 서로 경쟁하거나 협조하며 시장경쟁을 완화한다면, 만약 서로의 자유와 존엄을 해치지 않는다면, 아마도 노동자의 생산협동조합이 지나치게 이상적인 목표도 아닐 것이다. 아마도 영국의 산업역사를 공부하는 학생은 이해할 것이다. 역사상 산업혁명에서 자본주의로 과도하는 모습과 현재의 산업사회에서 협동생산으로 과도하는 모습이 크게 다르지 않다. 하지만 만약 실제로 미래에 협동생산이 가능할지라도, 당장 협동생산이 도시의 미숙련 노동자의 빈곤 문제를 해결하거나 현실적인 처방은 아니다. 협동생산이 실현가능한 처방이려면, 먼저 산업 및 윤리의 계단에서 미숙련 노동자의 위치가 지금보다 몇 계단 위로 올라야만 한다. 지금 빈곤 문제를 연구하는 학생은 계단에서 미숙련 노동자가 위로 오르는 데 필요한 비용과 수고에 관심을 가져야 한다.

제3부
노동조합, 조합을 설립할 능력

아마도 더 현실적인 처방이 노동조합이다. 이미 노동자의 상당수가 노동조합을 설립하고, 스스로 산업사회의 약자에서 당당히 강자로 승격했다. 만약 저임금의 고한 노동자가 서로 긴밀히 뭉친다면, 마찬가지의 결과가 나타나지 않을까. 어째서 전체 '고한' 산업의 노동자가 노동조합을 만들고 임금인상과 노동시간단축, 고용 불안정 완화, 위생환경개선을 요구하지 않는가? 실용경제학에서 노동자의 단체행위는 비록 영향력이 미미하고 조직력이 약하더라도 반드시 유효하다는 것이 공리이다. 노동조합은 곧 노동자의 권력이다. 만약 개별 노동자가 고용주를 찾아가 임금인상을 요구하면, 고용주는 노동자 수가 몇 명이든 한명씩 노동자를 쫓아내고 새로운 외부노동자를 고용한다. 만약 다시 노동조합이 고용주를 찾아가 조합의 압력을 불어넣는다면, 이때 고용주는 전체 노동자를 외부노동자로 대체하기가 쉽지 않다. 한꺼번에 전체 노동자를 새로 교체하기가 일정한 시간을 두고 한명씩 개별 노동자를 교체하는 것보다는 훨씬 불편하고 어려운 일이기 때문이다. 그렇기 때문에 노동자의 단체행위가 노동자의 권력을 발휘하는 것이다. 하지만 현실에서 노동조합의 권력이 강력한지 측정하려면, 다음 두 가지를 고려해야 한다.

첫째는 노동조합의 유효성이다. 현실의 노동조합이 유효하려면, 반드시 노동조합 내부에 끈끈한 동료의식과 상호신뢰, 연합에 대한 충분한 이해와 자기 통제가 있어야 한다. 노동조합의 유효성은 조합원의 교육과 원활하고 자유로운 의사소통만으로도 필요한 자질을 고루 심는 것이 가능하다. 자, 바로 여기서 첫 번째 장애물이 '고한' 산업의 노동자를 곤혹스럽게 한다. 미숙련 노동자는 지적 수준과 교육수준이 낮다. 대체로 고한산업은 산업흐름인 공장제가 빗겨간 산업이다. 고한산업은 피고용인이 개인 또는 소규모 단위로 노동하며, 서로 일면식도 없고, 서로 알아가는 만남의 기회가 부재하다. 특정 직업은 개별 노동자의 단절이 필연적이다. 예를 들면, 택시기사와 버스기사, 상점 종업원이다. 특히 상점 종업원의 경우, 부쩍 대형 상점이 들어서고 있다고들 하지만, 여전히 소형 상점이 득세하는 곳은 상점 종업원 사이의 단절이 심각하다. 또한, 오히려 하위산업은 반드시 노동조합이 없어야만 사업이 경제적 이윤을 남기고, 따라서 존립한다. 고한의 온상지인 소규모 작업장과 가내 공업이 그 예이다. 현실의 '고한' 노동은 노동자의 여가가 부족하고 중압감이 심해 체력도 망가진다. 노동자의 교육이 뒤로 늦어지고, 조합원의 상호교류와 노동조합 설립이 불가능해지는 것이다. 과연 미숙련 노동자의 조합 설립을 가로막는 어려움을 어떻게 극복할 것인가가 가장 중요하다. 신속하고 성공적으로 부두 노동자가 노동조합을 설립했다. 결코 모든 하위 노동자가 똑같은 속도로 노동조합을 신설할 것이라고 섣불리 판단해선 안 된다. 비정규 부두노동자의 경쟁은 대규모이고, 지역적이다. 비록 평균 부두 노동자의 지적, 윤리적 수준이 낮음에도 불구하고, 부두 노동자가 유효조합을 만든 것도 경쟁의 본질 때문이다. '고한' 산업에서 노동조합의 설립이 어려운 본질적 이유가 바로 여기에 있다. '고한' 산업은 대규모 경쟁도 아니고, 지역적인 경쟁도 아니다. 하위 노동자 계급의 조합이 얼마나 발달했는지 측정하려면, 노동단위의 규모와 지역성을 평가해야 한다. 비록 '고한' 산업이라도, 대규모 공장 및 상점의 노동자는 교육수준이 낮음에도 불구하고 상당히 단기간에 유효조합을 세운다. 이따금 대형사업체에서 일감을 받는 노동자는 조합 설립이 늦다. 소규모 작업장의 노동자는 상호교류 없이 뿔뿔이 흩어져 일하기 때문에 전혀 진척이 없다. 대체로 가장 조합이 필요한 산업이 가장 조합을 세우기 어렵다. 따라서 지금처럼 소규모 작업장을 견제하는 다른 방안이 없는 상태에서 소규모의 '고한 노동자' 소굴의 '일손'들이 조합을 만들고, 자신의 노동환경을 개선하는 것이 불가능하다.

제4부
노동조합의 다른 용도―경쟁 제한

방금 노동자의 능력에 따라 노동조합마다 능력도 다르다고 했다. 또 한 가지 놓치지 말아야 할 점이 있다. 만약 두 개의 노동조합이 모두 유효조합의 자질을 갖췄다고 가정하자. 그래도 실제로 조합이 영향력을 행사하고 노동자의 권익을 보호하고 향상시키는 능력은 제법 다를 수 있다.

노동조합이 유용한 이유는 고용주가 전체 노동자를 해고하고 전체 인원을 새로 고용하기 불편해서라고 했다. 그렇다면, 새로 고용하는 일이 얼마나 불편한가, 이것은 힘 있고 실력 있고 당장 새로 일을 시작하고자 하는 외부노동자가 얼마나 있는가에 달렸다. 노동조합의 권력이 오히려 '실업자'의 손에 달려있는 것이다. 실제로 가장 강력하고 유효한 노동조합이 존재하는 산업은 실업자인 경쟁자 수가 작다. 한편 미약한 노동조합은 당장이라도 능력 있고 일하려는 외부노동자가 줄을 서있다. 심지어 반드시 필요하다면 현재 노동자의 임금보다 조금 받고서라도 일하려고 한다.

노동조합의 설립과 활동을 들여다보면, 주요목적이 해당 산업의 취업경쟁을 제한하는 것임이 드러난다. 노동조합이 간접적인 방식을 취하기 때문에 사실이 아닌 것처럼 보인다. 하지만 다음의 노동조합이 취하는 수단을 살펴보면, 노동조합의 목표가 분명해진다. 노동조합에서는 노동자의 임금과 표준임금이 굉장히 중요한 역할을 한다. 금액은 노동조합이 다음의 사항을 고려해 임의로 결정한다. a_제품의 판매가격 b_안락한 생활의 합리적 표준 c_노동자가 필수 기술을 습득하는 데 들인 시간에 대한 보수이다.[30] 이렇게 결정된 금액은 정당하고 합리적 고려사항을 염두에 두고, '공정 임금fair wage'이 얼마여야 하는가를 평가하기 위함이다. 반드시 현실의 자유 경쟁의 노동력과 자본이 획득할 수 있는 임금인 것은 아니다. 이렇게 정해진 표준 임금standard wage은 현실에서 작동하든 안하든 노동조합에서 아주 중요한 역할을 한다. 표준임금이 조합원의 가입조건에 중요한 영향을 미치기 때문이다. 조합원이 되려면, 반드시 첫 번째 자격요건으로 표준임금 이상 벌어야 한다. 하지만 만약 갑자기 어느 산업의 신입 노동자 수가 증가한다면, 똑같은 비율로 노동시장의 고용이 늘지 않는 한, 반드시 임금이 낮아질 것이다. 조합에서는 낮아진 임금을 표준임금으로 정할 것인지 결정한다. 노동조합은 신입 지원자를 결코 받아들일 수 없다. 제아무리 다재다능한 노동자일지라도 현재 노동자의 임금보다 낮은 임금을 수용하지 않고서는 전혀 일자리를 찾을 수 없다. 노동조합이 가입조건에 표준임금 조항을 만들어둔 것도 이런 이유에서이다. 이제 신입 지원자는 필연적으로 표준임금을 벌어들일 능력이 안 되는 상황으로 유도되는 것이다. 과연 정말로 노동조합이 작정하고 조합원 수를 제한할까 의심쩍을 수도 있다. 하지만 노동조합의 취지를 꿰뚫고 있는 사람은 누구나 진실을 알고 있다. 만약 영국의 기술학교가 급성장하고, 뒤따라 유능한 청년기술자가 노동시장에 쏟아져 나온다면, 만약 이들이 온갖 노동조합에 지원해 기존의 조합원과 치열히 경쟁해야 한다면, 기존의 노동조합 중에 들뜨고 기쁜 마음으로 신입 지원자를 받아줄 곳은 단 한 군데도 없다. 그도 그럴 것이, 노동조합이 신입 지원자를 새 조합원으로 받아주는 것은 자살행위이다. 노동수요는 그대로인데 공급만 늘어나면, 표준임금이 도저히 낮아지지 않고 버틸 재간이 없다. 하지만 숙련 노동조합은 자격 있는 새 조합원을 받아들인다. 신입 지원자가 필수기술을 갖췄다는 것은 곧 타고난 능력이 있다는 것이고, 반드시 필요한 시간과 돈을 들인 만큼 극빈층은 아닌 것이다. 실제로 충분히 자격을 갖춘 지원자 수는 제한적이다. 한 가지 더, 모든 산업은 아니고, 제법 많은 노동조합이 견습생 수를 제한한다. 목표는 견습생 수를 제한해, 미래의 경쟁자 수를 조절하는 것이다. 나머지 산업의 노동조합은 엄격한 제한조건은 없더라도 역시 똑같은 효과를 내는 장치가 있다. 기술자와 보일러 제조공, 일부 철강 산업은 공식적인 제한을 두지 않고 있다. 기타 특정 산업도 제한 조건이 까다롭지 않다. 하지만 막강한 노동조합은 대부분 다른 방식으로 실업자를 견제하고 조합원의 권익을 보호한다. 종종 노동조합은 조합원 중에 실업자로 전락한 노동자에게 '실업'수당을 지급한다. 왜냐하면, 실업자 조합원이 표준임금보다 낮게 재취업하는 것을 막고, 따라서 전체 임금이 낮아지지 않도록 막는 것이다. 실제로 몇몇 최고 막강한 노동조합이 매년 '실업'수당에 많은 돈을 쏟아 붓는다. 위의 세 가지 방법 즉, 노동조합 가입조건에 '최소임금' 규정, 견습생 인원제한, '실업'기금 운영으로 숙련 노동조합이 조합의 영향력을 키우고, 실업자인 외부노동자를 견제한다.

노동조합주의자는 조합의 목적이 경쟁자를 견제하는 것이라는 점에 동의하지 않는다. 조지 하월George Howell, 영국의 노동조합주의자은 노동조합의 '표준임금' 조항이 조합원의 기술수준을 높게 유지하려는 목적이라고 주장한다. 또한, 노동조합의 '실업' 기금은 일종의 보험이고, 노동조합의 배려라고 한다. 하지만 비록 분명히 조합원의 기술수준을 높이 유지하고 실업의 고통을 덜어주는 효과가 있다고는 하지만, 현실에서 가장 크게 나타나는 효과가 가장 주요한 목적이기도 하다. 따라서 비록 완전히 노동조합이 명예와 기술에 무관심하진 않겠지만, 조합의 가장 중요한 목적은 경제적 입지를 공고히 다지는 것이라고 판단하는 것이 합리적이다. 노동조합이 어떤 의도와 방법을 선택하든, 가장 중요한 효과는 노동조합마다 해당산업의 경쟁자를 견제하고 경쟁을 제한하는 것이다.

━━━ 제5부
미숙련 노동자도 유효조합을 만들 수 있나

　따라서 다음 질문은 이렇다. 만약 '고한'산업의 노동자가 조합을 만든다면, 숙련 노동자처럼 외부노동자를 견제하고 스스로 노동자의 권익과 입지를 공고히 다질 수 있는가? 만약 실제로 조합이 생기면, 고용주가 외부노동자로 대체하는 것이 어려워지는가? 자, 미숙련 노동자 등 하위 노동자는 숙련 노동조합과 똑같은 방법으로 고용시장의 경쟁자 수를 제한하지는 못한다. 최근 부두 노동자 조합이 조합의 가입조건으로 체력장을 실시했다. 체력장의 합격선이 기존 조합원의 평균 체력을 훨씬 뛰어넘는 수준으로 상향조정되지 않는 한, 전혀 조합의 지원자 수를 제한하지 못할 것이다. 마치 숙련 산업의 조합원에게 당연한 기술을 요구하는 것과 똑같은 원리이다. 특별한 기술이 필요치 않은 산업이 견습생을 두는 것도 마찬가지이다. 과연 극빈층의 조합원이 손수 모금해, 실업한 조합원에게 '실업' 수당을 지원하는 것이 가능할까. 과연 넘쳐나는 외부노동자를 견제하는 것이 가능할까. 과연, 속된 말로 '검은 다리(파업 방해꾼)'을 견제하는 것이 가능할지 의문이다. 미숙련 노동자 수는 갈수록 늘어나기만 한다. 시골 인구와 외국인이 유입하고, 숙련 노동자도 기계에 등 떠밀려 미숙련 노동시장으로 내몰린다. 모두들 일할 능력이 있고 일하고자 하는 의지가 있는 실업자이다. 비숙련 일자리이든 미숙련 일자리이든 단지 최저생계임금만 받고서라도 일하려들 한다. 숙련 노동조합이 노동공급을 제한하려고 비숙련 노동자의 진입장벽을 높이는 바람에, 미숙련 노동자의 경쟁이 더욱 치열해지고, 미숙련 노동자의 유효조합 설립이 더욱 요원해졌다. "대체로 노동조합이 영원히 임금인상을 이루는 것은 불가능하다."라는 제본스 Jevons 교수의 말은 동의하기 어렵다. 하지만, 다음의 결론은 분명히 설득력이 있다. "만약 특정 노동조합이 배타적인 방식으로 임금인상을 이뤄내면, 임금인상이 있을 때마다 나머지 노동자가 크든 작든 반드시 타격을 입게 된다."[31] 숙련 노동조합이 조합원 수를 제한하면, 미숙련 노동시장에 경쟁자 수가 늘어난다. 사용 가능한 노동공급이 수요를 초과하면, 임금은 오르지 않는다. 그 결과, '최저생활임금'이 그대로 유지되고, '고한'의 주요폐단으로 굳는다.

단지 미숙련 노동조합이 사방에 널린 외부노동력을 적절히 견제하지 못하므로 무능하다고 결론내리면 끝나는 것인가? 노동조합은 고한문제를 해결하는 데 전혀 쓸모없는가? 만약 정말로 미숙련 노동조합이 노동자의 권익을 보호하려면, 다음 두 가지의 길이 있다.

첫째, 반드시 단체행위는 영향력이 있다. 느닷없이 전체 노동자가 퇴사하는 경우, 고용주도 불편과 비용을 감수해야 하기 때문이다. 만약 항시 대기 중인 외부노동력이 넘치면, 단체의 영향력은 감소한다. 하지만 비록 의지 있는 실업자가 많고 신입노동자의 업무능력도 기존 노동자와 비등하다고 하더라도, 여전히 전체 노동자를 완전히 외부노동자로 대체하려면 고용주도 애로사항과 손해가 발생하게 마련이다. 현직 노동자만의 기득권과 단체행동은 권력이 있다. 그래서 여전히 노동조합은 외부노동력의 공급량과 상관없이 조합원의 권익을 관철하고, 꾸준히 노동환경을 개선할 수 있다. 하지만 노동조합도 고용주가 전체 노동자를 외부노동자로 대체하는 데 발생하는 불편 이상의 무엇을 요구해선 안 된다. '공장폐쇄'와 파업실패의 주요원인도 노동조합이 자신의 힘을 과대평가해서이다.

비록 그 효과를 증명하긴 어렵지만, 미숙련 노동조합의 다른 무기가 있다. 바로 '팻말 시위'처럼 설득하거나 강요함으로써 조합이 여론을 형성하고, '비조합원' 노동력을 견제한다. 특히 이 방법은 위기에 효과적이다. 예를 들어, 1889년 부두노동자의 파업은 강력한 여론을 형성하는 데 성공했다. 덕분에 당시의 노동공급이 엄격히 통제되고, 실업자의 파업방해가 완전히 차단됐다. 만약 국가와 국민이 부두노동자의 불법시위를 눈감아주지 않았다면, 부두파업도 여느 미숙련 노동자의 파업처럼 여지없이 실패하고 말았을 것이다. 부두노동자의 조합이 성공했다고 해서, 반드시 미숙련 노동자의 조합이 모두 강력한 것은 아니다. 하지만 만약 조합이 정당한 것을 요구하고, 함께 조합원의 동료의식도 고취되면, 반드시 결정적인 순간에 노동조합의 파업이 비조합원 노동력을 견제하는 데 강력한 힘을 발휘할 것이다. 만약 자본가와 노동자가 대립할 때 국민의 여론과 특히 노동자 계급 내부의 여론이 '한판 붙어라'로 기운다면, 또한 만약 한쪽에서 파업의 틈을 노리는 외부노동자가 파업방해꾼으로 거세게 뭇매를 맞는다면, 비로소 외부노동자의 진입이 완전히 차단된 상태에서 실제로 미숙련 노동조합이 노동환경을 개선할 수 있다. 비로소 사용가능한 외부노동자 수가 얼마나 넘치는지와 상관없이 말이다.

제6부
노동조합이 '고한'을 몰아낼까?

하지만 중요한 것은 위와 같이 여론이 형성되면, 새로운 형태의 독점이 나타난다. 오히려 비조합원 실업노동자의 생활이 더욱 어려워진다. 미숙련 노동조합이 목표를 달성하는 과정에서 반드시 외부노동자가 피해를 입고, 취업문도 더욱 좁아진다. 미숙련 노동조합이 성과를 거둘수록, 오히려 실업노동자가 정규직 얻기가 더욱 요원해지고, 결국 습관적으로 밖에서 떠돌고 약탈할 것이다. 당연히 생활도 더욱 불안정하고 비참해질 것이다. 따라서 실업노동자는 소규모 '고한 노동자'처럼 '산업화가 지체된 곳'으로 모여든다. 자, 노동조합이 조합원의 복지를 보호하기 위해 기필코 노동시장의 '초과공급'을 틀어막는다. 물론, 노동조합이 '비조합원 노동자'를 제한하지 못하면, 반드시 영향력을 잃게 된다. 한편, 노동조합이 경쟁자 수를 제한할수록, 해당 산업의 취업경쟁이 더욱 치열해진다. 즉, 노동조합이 성장할수록, 한쪽에서는 보호받지 못하는 노동자의 압박감이 더욱 거세지는 것이다. 따라서 비록 노동조합이 '고한'을 몰아낼지언정, '고한'의 고통은 줄어들지 않는 것이다. 다만 '고한'산업이 줄어들 뿐, 오히려 '고한'의 폐단은 더욱 비참해질 것이고, 다시 여론의 움직임이 '고한' 문제를 해결하려고 더욱 거세질 것이다.

제7부
공공작업장

　심지어 미숙련 노동조합의 찬성자조차도 매번 노동조합이 외부노동자를 견제할 때마다 외부노동자의 잔적층이 보호받지 못하고 고통만 가중되는 것을 인정한다. 점차 노동조합이 필요 이상의 특수이익에 눈독 들이니, 오히려 국가와 국민이 실업노동자와 비정규노동자를 먹여 살리는 모양새이다. 노동조합의 가입조건이 더욱 촘촘해지고 있기 때문이다. 만약 미숙련 산업에 노동조합이 들어서기 시작하면, 미숙련 실업자가 더욱 늘어날 것이고, 더욱 암담해질 것이 불 보듯 뻔하다. 서로 일자리 찾기가 더욱 어려워질 것이기 때문이다. 그러자, 노동조합의 지도부가 공개적으로 국가의 역할을 촉구하고 나섰다. 국가가 국민의 '일할 권리'를 보장하고, 주정부 및 지방자치단체가 공공작업장을 만들어 고용을 늘리라는 것이다. 특히 '권리'에 대해 해야 할 말이 너무 많다. 하지만 여기선 생략하기로 한다. 무엇보다도 공공작업장으로 '실업'문제를 해결하려는 방식은 경제적 어려움이 있다. 노동조합이 거세게 견제할수록, 미숙련 노동시장의 공급이 늘어갈 것이다. 공공작업장은 과잉노동력을 수용하므로 필연적으로 미숙련 산업이다. 하지만 미숙련 노동조합이 존재하는 한, 미숙련 노동시장의 노동수요를 모두 독점할 것이다. 그렇다면, 공공작업장은 무슨 수로 미숙련 고용을 창출하고, 잉여 실업자를 거둬들일 것인가? 결과는 둘 중에 하나다. 하나는 공공작업장의 노동자가 조합의 노동자와 똑같이 작업하는 것이다. 공공작업장은 조합과 직접 경쟁에 돌입하게 된다. 이때, 공공작업장이 상품시장에 저렴하게 물건을 판매하거나 총생산량을 늘려 물건가격을 떨어뜨림으로써 시장경쟁력을 유지할 수 있다. 그 결과, 조합원의 임금 또한 낮아지게 된다. 또한, 만약 공공작업장이 조합과 경쟁하지 않으려면, 빈곤자 구제사업에 실업자를 고용해야 한다. 구제사업은 시장소비자의 수요를 만족시키거나 시장에 내놓는 상품을 생산하지 않는다. 구제사업의 노동자는 실업자로서 노동력을 낭비하느니, 차라리 자급자족한다. 만약 구제사업에도 참여하지 않으면, 이들은 정말 아무 일도 하지 않으면서, 국가의 자선사업에 의존해 살아갈 사람들이다. 이처럼 공공작업장의 찬성자는 딜레마에 빠진다. 결코 딜레마를 빠져나가는 데 속임수는 통하지 않는다. 예를 들어, 정부가 공공일자리를 창출해, 멀쩡한 보도블록을 새로 깔거나 온수공급에 실업자를 고용해서도 안 된다. 만약 정말 수익성이 있는 사업이라면, 굳이 정부가 나서지 않아도 이미 민간기업에서 사업권을 가져갔을 것이다. 만약 수익성이 없는 사업이라면, 공공일자리는 한낱 '자선'사업에 불과하다. 극빈자가 일할 능력이 있음에도 굳이 시장가치가 없는 노동에 노동력을 허비하면서, 정부가 자선을 베푸는 모양새이다.

만약 주정부와 지방자체단체가 시장원리에 입각해 사업권을 손에 쥔다면, 지금 실업노동자의 공급이 많은 때가 절호의 기회일 것이다. 물론 생산비용에서 인건비가 덜 들기 때문이다. 하지만 값싼 노동력을 이용해 이윤을 남기는 것은 '고한'이다. 공공기관은 시장임금이 떨어지든 오르든 반드시 '공정 임금'을 지불해야 옳다고들 주장한다. 노동시장에서 노동력이 홍수를 이루든 가뭄이든, 반드시 공공기관은 똑같이 공정임금을 지급하라는 얘기이다. 만약 공공기관이 노동시장의 자연스러운 흐름에 따르지 않으면, 실업자 수가 왜곡되는 결과가 나타난다. 만약 노동시장은 노동공급이 넘치는데, 오히려 공공기관이 과잉공급을 흡수하려 실업자 고용을 늘리고, 더욱이 시장보다 높은 임금을 지급한다면, 공공기관이 초과 지급한 '비상업적' 임금은 정부가 자선활동을 한 것과 다를 바 없다. 현행 빈민구제법에 따르면, 원외구호의 명목으로 공공작업장의 노동자에게 2.5실링씩 지급한 셈이 되는 것이다. 마지막으로 주정부 및 지방자체단체의 공공작업장은 '사회주의' 정책과 무관하다. '사회주의'는 주정부 및 자치정부가 철도, 광산, 가스, 전차 등의 산업을 독점한다. '사회주의' 정책은 직접 실업자를 구제하지 않는다. 무엇보다도 위의 국가사업이 새로 고용하는 노동자는 주로 숙련 노동자이지, 미숙련 노동자가 아니다. 또한, 주정부 및 지자체가 특정 사업을 국영화하면, 보통은 노동수요가 늘어나지 않고, 민간의 노동력이 공공부문으로 이전한다. 현재는 민간부문이 산업을 통제하고 있다. 하지만 만약 공공부문이 통제하게 된다고 해도 왼발은 공익, 오른발은 산업에 담그는 모양새이기 때문에 어떻게든 '실업자' 구제에는 큰 도움이 못 된다. 다만 만약 민간노동자가 공공부문으로 이동하면, 노동시간이 감소하고, 줄어든 노동시간만큼 새 고용이 늘어날 수는 있다. 여기에 숙련 노동자가 다수 고용되고, 이어서 실업자 수가 줄어들 것이다. 하지만 '사회주의' 정책의 핵심이 노동시간의 단축인 것은 아니다. 단지 얼떨결의 자선효과이다. 공공기관이 시장보다 높은 임금을 지급하는 것이 자선행위인 것처럼 말이다.

제8부
국가사업의 비영리성

공공기관이 공공노동자에게 시장보다 높은 임금을 지급하고, 연금도 들어주고, 노동시간도 줄여주고, 온갖 혜택을 제공하니, 공공노동자의 노동환경이 민간노동자보다 월등히 우위에 있다. 경제적 관점에서는 마치 공공작업장이 실업자를 거둬들여 수익성 없는 일에 투입하고 초과임금을 지급하는 것과 똑같다. 기껏해야 공공작업장의 노동자는 삽으로 땅굴을 파고 다시 채우기를 반복하거나, 약간의 수익만 창출할 뿐이다. 그런데도 공공작업장의 임금은 늘 시장수준을 초과한다.

과연 반드시 공공기관은 공공노동자에게 시장임금에 '덤'까지 얹어줘야만 '공정'하고, 평균 시장의 '노동일수'보다 줄여줘야만 '공정'하다는 것인가. 만약 정말 그렇다면, 공공노동자로 고용된 '실업자'는 '현직' 최하위 노동자보다 가치 없는 일을 하고도, 적어도 최저 시장임금이나 그 이상을 꾸준히 벌 것이다. 노동시장의 경쟁은 노동의 가치를 평가하는 수단이다. 공공기관의 정책은 노동시장의 경쟁을 거부하고, 새로운 기준인 윤리성과 분별력을 고려해 노동의 가치를 매긴다.

만약 주정부와 지자체가 공공사업을 독점하고, 공공사업에 고용한 특정 노동자에 한정해 '비영리적'이고 도덕적 노동표준을 적용하겠다면, 결코 못 할 일인 것은 아니다. 하지만 국민의 호주머니에서 빠져나가는 돈이니, 먼저 국민이 선뜻 동의해야 한다. 실제로 여론은 호의적이다. 만약 국가에서 공공부문의 노동환경을 개선하면, 여론은 이를 모범사례로 꼽을 것이고, 점차 모든 노동자가 양질의 삶과 노동환경을 누리게 될 것이기 때문이다.

하지만 만약 주정부와 자치정부가 노동자 중에 시장경쟁에서 밀려나 일자리를 구할 능력이 없는 실업자를 불특정 다수 고용한다고 생각해보라. 게다가 이들에게 일자리와 임금도 거저 준다고 생각해보라. 결과적으로 실업자만 '실업' 특혜를 누리는 게 아닌가. 정부가 실업자를 거둬먹일수록 저임금의 비정규 노동자들은 회사를 때려치우고 '실업자'를 자처해서라도 공공기관에 취직하려 할 것이다. 물론 현상이 오래 지속하지는 않을 것이다. 국가에서 과잉 노동력을 흡수하면, 노동력의 시장가치가 오르고 고용이 훨씬 안정될 것이다. 전반적인 노동환경이 좋아지면, 공공일자리를 찾는 노동자들도 잦아들 것이다. 이런 이유 때문에 노동운동자들이 공공작업장을 선호했다. 결국 국가의 돈으로 시장에 남아도는 인력을 거둬들여 노동공급을 조절하는 것이다. 이 정책은 노동조합에게도 막대한 힘을 실어준다.

하지만 옹호자들은 정책의 경제적 효과를 설명하는 데에는 열을 올리면서 정작 공공작업장의 인력을 어떻게 활용할 것인가를 설명하지 못한다. 공공작업장에서 '보호받는' 노동자들은 도대체 어떻게 일자리를 유지할 것인가. 이들은 직간접적으로 민간 노동자들과 경쟁해야 한다. 그런데 이들이 만든 생산품이 민간 노동자들이 만든 생산품에 비해 앞설 것이란 보장이 없다. 정녕 국가가 취업의 전쟁터에서 '실업자'를 빼내와, 괜히 웅덩이를 파고 다시 채우기를 시킬 텐가. 문제는 이처럼 명료하다. 만약 그런 경우라면, 국가가 노동시장의 약자를 관리하여 노동시장의 상대적 강자들에게 피해가 가지 않도록 노동공급을 조절할 수 있다. 하지만 만약 공공작업장의 노동자들이 작게나마 무엇인가를 생산해낸다면, 민간 노동자와의 경쟁을 피할 수 없다. 오히려 공공노동자가 민간노동자보다 저렴하게 물건을 판매하며, 민간노동자를 위협할 수 있다. 필연적으로 공공일자리 정책이 맞닥뜨려야 하는 어려움이며, 반드시 명료히 해명되어야 한다.

비록 공공작업장이 빈곤을 치료하지는 못하지만, 전혀 쓸모없는 것은 아니다. 만약 국가가 위기에 처하면, 응급조치가 꼭 필요하다. 물론 공공이든 민간이든 반드시 자선행위도 폐단을 안고 있게 마련이다. 하지만 자선은 폐단이 전부가 아니다. 임시방편적 자선행위라도 얻는 것이 잃는 것보다 크면, 행할 가치가 있고 유익하다. 당연한 말인데도, 부인하는 사람들이 있다. 늘 불만족인 사람들은 민간과 공공의 자선사업에서 어쩔 수 없이 파생하는 폐단만 지적하고는, 자신이 자선사업 찬성파와의 논쟁에서 이겼다고 착각한다. 때로는 국가도 어쩔 수 없이 공공일자리를 만들어서라도 사회적 고통을 완화해야 할 때가 있다.

제9부
외국인의 이주 제한

　미숙련 노동자의 공급을 줄이는 방법은 두 가지가 더 있다. 실제로 정치권에서는 여러 가지 방안이 새로 논의되는 추세이다.

　첫째, 국가가 외국인이주법을 제정해, 외국인 노동자가 영국으로 유입하는 것을 제한하거나 전면 금지하는 것이다. 독일과 폴란드, 러시아 유대인의 경쟁력은 열악한 환경에 익숙하고, 영국인 노동자보다 노동시장에서의 인건비가 싸다는 것이다. 이들은 도시의 '고한' 문제의 주범이다. 하지만 빈곤 문제에서 외국인 노동자 문제는 논쟁거리이다. 일각에서는 외국인 노동자가 새로운 산업을 창시하기 때문에 원주민노동자와 직접 경쟁하지 않는다고 주장한다. 하지만 대부분의 경우, 분명히 외국인과 원주민의 직접 경쟁이 존재한다. 외국인 이주민이 저임금의 원주민노동자에 피해를 끼치지 않는 경우는 비교적 소수이다. 과연 외국인 노동자가 자유롭게 국내로 유입하는 것을 국가가 법으로 제한하는 것이 현명한가. 선뜻 대답하기 어렵다. 논의의 핵심은 이것이다. 영국이 막대한 부를 생산하려면, 인건비가 저렴한 외국인 노동자가 필요하다. 외국인의 이주를 제한하거나 금지해야 한다고 주장하는 사람은 외국인 노동자가 원주민 노동자에 끼치는 피해가 국가 전체에 가져다주는 이익보다 크다는 논리이다. 반드시 어떤 식으로든 원주민 노동자와 외국인 노동자가 경쟁한다는 것이다. 실제로 이와 같은 이유로 미국과 캐나다, 호주가 중국인 및 막노동 노동자의 이주를 법으로 금지했다. 마찬가지로 유럽의 값싼 노동력에 대해서도 까다롭게 제한한다. 이와 관련해, 찰스 딜크Charles Dilke, 영국의 정치가 경이 다음과 같이 식민지 정책을 요약했다. "식민지 노동자는 법의 보호가 필요하다. 인건비가 저렴한 흑인과 황인, 백인 극빈자, 국가에서 노동공급을 늘리려고 이주시킨 백인 노동자가 모두 식민지 노동자의 경쟁자이다. 대부분의 국가는 외국인 극빈층이 이주하는 것을 법으로 제한한다. 오직 영국만이 법으로 제한하지 않는다."[32]

영국의 식민지와 미국처럼 이주민과 원주민 노동자의 생활표준이 극명히 대비되는 곳에서는 이미 외국인의 이주 문제를 심각하게 다뤘다. 하지만 만약 런던 동부의 부둣가에 중국인 노동자가 가득한 배가 내린다고 해도, 영국 정부가 취할 수 있는 조치는 그저 배에서 뛰어내리는 중국인을 닥치는 대로 막아내는 임기응변뿐이다. 이마저도 영국에 유입하는 유럽인 노동자를 제한하기엔 턱이 없다. 유럽 대륙의 노동자를 제한하는 외국인법을 제정할 것인가 여부는 넓게는 유럽대륙의 역사를 고려해 결정할 일이다. 하지만 지금의 추세라면, 노동조합이 자신의 정치권력을 이용해 조합원의 입지를 공고히 다지려 할 것이다. 즉, 노동조합이 노동공급을 제한하기 위해 외국인 노동자를 배타할 것이라는 예측도 충분히 가능하다. 하지만 만약 영국의 노동시장에서 값싼 외국인 노동력이 사라지면, 영국의 상품시장에 외국의 값싼 외국인 노동력이 생산하는 저렴한 상품이 밀려들어올 것이다. 물론 영국의 총생산은 증가할 것이다. 하지만 국산품이 수입품과의 경쟁에서 밀리면, 국내 노동시장의 수요가 감소할 것이다. 결국, 그 피해가 특정 노동자들에게 고스란히 돌아갈 것이다. 만약 국가가 외국인법을 통과시키면, 이는 보호조치의 전철을 밟는 것이며, 현행 자유무역의 정책기조와 충돌한다. 국가가 정책기조를 바꾸는 위험을 감수할 것인지 여부는 과연 미숙련 노동력의 과잉공급을 해결할 마땅한 대안이 있는가에 달렸다. 만약 뾰족한 수가 없으면, 언젠가는 민주당 정부가 칼을 뽑아들고 인위적으로라도 영국의 미숙련 노동자와 경쟁하는 외국인 노동자와 외국인 노동자의 생산품을 금지할 가능성도 있다. 그렇다면, 미숙련 노동자는 임금노동자로서 혜택을 누리겠지만, 물가상승 때문에 소비자로서는 더 큰 피해를 입을 것이다.

제10부
'8시간 노동' 논쟁

마지막으로 평균 노동일수를 단축하는 방법이 있다. 국가가 법률을 제정하거나 조합 차원에서 하루 8시간 또는 주 40시간 노동을 정착시키는 방식이 초과노동을 제한하고, 가장 직접적으로 '고한제도'를 뿌리 뽑는 방안이 될 수 있다. 하지만 비록 목적은 미숙련 노동자의 노동환경을 개선하는 것이지만, 더욱 중요한 점은 미숙련 노동력의 수요와 공급이 어떻게 변하는지 살펴야 한다. 8시간 노동제의 옹호자들이 주장하는 효과는 다음과 같다.

만약 미숙련 노동자의 노동시간이 하루 평균 12시간에서 8시간으로 강제로 단축되면, 똑같은 작업량에 추가 노동력이 1/3이 필요하다. 아마도 노동자의 생산성은 하루 8시간 노동이 하루 12시간 노동보다 높을 수 있다. 다만 미숙련 노동자가 달성해야 하는 작업량은 그대로이기 때문에 만약 노동시간이 단축되지 않았다면 그대로 실업자였어야 하는 노동자가 다수 고용된다. 만약 국가나 노동조합이 초과노동을 금지하면, 노동일수가 줄어들기 때문에 '실업자' 청산도 가능한 것이다. 또한, 현재는 실업자가 오랫동안 '고인 물'처럼 존재하기 때문에 미숙련 노동자의 임금이 최저생활임금을 넘지 못한다. 만약 실업자의 '고인 물'만 사라진다면, 급속도로 임금이 상승할 것이다. 만약 '외부인'이 일자리와 임금을 노린다고 해도, 현직 노동자의 단체행동을 가로막을 수 없게 되기 때문이다. 단번에 8시간 노동이 '실업자' 문제와 미숙련 노동자의 임금 문제를 해결할 것이다. 마치 노동시장의 경쟁자 수가 확 줄어드는 것과 똑같은 효과이다. 노동력의 값어치는 노동시장의 수요와 공급에 달려있다. 만약 수요만 늘고 공급은 그대로이면, 값이 오른다. 마찬가지로 공급이 줄고 수요는 그대로여도, 값이 오른다. 8시간 노동 의무제는 노동공급을 줄인다. 당연히 노동의 가치가 오를 것이다. 일시에 전체 노동자 계급의 하루 노동시간이 1/3만큼 단축되는 것은 마치 노동시장에서 전체 노동자의 1/3이 사라지는 것과 똑같다. 역사에 흑사병의 사례가 있다. 흑사병 때문에 임금이 오르고, 노동환경이 향상됐다. 국가가 법을 제정해 임금을 내리려고 노력했음에도 불구하고 법적 제재의 효과는 나타나지 않았다. 8시간 노동제의 옹호자들이 주장하는 효과가 이와 똑같다.

8시간 노동법의 통과와 시행, 적용은 차치하고서라도, 8시간 노동제의 반대자들은 다음의 경제적 이유 때문에 반대한다.

만약 8시간 노동제가 시행되면, 총임금이 증가할 것이다. 따라서 각 산업의 생산비용도 증가할 것이다. 단지 사업체가 현재의 이익만 줄여서는 임금인상분을 감당하지 못하므로 점차 외국 자본 투자와 경영을 유치하려 할 것이다. 따라서 총임금의 인상은 곧 물가상승으로 이어진다. 물가상승은 두 가지의 효과가 있다. 첫째, 물가상승 때문에 명목임금이 오르더라도, 오히려 실질임금은 줄어든다. 또한, 만약 노동조합이 적절히 실업자와의 경쟁을 제한해 여전히 실질임금을 높게 유지한다고 해도, 국내시장에서는 저렴한 해외생산품이 국산품보다 우세할 것이다.(영국이 보호관세를 도입하지 않는다면 말이다.) 더욱이 해외시장에서는 영국의 생산품이 경쟁력을 잃게 된다. 경제적 이유 때문에 8시간 노동제 반대자들이 있는 것이다.

오히려 찬성자들은 다음의 근거로 반박한다. 첫째, 총임금이 오르면, 물가도 오른다는 주장은 사실이 아니다. 물론, 경영자의 임금과 이윤이 줄어들 것이다. 하지만 국내의 자본이 줄어들거나 해외로 빠져나가는 경향은 두드러지지 않을 것이다.

둘째, 임금이 오르면, 소규모의 공장 및 작업장이 사라질 것이다. 소규모의 공장 및 작업장은 고한제도의 중추이다. 결과적으로 전체 산업이 단계적으로 진화할 것이다. 즉, 영국의 산업이 대형공장 단위로 움직이고, 최신 기계가 도입될 것이다.

셋째, 해외의 생산품과 경쟁해도, 영국의 생산품은 국내 및 해외시장에서 타격이 없다. 영국의 경쟁 국가에서도 8시간 노동제 운동이 진행 중이다. 만약 영국과 독일, 프랑스, 미국의 노동자 임금이 똑같이 오르면, 또는 만약 해당 국가들이 똑같이 법을 제정해 동시에 생산비용이 오르면, 영국의 생산품이 외국과의 경쟁에서 패배할 것이라는 주장은 근거가 없게 된다.

8시간 노동제의 찬성 측의 주요 논리는 굉장히 부당하다. 첫 번째 주장은 다음을 가정한다. 만약 총임금이 올라가도 물가는 그대로이려면, 반드시 이자와 이윤이 감소해야 한다. 말인즉, 노동자의 고임금은 '자본에서 짜낸다.'라는 주장이다. 과연 이 주장이 옳은가 의문이다. 분명히 사업체마다 입장이 다를 것이다. 어떤 사업체는 독점과 특권 등 거래상의 우위를 확보했기 때문에, 완전히 시장의 경쟁으로부터 스스로를 차단하고 보호할 수 있다. 그리고 항상 평균 이상의 이윤을 벌어들인다. 한편, 어떤 사업체는 거래상의 우위가 없기 때문에 계속 치열한 경쟁에 노출된다. 이런 사업체는 늘 시장경쟁의 압박에 시달리며, 겨우 자본과 경영이 멈추지 않는 선에서 이자와 이윤이 최저수준에 머무른다. 전자는 노동조합이 요구한 8시간 노동제의 '비용'이 사업체의 자본으로 충당된다. 후자는 불가능하다.

두 번째 주장은 8시간 노동제가 산업의 발달을 가속화하고, 최신 설비를 갖춘 대형공장이 소형공장을 몰아낸다는 주장이다. 실제로 최악의 '고한'은 하위 산업에서 생겨난다. 따라서 만약 8시간 노동제가 소규모 작업장과 가내 공업을 무너뜨린다면, 분명히 중요한 장점이다. 하지만 대형공장이 계속 새 기계를 도입하는 이유는 기계로 인간의 노동력을 대체하기 위해서이다. 따라서 산업발달과 기계화가 가속화한다면, 실업자 층이 계속해서 두터워질 것이라는 예상도 가능하다. 무자비한 기계화 때문에 산업 곳곳에서 노동자가 쓸모없어질 것이고, 고용주는 토사구팽 할 것이다.

이처럼 8시간 노동제 찬성 측의 두 가지 주장은 타당성이 없어 보인다. 논의의 무게가 세 번째 주장에 실려 있다.

만약 다른 국가도 영국처럼 노동자 계급의 노동환경을 개선하려는 움직임이 빠르게 번져나간다면, 외국과의 경쟁은 결코 두려움의 대상이 아니다. 왜냐하면 모든 국가에서 똑같이 생산비용과 물가가 오를 것이기 때문이다. 만약 외국에서는 진전이 없다면, 영국만 노동일수를 단축해봤자, 노동자 계급은 산업적 이득을 누리지 못한다. 특정 노동자 계급은 초과노동의 고통에서 벗어날 것이다. 하지만 전체 노동자 계급은 뼈아픈 대가를 치러야 할 것이다. 공공노동자는 노동시간이 단축되어도 똑같이 임금을 받는다. 노동자 중에 직접 외국인 노동자와 경쟁하지 않는 노동자도 마찬가지이다. 단, 영국의 국민이 기꺼이 경제적 대가를 치르는 것에 찬성해야만 한다.

다음처럼 결론짓는 것이 좋겠다. 비록 초기의 공장법이 도입될 때도 경제학자들이 똑같은 문제를 걸고 넘어졌고, 실제로는 문제가 나타나지 않았다고는 하지만, 결코 위의 경제적 애로사항이 가볍게 치부되어선 안 된다. 경험상 문제가 없었으니, 앞으로도 가볍게 넘어가자는 주장은 통하지 않는다는 얘기이다. 실제로 법으로 국가가 노동력의 착취를 제한했다. 과연 법적 제재가 영국의 총생산에 얼마나 영향을 미쳤는지는 미지수이다. 산업의 성장이 멈춘 것은 아니지만, 분명히 느려지고 있다. 만약 오로지 국가의 목표가 물질적 부의 축적이라면, 만약 생산과 분배의 방식은 전혀 중요치 않다면, 물론 목표달성에 자유방임주의 정책이 가장 효과적이다. 단지 노동자의 능률만 생각한다면야, 신체 건강하고 행복한 노동자가 타락하고 굶어 죽어가는 노동자보다 생산성이 높은 것이 당연하다. 후자는 공장제 초기에 법의 사각지대인 공장 및 광산의 노예이고, 현재는 고한노동자 소굴의 노예인 노동자를 말한다. 하지만 여전히 고용주는 쥐꼬리만큼 저임금을 주고 비능률 노동자를 쓰려고 한다. 비록 능률적인 노동자가 생산성이 뛰어나지만, 이들은 노동단축을 고집하고, 높은 임금을 요구하기 때문이다. 오로지 자본가가 관심 갖는 것은 총 합계이며, 결과는 인류애와 정의의 정반대일 수 있다.

과연 노동시간이 줄어드는데, 임금은 줄어들지 않을 수 있을까. 결과는 예측하기 어렵다. 다만 8시간 노동제의 옹호자는 임금이 줄더라도 여가가 늘어나는 것이 바람직하다고 주장한다. 만약 노동일수가 줄어들면서, 함께 '실업'의 폐단도 사라지거나 줄어든다면, 만약 정말로 미숙련 노동자의 노동환경이 좋아진다면, 기꺼이 공동체도 그 비용을 감당할 것이다.

The Brilliant Thinking

| 제7장 |

노동시장에서 미숙련 노동자 계급의 초과 공급

제1부
'미숙련 노동자' 문제의 복습

앞서 살펴본 것처럼, 고한의 처방에 공장법과 노동조합이 있다. 다시 강조하면, 고한제도라는 사회적 병폐의 경제적 본질은 미숙련 노동자의 과잉공급이다. 물론 공장법이 사회적 병폐의 증상을 다수 치료한다. 하지만 여전히 고한의 핵심 즉, 저임금 문제는 뚜렷한 효과가 없다. 다만 덕분에 임금이 전혀 생계가 불가능하고 여론의 지탄이 쏟아질 만한 수준은 면할 수 있다. 노동조합은 노동자의 복지를 보장하는 효과적 수단이다. 노동조합의 취지는 노동공급을 제한하는 것이다. 노동조합의 한계는 특정 노동자 계급이 특수이익을 확보하려고 노동공급을 제한하는 과정에서 비조합원 실업자의 입지를 약화시키는 것이다. 계속 '고한 당하는' 노동자가 생겨나고, 노동환경이 타락하는 이유는 노동시장에 실업자가 넘치고 노동공급이 과잉하기 때문이다. 만약 이대로 과잉노동력이 오래 고여 있으면, 하위 비숙련 노동자 계급의 임금이 유의미한 만큼 오르기는 어렵다. 그렇다면 유능한 사회개혁가들은 자연히 다음 질문에 주목해야 한다. 과연 바닥에 잠긴 과잉 노동력을 빼낼 방법이 무엇인가. 다시 말해, 미숙련 노동자 계급의 인구를 낮게 유지하는 방법이 무엇인가. 다음에 주목할 만한 방법들이 제시된다.

제2부
인구증가 억제하기

 과연 인구증가속도와 부의 증가속도 중에 어느 것이 더 빠를까. 여기서 방대한 주제는 다루지 않겠다. 영국 인구론자 맬서스 Malthus의 제자들은 미래에 식량공급이 인구증가 때문에 위태로워질 것이라고 주장한다. 간혹 어떤 사람들은 다음과 같이 반박한다. 영국은 부의 증가속도가 인구증가보다 빠르다. 또한 현대식 시장구조가 발달해 얼마든지 부가 식량과 생필품으로 교환된다. 따라서 맬서스 제자들의 경고는 근거가 없다. 이 책의 논의대상은 두 주장의 대립이 아니다. 전체 인구와 식량공급의 관계도 아니다. 오직 논의대상은 특정 계층의 인구와 비유동적 노동수요이다. 미숙련 및 비숙련 일자리는 노동수요가 일정하다. 만약 해당 노동시장에서 노동자 수가 일자리 수만큼 있다면, 임금도 표준생활을 누릴 만큼 충분할 것이다. 반면, 만약 능력이 있는 노동자 수가 과도하게 많으면, 대부분의 노동자는 노동시장에 그대로 남아 일자리와 임금 없이 고여 있고, 한편 취업한 노동자는 최저임금만 받는다. 따라서 언제나 미숙련 노동자의 인구가 적정 수준으로 관리되어야 한다. 현대의 맬서스학파는 바로 이 문제에 초점을 맞춘다. 노동자 계급은 노동자 수가 일자리 수를 과도하게 넘어 노동시장의 경쟁이 치열해지지 않도록, 섣불리 결혼하지 않거나 결혼 후 금욕함으로써 인위적으로 인구증가속도를 통제할 수 있다. 지적 수준이 높은 숙련 노동자 계급은 이미 인구를 제한함으로써 혜택을 누리고 있다. 그리고 지금도 교육과 지식이 더 널리 퍼지고 있기 때문에 미래에는 어쩌면 전체 노동자 계급이 '과잉 인구'를 조절함으로써 혜택을 누리게 될 수도 있다. 하지만 합리적 사고와 윤리 의식이 필요한 문제이기 때문에 전체가 동의하기가 쉽지는 않다. 이미 노동환경이 충분히 만족스럽고, 윤리적 지적 발전에 귀와 눈을 닫은 계층은 반대한다. 정작 이 중대한 결단이 꼭 필요한 사람들은 실행할 능력이 없다. 보통, '노동자'는 성인이 되고 육체적 능력만 있으면, 돈도 벌만큼 번다. 20살의 노동자는 아내와 가정을 부양할 능력이 있다. 충분히 그 이상도 가능하다. 청년 노동자는 고용이 안정적이고, 질병으로 휴직하는 일도 드물다. 만약 노동자가 조기결혼하면, 여러 명의 자녀를 낳을 가능성이 높다. 만약 집집마다 아이가 많으면, 계속 임금은 낮게 유지된다. 한창 젊은 미숙련 노동자는 문제를 진지하게 받아들이지 않는다. 아마도 노동자가 결혼 후 출산을 자제하는 방법이 더 효과적일 것이다. 왜냐하면 결혼한 노동자는 현실의 문제이기 때문에 더 잘 와 닿을 것이기 때문이다. 하지만 무엇보다도 조기결혼과 대가족의 문제는 교육수준과 지적 수준이 높아져가는 여성들에게 호소하는 것이 남성에게 호소하는 것보다 소용이 있을 것이다.

제3부
'해외이주 시키기'

노동자의 해외이주는 가장 직접적이고 효과가 뚜렷한 처방이다. 만약 노동자 수가 일자리 수보다 많으면, 국가가 수요가 없는 곳에서 수요가 있는 곳으로 과잉 노동력를 옮기는 것이 간단하지 않은가? 생각처럼 문제가 간단하지 않다. 어떤 자유방임주의 정치경제학자는 다음과 같이 반문할 것이다. "노동자도 이익을 좇아 움직이게 마련인데, 굳이 인위적으로 과잉 노동력을 옮길 필요가 있는가. 어째서 정부와 자선가는 자연히 흐르도록 놔두지 않고 호들갑인가? 만약 노동 수요가 이곳에만 있고 저곳에는 없다면, 당연히 노동자는 수요가 없는 곳에서 있는 곳으로 이동할 것이다. 반드시 움직임이 그렇게 돼야 한다. 만약 국가가 억지로 옮기거나 거들면, 엉뚱한 노동력을 옮기거나 노동력을 엉뚱한 곳으로 옮기는 우를 범하게 된다." 자유방임주의자에 대한 이 책의 대답은 확고하다. 자연에서 물은 높은 곳에서 낮은 곳으로 흐른다. 하지만 만약 물도 자연 제방이나 인공 구조물에 가로막히면, 흐르지 않고 고인다. 마찬가지로 만약 노동력이 빈곤과 무지에 가로막히면, 사실상 이윤을 좇아 이동하는 것이 불가능하다. 상위 노동자 계급은 한곳에 고이는 법 없이 자연스레 흐른다. 심지어 숙련 노동자 계급은 내부의 경쟁이 치열해지면, 일부 모험심 있는 장인이 자발적으로 해외 이주함으로써 노동시장의 긴장이 완화된다. 하지만 빈곤층의 미숙련 노동자 계급은 빈곤에 가로막혀 고통을 겪는다. 그대로 두면, 미숙련 노동시장에 가득 고인 노동력이 움직이지 못하고 갇힌다. 기껏해야 미숙련 노동자는 이 마을에서 옆 마을로, 시골에서 장이 서는 마을로, 또는 런던으로 일자리를 찾아나서는 것이 전부다. 하위 노동자는 인위적으로 옮겨지는 수밖에 없다. 앞서 언급한 것처럼 인위적인 방법에는 실수가 뒤따를 수 있다. 만약 영국이 과잉 노동력을 새 식민지로 보내려고 하는데, 실수로 영국에 없어서는 안 되는 직업군의 노동자를 이주시킬 수도 있는 것이다. 한마디로 과잉 노동력이 아닌 필수 노동력이 해외로 흘러 나가버리는 꼴이 될 수도 있다. 영국 정부가 체력이 뛰어나고 눈치 빠른 스코틀랜드의 농부와 특정산업의 일시적 불경기로 실업한 숙련 노동자를 도우려고, 미국이나 호주로 가족과 함께 이주시키는 정책은 굉장히 심각한 문제가 있다. 만약 국가가 특정 노동자를 다른 곳으로 이주시키면, 다른 노동자는 취직의 기회가 생긴다. 하지만 여전히 노동자 계급 중에 누구를 옮겨야 하는가 라는 질문이 남는다. 한편, 영국의 전체 노동자 계급에 이로운 선택이 무엇인가 생각하면, 먼저 최하위층이자 최저능력의 노동자 계급을 대거 이주시키는 것이 옳다는 쪽으로 생각이 기운다. 분명히 영국에 남은 하위 노동자 계급은 직접 혜택을 누리게 된다. 하지만 그 결과, 새 식민지는 비능률 노동자만 인간홍수를 이루고 폐만 끼치고, 정작 새 식민지에 도착한 영국의 노동자는 도대체 앞길을 헤쳐 나갈 방법을 몰라 눈앞이 깜깜하다. 이처럼 무모하게 새 식민지로 영국의 노동자를 이주시키는 행위는 살인 정책이다. 한때는 영국 정부가 노동자의 해외이주를 지원하고, 실제로 노동력의 이동이 활발했다. 요즘은 외국에서도 영국인 '잔해'를 거부한다. 해가 바뀔수록 정책의 유지가 어려워지고 있다. 이제, 해외이주정책의 핵심을 정리해보자. 영국 정부가 특정 계급을 영국의 식민지 및 해외로 이주시키려고 하는데, 해당 국가에서 용납하지 않는다. 해당 국가가 수용한다고 해도, 영국의 사회문제가 고스란히 외국으로 옮겨가는 것뿐이다. 무작정 영국의 골칫거리인 발정 난 극빈자를 해외 이주시키는 시대도 끝났다. 만약 정말로 영국 정부가 미래의 인구과잉을 우려해, 예방책으로 노동자의 해외이주를 고려한다면, 무작정 등떠밀 듯이 이주시켜선 안 된다. 반드시 이주대상자를 심사하고 교육해야 한다. 반드시 교육은 정부이든 민간이든 영국 땅에서 출국 전에 시행해야 한다. 해가 갈수록, 미숙련 노동자의 과잉공급이 사회적 문제이며, 힘없는 미숙련 노동자에 손을 써야 한다는 인식이 분명해지고 있다. 자유인이든 비자유인이든 누군가의 자유를 간섭하는 행위는 거부감을 일으키는 것이 사실이다. 하지만 국가의 위급상황에서 이런 거부감조차 길을 내어주고 있다.

제4부
찰스 부스의 '배수(물 빼기) 정책'

역사상 빈곤법을 잘못 시행했다가, 역효과가 나타난 최악의 사례가 여럿 있다. 역사의 선례는 우리에게 중요한 교훈을 준다. 새로운 것을 실험할 때, 반드시 조심하라는 것이다. 하지만 최근 국가책임론이 득세하면서, 국가가 힘없는 국민을 보호하고 홀로서기를 도와야 하며, 서로 대립하는 민간과 자선단체의 중간에 힘없는 노동자를 방치해선 안 된다는 주장이 힘을 얻고 있다. 한편, 자유방임주의자의 입지는 급속도로 좁아지고 있다. 영국 정부가 일부 자선단체의 사사로운 사회적 실험을 방임해선 안 된다는 것이 일부 여론이다. 지난 수백 년 동안, 당연히 정부의 역할 중에 극빈층 구제가 포함됐다. 현행 빈곤법은 극빈층조차 구제하는 것이 불가능하다. 극빈층을 구제하지 못할 뿐 아니라, 예방할 수도 없다. 현행 법률과 민간단체의 자선행위는 '고한'이란 폐단에 적절히 대처하지 못한다. 오히려 미숙련 노동자의 초과공급 때문에 폐지될 위기에 처해있다. 앞으로 민주당 정부는 새롭게 국가차원의 배수실험을 감행하려 더욱 힘쓸 것이다. 따라서 이쯤에서 간략히 빈곤 문제의 이론을 다루는 것이 도움이 될 것이라고 믿는다.

찰스 부스는 빈곤 문제의 본질이 값싸고 비능률적인 노동력의 초과공급이라고 정의 한다. 그리고 가장 힘없고 타락한 계급의 압박감을 완화시켜줘야 한다고 주장한다. 최하위 계급의 고통은 상위 계급에도 치명적이다. 이유는 다음과 같다.

"어쩌면 국가가 전체 B 계급을 돌본다는 것(마치 가족이 집안의 어르신과 어린이, 환자를 돌보듯, 정부도 힘없고 무능한 국민을 돌보고, 혼자서 생계를 잇지 못하는 국민에게 최소한의 필요한 것을 제공하는 것)이 불가능한 임무처럼 보일 수 있다. 하지만 국가의 성실한 일꾼이 최선의 보수를 받고, 전체 국민의 생활표준이 향상되려면, 반드시 국가가 나서야 한다. 비용이 얼마나 드는지는 중요한 문제가 아니다. 불행한 국민 때문이 국가가 감수하는 비용이 훨씬 많다. 단지 국가의 자선비용이 빈곤층의 세금보다 많다는 뜻만은 아니다. 대부분의 빈곤층이 부족한 임금 때문에 늘 반쯤 굶주려있다. 빈곤층은 국가의 부를 축내고, 생산하지는 않는다."

부스는 정부가 산업식민지를 세워 빈곤층을 이주시키고 직접 감독할 것을 제안한다.

"극빈층이 토지와 건축자재가 저렴한 장소로 이주해야 한다.

이들은 함께 노동하고 가족처럼 지낼 수 있어야 한다. 좋은 집에서, 등 데우고, 배우고, 훈련하고, 종일 안팎에서 노동하고, 자급자족하든 정부의 하청을 하든 살아갈 수 있어야 한다."

정부는 산업식민지의 극빈층에 재료와 도구를 제공하고, 책임지고 노동력을 활용한다. 임금은 공동체끼리 또는 개인끼리 비교해, '공정 비율'을 책정한다. 만약 사업 이윤이 적자이면, 국가가 책임진다. 이 계획은 현행 빈곤법의 확장판이다. 더 이상의 새로운 내용은 없다. 따라서 계획의 목적은 해당 사회계층의 개혁과 개선이 아니라, 산업사회의 경쟁에서 가장 고통 받는 계층의 아픔을 고스란히 덜어낸다. 결과적으로 노동시장의 실업자 수가 크게 감소할 것이다. 부스는 이 계획의 문제점을 인정한다.

주요 문제점은 다음과 같다.

1 | 국가가 산업식민지로 노동자를 이주시킬 때, 강제로 가장 힘없고 고통 받는 노동자를 끌어낼 수는 없는 노릇이다. 반드시 산업식민지로 이주하길 희망하는 노동자 중에 선별해야 한다. 따라서 산업식민지는 현존하는 구빈원의 확장판인 셈이 된다. 물론 어김없이 빈곤법의 딜레마가 나타난다. 실제로 산업식민지에서도 구빈원의 타락과 불명예가 그대로 나타날 가능성이 높다. 만약 그렇다면, '극빈층' 중에 산업식민지에서 생활해야 마땅한 진실한 노동자는 오히려 관심조차 보이지 않을 것이다. 따라서 자유 경쟁 때문에 고통 받는 노동자를 구호하는 산업식민지의 목적은 실패할 것이다. 반면, 만약 '산업식민'의 노동환경이 자유 경

쟁 노동자의 고통스러운 노동환경보다 낫다면, 산업사회의 낙오자가 매력 있는 위치가 될 것이다. 곧 하위 노동자 계급은 최선을 다하지 않고, 독립심도 갖지 않을 것이다. 비단 산업식민지뿐만 아니라, 모든 빈곤 문제 처방이 이와 같이 어려움에 봉착한다. 하지만 부스의 산업식민지는 만약 실제로 극빈층의 '배수'가 진행된다면 특히 위의 딜레마에 빠지게 된다.

2 | 첫 번째 문제점과 관련해, 부스도 산업사회의 낙오자 중 적격자를 선별하는 방법에 대해 주목할 만한 해결책을 내놓지 못한다. 과연 뼛속부터 나쁜 인격과 성격 때문에 실패한 사람과 억울하게 다른 사람의 잘못 때문에 실패한 사람을 무슨 수로 판별한다는 말인가. 명확히 마땅한 사람과 못마땅한 사람을 가려내는 작업은 너무 어렵고, 거의 불가능하다. 현행 빈곤법 제도가 어떻게 바뀌든, 현실에서 개혁이 통하려면, 반드시 적격자와 부적격자를 가려낼 방법을 찾아내야 한다. 올바른 개혁은 구제가능한 사람과 구제불능인 사람을 구별하고, 구제가능한 사람을 구제하고 구제불능인 사람이 사회를 오염시키는 것을 막아야 한다. 단순히 산업사회의 '극빈층'이 일부 도려내지는 것만으로는 충분치 않다.

하지만 찰스 부스는 단지 위의 내용을 소개하는 것일 뿐, 더 이상 논의를 진전시키지는 않기 때문에, 부스가 제안한 계획이 위의 문제점 때문에 힐난당하는 것은 부당하고 또 이득이 없다. 다만, 그토록 자세히 빈곤 문제를 연구한 학자가 다음의 결론에 이르렀다는 것이 중요한 의미를 가질 뿐이다. "만약 지금 정부가 국민 소수의 삶에 개입한다면, 굳이 사회주의가 전체 국민의 삶에 개입하는 일은 벌어지지 않을 것이다."[33]

제5부
'실업자' 처방

　'실업자'는 특정시점에서 노동력의 '초과공급'이다. 먼저 '실업자'의 처방은 일시적 '실업'과 영구 또는 반영구 실업으로 나뉜다. 일시적 '실업'은 특정 산업의 불경기 때문에 일어나는 현상이고, 영구 또는 반영구 실업자는 최저능률의 도시 노동자 대다수를 가리킨다. 건설업과 대부분의 부두관련 산업은 계절에 따라 고용변동이 있다. 비단 및 모직 산업은 유행에 따라 고용변동이 있고, 가끔 산업공정의 탈바꿈 때문에도 일시적 고용변동이 있다. 일시적으로 고용이 침체하는 경우, 일시적인 실업자 수가 상당히 늘어난다. 더불어 건설업은 계약이 만료되고 다음 계약이 시작하기 전의 과도기 실업자도 있다. 마지막으로 현대 산업사회는 일반적으로 고용변동이 심하기 때문에 언제나 일정 수준의 실업자가 존재하며, 일정 수준의 노동력이 늘 고여 있다.

　그렇다면 고용 불안정과 누출이 왜 생기는 것인가. 특정 시점에 일할 능력과 의지가 있는 노동자도 상당수가 실업일 수 있다.

종종 '실업자'는 도시의 미숙련 비능률 노동자의 과잉공급과 서로 다른 문제이므로 해결책도 달라야 한다고들 주장한다. 언뜻 '만성' 실업자는 경제적 불균형 때문이 아니라 훈련과 교육이 부족해서인 것처럼 보일 수 있다. 하지만 이는 눈속임이다. 두 종류의 '실업'은 매우 긴밀히 연관돼 있다. '계절'과 '유행' 산업의 불안정성과 주기적인 경기변동은 해당 산업의 힘없는 노동자의 심신과 노동생산성을 훼손하고 타락시키는 데 일조한다. 해당 산업의 약골 노동자는 고용과 임금의 불안정 때문에 도저히 건강한 표준생활을 유지하기 어렵다. 그리고 비교적 숙련 노동시장에서 억지로 떨어져 나와, 이미 혼잡한 미숙련 노동시장을 더욱 혼잡하게 만든다. 실제로 주기적 '침체 산업'의 노동력이 무수한 경로로 미숙련 노동시장에 흘러들어온다. 따라서 두 종류의 '실업자'는 매우 긴밀하고 중요한 관계이다. 계속해서 불안정 산업의 노동력이 실업자 인력풀에 흘러들어오고 있기 때문에 비록 실업자 처방이 기발해도 만약 이 흐름을 막지 못한다면, 항상 임시방편에 그치게 된다.

한편 어떤 '실업자' 처방은 오히려 실업이 감소한 만큼 다시 증가하는 역효과가 나타난다. 대표적인 사례가 구세군의 도시일자리와 농촌식민지이다. 구세군의 사회적 실험은 쓸모없는 배수 계획의 실패작이었다. 이 계획은 '암흑의 영국'이란 책에서 처음 소개됐다. 구세군식민지의 생산품은 외부노동력의 생산품과 경쟁하지 않는다. 우선 구세군은 치열한 노동시장에서 특정 '실업자' 계층을 철회시킨다. 그리고 별도의 훈련과 교육을 제공해, 능률 노동력으로 탈바꿈시킨다. 이후, 자선기금의 자본에 탈바꿈한 노동력을 투입한다. 식민 노동력이 생산한 것은 식민 자신이 소비한다. 따라서 자급자족이 가능해지는 것이다. 어떤 경우에도 구세군은 경쟁시장에 식민의 생산품을 내놓지 않는다. 현실의 사회적 실험에서 이토록 심오하고 복잡한 경제적 조건은 모조리 무시됐다. 구세군 소유의 도시 공장이 생산한 성냥, 장작, 가구 등이 버젓이 경쟁시장에서 판매됐다. 역시 구세군 소유의 농장인 헤이들리팜의 본래 취지는 농업기술을 깊이 있게 가르치고, 구세군의 식민지인 오버시의 구성원을 교육하는 것이었다. 그런데 시간이 지날수록 유독 신발과 목재, 특수기계 공업에 주목하고, 효율적인 경작에는 관심을 두지 않게 됐다. 부츠와 의자가 대량생산되어, 경쟁시장에서 판매됐다. 게다가 구세군 농장에서 재배한 과일과 채소도 외부시장에 판매됐다. 결과는 뻔하다. 목수 A가 있다고 가정하자. 최근 A가 실직했다. 실직 사유는 현재 의자와 식탁 공급량을 생산하는 데 목수가 훨씬 적게 필요하기 때문이다. 구세군이 목수 A를 데려가서, 자본을 무이자로 제공한다. 만약 A가 만든 의자가 시장에 진출하면, 한때 경쟁자였던 목수 B, C, D보다 낮은 가격에 의자를 판매할 수 있다. 의자시장의 수요가 늘지 않는 한, A의 의자가 B의 의자를 밀어낼 것이고, 다시 B가 실직하게 된다. 따라서 목수 A는 구세군의 도움을 받아, B를 밀어낸 자리에 앉은 것뿐이다. 만약 다시 구세군이 B를 데려가서 일감을 주면, 다시 C가 일자리를 잃게 된다. 만약 시장경기가 좋지 않아 성냥제조자가 실직하고, 다시 구세군이 성냥제조자를 공장에 고용한다면, 그래서 만약 구세군에서 만든 성냥이 시장에 출시된다면, 구세군 성냥을 구입하는 국민이 원래 이용하던 회사의 성냥을 더 이상 구입하지 않을 것이다. 그러면 성냥제조업체들은 성냥이 덜 팔리는 만큼 노동력을 덜 고용할 것이다. 결과적으로 구세군의 사업은 고용을 늘리지 않는다. 따라서 실업문제 해결에 아무런 소용이 없다. 단지 특정 노동자에게 일자리를 주고, 익명의 노동자의 일자리를 빼앗았다. 평균적으로 볼 때, 시장에서 실직한 노동력의 성격과 성실성이 실직하지 않은 노동력보다 열등하다. 따라서 구세군 정책의 효과는 열등한 노동자가 우월한 노동자를 대체하는 것과 똑같다. 어쩌면 맹목적 자선가는 한치 앞도 내다보지 못하고, 눈에 '보이지 않는' 결과를 무시하고 오직 '보이는' 결과만 앞세울지도 모른다. 하지만 구세군 창설자인 부스Booth 대장은 구세군의 사회적 실험에 대한 조언에 귀 기울이고, 조언이 귀담아들을 가치가 있다고 여겼다. 종종 구세군의 옹호자는 결코 구세군이 생산품을 외부 생산품보다 싼값에 판매한 적이 없다고 잡아뗀다. 오히려 구세군의 성냥이 보통의 성냥보다 비싸게 판매된다고도 한다. 만약 사실이라고 해도, 구세군의 반대 측에 대답이 되지 못한다. 만약 기존의 소비자가 더 이상 기존의 성냥을 구매하지 않고, 대신 구세군의 성냥을 구입한다면, 만약 기존의 성냥이 2.5펜스인데 구세군의 성냥은 3펜스라면, 그래도 여전히 구세군의 성냥생산자가 기존의 2.5펜스짜리 성냥생산자의 일자리를 빼앗아가는 꼴이 된다. 한편, 이런 경우, 오히려 총 실업이 더 많이 발생할 수 있다. 예전에는 성냥소비자가 2.5펜스를 지불했는데, 이제는 3펜스를 지불하니, 대신 성냥이 아닌 상품의 소비를 줄일 것이다. 결과적으로 구세군의 성냥 때문에 수요가 감소한 상품의 산업에 일자리가 줄어들 것이다. 맹목적 자선가의 눈에만 '보이지 않는' 결과가 또 발생하는 것이다.

상품시장에 구세군의 생산품이 출시되면, 반드시 시장공급이 증가한다. 당연히 공급이 증가하면, 시장가격이 떨어질 수밖에 없다. 구세군이 앞장서서 시장가격을 떨어뜨린 것이라고 봐도 무방하다. 만약 가격이 내려간 덕분에 비록 낮은 가격이지만 전체 공급량이 남김없이 팔렸다고 가정해보자. 하지만 이 경우, 시장가격이 떨어지면서, 동시에 구세군이 아닌 외부노동자만 임금이 깎인다. 만약 전체 공급량이 낮은 가격임에도 불구하고 다 팔리지 않는다면, 구세군 상품이 팔린 만큼 다른 상품은 안 팔렸다는 뜻이다. 구세군 식민이 외부노동자의 일자리를 대체한 것이 된다. 이 경쟁의 본질은 원형 교차로처럼 뱅글뱅글 꼬리를 물고 돌아간다. 똑같은 결과만 반복될 뿐이다.

위의 지적사항은 구세군뿐 아니라, 자선사업 형태의 다른 산업 실험에도 모두 똑같이 적용된다. 자선단체의 노동력이 독립적 노동력과 맞붙게 되고, 결국 후자가 심한 타격을 입게 된다. 한편, 자선단체의 노동자가 생산해서 시장에서 판매하는 품목을 제한함으로써, 어려움을 해결하려는 경우도 있다. 국내에서는 생산하지 않고 주로 해외에서만 수입되는 품목에 한정되도록 제한하는 것이다. 신발과 가구, 성냥은 비록 자선단체의 노동력이 생산한다고 해도 시장에서는 판매하면 안 된다. 하지만 치즈와 과일, 베이컨, 가금류 등 대체로 해외로부터 수입하는 상품은 농촌식민지가 국내에서 생산해서 판매하도록 허용하자는 것이다. 이 입장을 고수하는 사람들이 흔히 놓치는 점이 있다. 만약 수입이 줄어들면, 수출도 줄어든다는 것이다. 수출산업이 축소되면, 수출품과 연관된 모든 산업이 고통 받게 되고, 따라서 해당 산업의 노동력이 실업자가 된다. 다시 찬성 측에서 다음과 같이 반박한다. 수출이 줄더라도, 줄어든 수출량만큼 국내소비가 늘어날 것이다. 농촌식민지 노동자의 소비가 늘어날 것이기 때문이다. 이 주장이 타당성을 가지려면, 늘어난 국내소비가 줄어든 수출량을 온전히 흡수해야 한다. 하지만 만약 균형이 맞아떨어진다 하더라도 기존 산업에 타격을 주는 것을 피할 수는 없다. 아마도 새로운 국내수요가 수출품목과 다를 것이기 때문이다. 만약 자선단체의 노동력이 생산하는 상품을 시장에서 판매하려면, 가장 안전한 방법은 국내수요가 증가하는 품목을 생산하는 것이다. 이 경우에도 각별히 조심해야 한다. 자선단체의 노동력이 생산하는 상품을 지나치게 싼값에 판매하면 안 된다는 것이다. 자칫 유사산업의 외부노동자의 임금이 떨어지는 폐단이 나타날 수도 있다.

실업자 중에는 일하기가 싫은 것이 아니라 일할 수 없어서 실업한 노동자가 존재한다. 이들의 존재는 노동시장에 일자리가 부족하다는 증거다. 따라서 유일한 실업자 처방은 오직 일자리를 늘리는 것이다. 일자리의 수는 공동체의 소비규모에 비례한다. 따라서 일자리를 늘리는 확실한 방법은 오직 공동체의 소비수준을 끌어올리는 것이다. 불경기에는 자본의 초과공급이 노동의 초과공급으로 이어진다. 노동과 자본이라는 필수생산요건이 초과하는 이유는 오직 공동체의 소비가 감소했기 때문이다. 공동체는 대부분 노동자 계급으로 이뤄져있으며, 노동자 계급의 소비는 상위 계급에 못 미친다. 따라서 일자리 수가 증가하려면, 먼저 노동자의 생활표준이 향상돼야 한다. 부유층이 사치품에 소비하는 것이 빈곤층이 생필품을 소비하는 것보다 일자리 창출에 훨씬 도움이 된다는 의견이 있다. 하지만 사치품은 대체로 쓸모없고 해롭기만 하다. 사치품의 유해성은 둘째 치고, 부유층과 빈곤층이 창출하는 일자리는 분명히 차이가 있다. 사치품은 소비품목이 변덕스럽고 불규칙하기 때문에 반드시 해당 산업의 일자리도 불안정하다. 반면, 일반 노동자의 생활표준이 향상되면, 규칙적이고 습관적인 수요가 증가한다. 다시 새 종류의 생필품과 편의품은 대규모 소비자의 습관적인 수요로 자리 잡을 것이고, 해당 산업의 일자리도 안정적이고 믿음이 간다. 모든 사회개혁가가 이토록 간단한 원리를 깨닫는다면, 곧이어 유일무이한 강력한 실업처방도 깨닫게 될 것이다. 사회경제적 개혁 정책의 목적은, 노동자 스스로 노동의 대가로 얻은 '구매력'을 더욱 더 높여 성숙하고 수준 높은 소비를 배워 나가는 것이다.

*The
Brilliant
Thinking*

| 제8장 |

여성 노동자의 노동환경

제1부
산업에 종사하는 여성 노동자 수

'고한'의 폐단은 남성보다 여성이 더욱 심각하다. 유독 여성만이 '약한 성별'이어서 무겁게 느껴지는 것이 아니다. 실제로 여성의 노동부담이 남성보다 더 무겁게 어깨를 짓누른다. 특별히 여성 노동자의 노동환경은 원인과 의미를 자세히 다룰 필요가 있다.

1901년 국세조사보고서에 따르면, 4,171,751명의 직업여성 중에 40.5%가 가사 및 기타 서비스직에 종사하고, 38.5%가 제조업, 7%는 상업 중에서도 특히 상점 직원, 4%가 교육, 3%가 호텔, 하숙집 등, 7%가 기타 직업군에 속했다.

다음 장의 표는 여성 노동자 수가 남성보다 많은 직업군을 나타내고 있다. 직물 및 의류산업은 거의 모든 직종에서 여성 노동자 수가 남성을 앞섰으며, 담배와 인쇄, 문구, 천연고무(인도고무), 식료품 제조업에서도 여성 노동자 수가 더 많았다.

표.4

직업군	남성	여성
간호사, 조산사 등	1,092	67,269
교육	61,897	172,873
가사	124,263	1,690,686
제본: 종이 및 문구 제조업	42,644	64,210
직물 제조업	492,175	663,222
양복 제조업	336,186	689,956
합계	1,058,257	3,348,216
기타 모든 직업	9,098,717	823,535
모든 직업 총계	10,156,974	4,171,751

(단위: 명)

제2부
여성 노동자의 소득

이번에는 도시 산업에 종사하는 여성 노동자의 노동환경을 알아보자. 여성 노동자의 노동환경을 알아보기 위해 임금과 노동시간, 위생시설, 고용 안정성을 기준으로 살펴보겠다.

다음 장의 표는 런던 공장노동자의 평균 임금이다.

표 안의 숫자는 평균 임금이다. 아주 뛰어나거나 부지런한 노동자는 간혹 20% 더 벌고, 미숙하거나 게으른 노동자는 덜 번다고 한다. 표 안의 임금이 일주일 치라는 사실이 매우 중요하다. 왜 중요한지는 이제 다룬다.

한눈에 봐도 일반 남성 노동자의 임금보다 상당히 낮다. 하지만 더욱 중요한 점이 있다. 남성은 숙련 노동자가 미숙련 노동자보다 훨씬 많이 번다. 여성은 뚜렷한 차이가 없다. 숙련 제본기술자의 임금과 잼 또는 성냥처럼 기술이 필요 없는 노동자의 임금이

표.5

업종	평균 임금
조화(인공 꽃)	8-12
제본	9-11
상자	8-16
솔	8-15
모자	8-16
옷깃	11-15
사탕 및 초콜릿	8-14
코르셋	8-16
모피 바느질	7-14
겨울철 모피 바느질	4-7
성냥	8-13
밧줄	8-11
우산	10-18

(단위: 실링)

차이가 없다. 부양가족이 없는 소녀와 여성이 하위 직종에 종사하고, 남편이나 부친에게 보호받는 여성이 상위 직종에 종사하기 때문이다. 또한, 숙련 산업의 여성 노동자가 자부심 때문에 하위 계급의 여성과 섞이기를 꺼려해 다양한 직종에서 자유 경쟁이 이뤄지지 않기 때문이기도 하다. 비록 제본 기술자는 낮은 임금을 받더라도, 굳이 가끔씩 높은 임금을 주는 열등한 직종을 택하지는 않을 것이다. 하지만 이유야 무엇이든 여성 노동자의 임금이 낮다는 것만은 분명히 사실이다.

말했듯이 왼쪽의 표는 공장노동자의 임금이다. 하지만 전체 생산이 공장에서만 이뤄지는 여성 산업은 담배, 과자류, 성냥[34] 제조업뿐이다. 다른 산업은 일부는 공장이, 일부는 고한 노동자, 일부는 여성 가내수공업자가 맡는다. 대체로 의류산업이 여기에 해당하는데, 예를 들어 넥타이, 장식, 코르셋이다. 고용주는 공장의 외부노동자와 내부노동자를 서로 견제시켜, 두 쪽의 임금을 모두 최저로 낮추는 수법을 부린다. '코르셋' 제조업이 대표적 예이다. 아래의 표는 '공장' '내부' 노동자의 임금과 노동자의 비율이다.

표.6

임금	노동자 비율
4 이하	2.94
3-6	50.0
8-10	2.94
10-12	5.9
12-15	14.7
15 이상	22.52

(단위: 실링, %)

공장의 외부노동자는 6-12실링을 버는데, 대체로 10실링 이상 버는 여성은 부양자녀가 한둘이 있다. 보통은 생산 작업의 대부분을 외부 노동자에게 맡기는 산업이 특히 임금이 끔찍이 적다. 예를 들어, '조끼 및 바지' 산업에서 유대인 최하위층이 거절한 최하위 작업을 영국인 여성이 맡는다. 셔츠 제조업에서는 "부업 없이는 생계를 유지하기 어렵다."라고 최고위원회 발표를 인용했다. 보통 수준의 기술을 갖춘 여성 노동자가 일주일 동안 가득 채워 일하고서 6실링 정도 받는다. 그밖에는 훨씬 낮은 경우도 허다하다.

최저 임금을 받는 여성은 종종 배우는 입장이거나 능률이 낮다. 하지만 '경제적으로'만 그럴듯한 변명일 뿐이다. 대다수 여성의 생계수단이 이뿐인 것은 심각한 문제이다.

제3부
고용 불안정

여성의 임금이 남성보다 낮은 만큼, 고용 불안정도 남성보다 심하다. 다음처럼 이유는 두 가지이다.

A | 여성종사자가 많은 산업은 대부분 계절을 탄다. 사탕 및 초콜릿은 성수기의 일손이 비수기의 두 배이다. 성냥 제조업은 비수기에 꽃을 팔고, 성수기엔 '뛸 듯이' 바쁘다. 세탁업도 '계절' 산업이다. 모피제조는 고용 불안정과 저임금이 복합된 최악의 예이다. "비수기엔 몇 개월 동안 일이 없거나 겨우 3-4실링을 번다. 성수기엔 비위생적인 작업장에 다 같이 빽빽이 들어서서 일한다. 분명한 사실은 이스트엔드에서 최악의 임금은 모피제조업이라는 것이다."[35]

B | 여성 산업은 유행을 탄다. 특히 '장신구류' 의류산업인 모피, 깃털, 장식 등이 예이다.

비성수기에 고용주는 실력 있는 일손을 (낮은 임금에) 붙잡아 두고, 실력이 부족한 노동자는 내쫓는다.

특정 산업의 '자연적인' 경기변동과 전체산업의 불안정성 때문에 고한노동자 소굴과 가내 공업처럼 '외부' 노동자가 유리하고, 위에 언급한 산업이 지금처럼 '비정규직' 노동자를 많이 쓰려고 한다. 이처럼 '고한' 문제의 중요한 두 축인 하청과 가내수공업의 고용 불안정성은 여성 산업에서 두드러진다.

제4부
여성 노동자의 노동시간

공장법은 여성 노동자의 노동시간을 12시간으로 제한한다. 여기에 식사시간 2시간을 포함시켜, 여성 노동자가 초과노동 하지 못하도록 보호한다.

하지만 특별한 경우에만 14시간 노동을 허용하는 예외조항 말고도, 대부분의 여성 노동자가 공장법을 피해간다. 고한 작업장은 조사관도 적발하기 어렵고, 대부분 밥 먹듯이 법을 어기고 처벌을 피해간다. 물론 소규모 가내작업장도 법의 사각지대이다. 주거공간과 작업공간이 일치하면, 사실상 어느 법으로도 노동시간을 규제하기 어렵다. 소규모 작업장은 법망을 넓혀서라도 어떻게든 해보겠는데, 가내수공업은 여성들이 자발적으로 각자 집에서 작업하기 때문에 단속이 불가능하다. 가내수공업을 근절하지 못하면 고용주를 단속해봤자 소용없다. 마지막으로, 공장법이 아예 통하지 않는 곳도 많다. 대부분의 산업에서 고용주의 경제력이 힘없는 노동자를 대상으로 남용되고 있다. 최악의 예는 대형

세탁소다. 대형 세탁소는 성수기에 장시간 노동하는데, 종종 금요일, 토요일에도 15-16시간씩 일한다. 상점 종업원도 전부 초과노동을 한다. 보통 영업일에 12-14시간 일하고, 꽤 자주 16시간씩도 일한다. 특히 음식점과 술집이 가장 심하다. 상점 종업원의 초과노동은 전적으로 시간낭비이며, 몸만 축낼 뿐이다. 상점마다 고객층과 지역성을 고려해, 영업일수를 25-50%까지 줄여도 판매량에는 전혀 지장이 없을 것이다. 당연히 소비자도 불편을 느끼지 않을 것이다.

— 제5부
위생 상태

대부분의 여성 노동자가 소규모 작업장이나 빽빽한 가정집에서 작업한다고 했다. 따라서 '고한'의 네 번째 특징인 작업장의 비위생적 환경은 보다시피 여성이 남성보다 위험한 지경이다. 주로 가만히 앉아서 작업하고, 게다가 공장법을 피해 장시간 노동하기 때문에 과밀인구와 열악한 환기시설 및 배수시설 등 여성건강에 더 해로운 환경이다.

제6부
여성 노동자의 고충

여성 노동자가 처한 '고한'의 네 가지 주요 폐단인 저임금, 장시간노동, 고용 불안정, 비위생 환경을 살펴봤다. 각각의 폐단이 남성보다 여성에게 위협적이란 사실도 살펴봤다.

하지만 여성의 노동환경을 이해하려면 살펴봐야 할 것이 남아 있다.

인류 문명사회에서 여성 노동자에게는 엄마로서의 임무와 육아가 일터에서의 부담감과 치열한 경쟁에서 한숨 돌리는 쉼터가 되어야 마땅하다. 현실에서는 오히려 가정과 육아가 생존경쟁의 장애물이다. 기혼여성과 과부는 나머지 가족들을 돌봐야 하기 때문에 공장의 정규직을 맡을 수도 없다. 따라서 생계가 위태롭다. 기혼여성을 비롯해 가사노동에 매인 여성이 임시직 및 비정규직으로 모여들어, 끝이 보이지 않는 노동력의 바다를 이룬다. 비정규직은 정규직보다 임금이 낮을 뿐만 아니라, '고한'의 온상지인

'가내노동' 제도까지 유지시킨다. 오늘날 여성 노동자의 모성을 이용해, 자유 경쟁이 유지되고 있다.

산업에 종사하는 여성 노동자의 노동량을 측정할 때, 반드시 가사 노동도 포함해야 한다. 거의 모든 여성 노동자가 가사노동을 피할 수 없다. 물론 가사노동은 무임금이다. 인류 역사의 관점에서 바라보면, 귀가한 여성 노동자가 추가로 가사노동을 해도 문제, 내팽개쳐도 문제다. 책에서는 논의상, 전자가 더 심각한다. 여성 노동자는 공장 또는 상점에서 장시간 노동을 마치고, 집에서는 귀찮은 가사노동까지 해야 한다. 이미 진이 빠진 아내는 귀가하는 것이 기쁨보다는 고역이다. 가내노동의 경우, 여성 노동자는 가사에 신경 쓰고 방해받느라 노동이 더욱 어렵고 고생스럽기 때문에 굉장히 불안정하고 유해한 제도다.

그밖에도 현실의 여성 노동자를 괴롭히는 폐단이 많다. 여성 노동자는 남편이나 부친의 직장 근처에 거주하는 경우가 많기 때문에, 매일 멀리 출퇴근해야 한다. 대부분의 경우, 그 대가로 시간과 체력, 때로는 버스 및 열차 등 교통비를 단단히 치러야 한다. 또한, 공장 또는 가정의 여성 노동자는 '약한 성별'이라서, 권익기구가 없어서, 부당한 대우를 받는다. 악덕 고용주는 부당하고도 생뚱맞게 벌금을 부과해, 벼룩의 간을 빼먹는다. 조회 및 검사 시간을 질질 끌어, 노동 외의 시간이 낭비된다. 흔히 폭력적이고 건방진 남성 감독관이 사고를 일으킨다. 이밖에도 산업사회의 자유 경쟁에서 약자인 여성 노동자가 다치는 경우가 수십 가지다.

제7부
여성 노동자가 약자인 이유

앞에서 미숙련 여성 노동자의 노동환경을 간략히 살펴봤다. 이처럼 '고한'은 여성문제에 더 가깝다. 어째서 여성 노동자의 처지가 남성보다 어려운 것인가?

여성 노동자는 신체적으로 약자이다 보니, 대체로 덜 일하고, 임금도 덜 받는다. 일부 여성은 남성과 함께 삯일을 하는데, 똑같이 일하고 남자만큼 많이 번다. 최근 직물산업 관련 보고서에 따르면, 직물산업도 그 예이다. 하지만 한마디로 드문 일이다. 대부분의 경우, 여성 노동자는 남성과 똑같이 일하고도 적게 번다. 이유가 무엇인가? 간혹 여성이 여성이기 때문에 부당대우를 받는다고들 한다. 고용주 머릿속에서 남성은 적어도 이만큼은 받아야 한다는 편견이 존재한다는 것이다.

남성과 여성의 임금차이가 단순히 고용주의 편견 때문이라는 주장은 선뜻 동의하기 어렵다. 만약 여성 노동자도 남성과 똑같이 기술이 있고, 강력한 조합을 만든다면, 어느 산업에서든 남성과 똑같이 임금을 받을 수 있다. '강력한 조합'이 핵심이다. 여성 노동자가 남성만큼 임금을 받지 못하는 이유는 여성의 노동환경이 미약하기 때문이다. 단, 임금차이가 남성과 여성의 경쟁 때문이라면 말이다. 항상 고용주는 최소한의 임금만 지불하려 한다. 다음 물음이 진짜 중요하다. 왜 여성은 남성보다 낮게 받고 일하려 하는가? 왜 여성이 남성보다 임금을 낮춰야만 하는 이상한 일이 벌어지는가?

남성 노동자는 부양가족이 있기 때문에 적정생활수준 아래로 임금을 내릴 수 없다. 남성 노동자도 혼자 전체 가족을 부양하는 것이 아니라, 부인과 자녀들도 어느 정도 생계에 기여하는 바가 있기 때문에 남성의 최저임금이 나머지 가족들의 생계를 떠안아야 할 정도는 아니다. 하지만 남성 노동자의 임금은 남성 자신과 나머지 가족들을 부양해야 한다. 남성 노동자의 임금은 엄격히 이런 점을 반영한다. 만약 경쟁이 치열해 임금이 낮아지면, 미혼남성만 계속해서 경쟁에 참여한다.

여성의 경우는 다르다. 독립한 여성은 부양가족이 없으므로 남성보다 지출이 적다. 따라서 최저임금이 미혼남성이 요구하는 액수보다 작고, 기혼남성보다는 더더욱 작다. 하지만 여성 노동자의 임금이 낮은 데에는 더 중요한 이유가 있다.

독립한 미혼여성에게는 경쟁자가 있다. 경쟁자는 혼자서 생계를 책임지는 것이 아니기 때문에 비록 혼자서는 생존이 불가능한 저임금이라도 반드시 필요하다면 수용하는 여성 노동자이다. 특정 산업의 '배부른' 노동자 때문에 여성 노동자의 임금이 생존 불가능한 수준으로 떨어진다. 결코 가설이 아니라, 현실이다. 모피 재봉사와 솔 제조공, 성냥 제조공은 겨울 동안 4-7실링 벌어들인다. 비정규 '가내 노동자'도 일주일 내내 노동하고 2실링 6펜스-3실링을 벌어들이는데, 정말 이정도 벌어서는 굶어죽는다. 실제로도 굶어죽거나 재정지원을 받으며 겨우 살아간다.

여성 노동자의 임금이 최저생존임금 아래로 떨어지는 까닭은 다음과 같이 세 부류의 여성 노동자 때문이다.

첫째, 기혼여성 중에 추가로 가계소득을 늘리고 싶거나 개인적으로 돈 쓸데가 있는 여성이 '돈 안 되는 수준'에 노동력을 판다. '돈 안 되는 수준'이란, 혼자서는 생존이 불가능한 정도로 낮은 액수다. 간혹 이런 부류의 여성 노동자는 반드시 일해야 할 동기가 없으니 굳이 스스로 임금을 깎으면서까지 일하진 않을 것이라고들 한다. 하지만 일단 미숙련 노동시장에 경쟁자가 많아지면, 필연적으로 임금이 내려가고야 만다. 더불어, 이런 부류는 언제든지 원하기만 한다면 절실한 독립 여성보다 낮은 가격에 자신의 노동력을 파는 것이 가능하다. 여성일자리의 임금이 낮은 데에는 반드시 기혼여성이 경쟁에 뛰어든 이유가 작용한다.

둘째, 부모님과 함께 사는 미혼여성이다. 이들은 부모님께 생활비를 드린다고 해도, 혼자 사는 독립여성보다 생활비가 훨씬 적게 든다. 하지만 젊은 여성은 다른 가족들에게 부양받으면서도, 자신의 임금으로 옷이나 장신구를 구입한다. 대부분 장시간 노동하고 저임금을 받더라도, 사치품을 즐겨 소비한다.

셋째, 자선사업 또는 원외구호 대상자인 여성이다. 구빈위원회에서 도움을 받는 자녀를 둔 과부와 생계가 어려워 자선단체의 지원을 받는 여성들은 만약 외부도움이 없었다면 생계를 이어가기 불가능했을 임금도 수용한다. 따라서 이들은 마땅히 도와야할 사람이면서, 한편으로는 특정 계급의 임금을 최저생계수준 이하로 떨어뜨리는 셈이 된다.

위의 세 부류에 속해 배부른 상태인 여성 노동자 수가 꽤 많다. 위의 여성 노동자는 다른 경로로 도움을 받기 때문에 터무니없이 낮은 임금도 받는다. 그렇기 때문에 고용주만 공짜 선물을 받는 셈이다. 만약 위의 경우가 아니라면, 고용주가 소비자가격에 따라 임금을 조절했을 것이다. 하지만 별도의 수입원이 없는 여성 노동자, 오직 저임금으로 옷과 집을 마련하고 어쩌면 자녀들을 부양해야 하는 여성 노동자만 가장 피해를 입는다. 간혹 남성 노동조합이 여성 노동자에 대한 시기심 때문에 여성 노동자의 앞길을 가로막고, 남성 노동자만 이득을 취한다고들 한다. 하지만 완전히 틀린 말은 아니지만, 분명한 것은 여성의 적은 여성이다. '고한' 산업에서 여성 노동자의 임금이 경악을 금치 못할 만큼 낮은 이유는 노동시장에 이토록 낮은 금액을 수용하는 여성 노동자의 공급이 충분히 많기 때문이다.

만약 여성 노동자끼리 적정수준 이하의 임금을 수용하지 않겠다는 결의가 있다면, 임금을 끌어올리는 것도 가능하다. 현재 상황을 제어하는 방법은 오직 여성 노동자 스스로가 '경쟁의 자유'를 제한하는 길뿐이다. 위의 특정한 부류가 '배부름'을 오용하지 않는다면, 임금은 생존에 꼭 필요한 9-10실링 이하로 떨어지지 않을 것이며, 어쩌면 더 오를 수 있다.

제8부
노동조합이 있으면 가능한 일

노동조합이 생기면 여성 노동자의 노동환경이 얼마나 나아질까. 앞서 남성 노동조합이 행사하는 힘은 두 종류였다. 첫째, 노동시장의 공급을 제한해서 시장임금을 끌어올린다. 둘째, 단체로 고용주를 압박해서, 더 나은 노동환경을 이끌어낸다. 여성 노동자도 똑같은 방법으로 똑같은 효과를 얻을 수 있는가.

여성 노동자의 노동조합은 발달초기다. 이른바 여성노동조합 연합공제회는 1874년 패터슨 여사가 설립한 이래 해당 산업의 여성인력의 단합을 이끌고 있다. 최초의 여성 노동조합은 1874년 제본기술자 연합이다. 이후 성냥, 양복, 여성모자, 외투, 소파덮개, 밧줄, 제과, 상자, 셔츠, 우산, 솔, 기타 산업에서 조합이 생겨나기 시작했다. 목적은 민원 해결과 임금인상이 대부분이다. 실제로 성냥제조와 제과업처럼 여성종사자가 꾸준히 우세한 곳에서는 고용주로부터 상당히 양보를 이끌어냈다. 하지만 대부분의 조합이 규모가 작고 활동이 불분명해, 조합의 효과가 미미하다. 공장 노동자들이 이곳저곳에 모여 조합을 만들었지만, 조합원이 수백 명에 불과하다. 제법 대형 산업의 여성 노동자들이 조합을 설립했지만, 유효한 남성 조합보다 규모와 완성도가 떨어진다. 1901년 여성 노동조합원 수는 120,178명이었으며, 이중 89.9%가 직물업 종사자였다. 직물산업의 여성 노동조합은 대부분 남성조합이 설립하거나 적어도 연계되어있다.

여성 노동조합의 성장이 느린 이유가 있다. 먼저, 앞서 봤듯이, 여성 노동자 상당수가 집이나 소규모 작업장에서 작업한다. 노동자가 함께 노동하고, 쉬고, 또 만나서 토의하고, 동료애와 상호신뢰를 길러야 함께 노동환경을 바꾸려는 단합의식이 생겨나는 것이다. 그러면 여성 노동조합도 강력하고 유효할 것이다. 하지만 대다수 여성 노동자에게 기회가 없다. 심지어 공장노동자조차 소규모 작업장과 각자의 자택에 뿔뿔이 흩어져 작업한다. 가내수공업자와 소규모 '고한' 시설의 노동자가 뭉치는 것은 불가능하다고 볼 수도 있다. 역사상 산업구조가 공장제일수록 여성조합의 성공률이 높았다. 이스트엔드의 셔츠 및 여성모자 노동자와 가내노동자도 조합을 시도했지만 대부분 실패했다. 따라서 하청이나 가내수공업이 가능한 산업에서는 결과물을 얻어내기 어렵다. 공장노동자의 경우에도 간혹 분별없는 고용주가 공장 밖 재택노동자 사이에 치열한 경쟁을 붙이기도 한다. 공장의 내부노동자들이 유효조합을 세우는 것을 막으려는 의도이다. 여론이 목소리를 높여 공장노동자의 조합설립을 지지하고 한편으로는 외부의 가내노동자들이 값싼 노동력을 제공하는 행태를 막아보려 하지만, 가내노동자에게는 경쟁자에 대한 배려보다는 당장 생계가 어려운 본인과 자녀들이 우선이다. 여성 노동조합의 걸림돌은 여성 노동자 다수의 빈곤과 턱없이 열악한 노동환경이다. 빈곤한 노동자는 장시간 노동과 퀴퀴한 공해에 시달린 나머지 체력이 부족하고 만성 무기력증에 빠져 항변하고 단합할 힘조차 남아있지 않다. 특히 장기파업이든 단기파업이든 조합이 강력한 권한을 행사하는 데 중요한 역할을 한다. 여성 조합도 고용주를 상대로 장기파업에 돌입해서 성과를 얻어낸 것이 대부분이다. 상당 부분이 기금의 문제다. 극빈층의 여성 노동자가 십시일반으로 강력한 조합을 뒷받침할 기금을 만든다는 것 자체가 어불성설이다. 성공한 조합은 대부분 외부원조를 받았다. 설령 여성조합이 연합회를 만든다고 해도(지금으로선 이마저도 요원하다.) 수혜자의 비율이 남성조합보다 높기 때문에 강력한 조합을 만들긴 어려울 것이다.

제9부
법률과 여론의 힘

여성 노동조합이 실질적인 성과를 이루려면, 다음의 두 가지 요소가 있어야만 한다.

첫째, 법으로 '가내노동'을 규제하는 것이다. 만약 법에 근거해, 반드시 고용주가 공장을 제공해야 한다면, 만약 모든 여성 노동자가 지금처럼 집이나 소규모 작업장에서 노동하는 것이 아니라 반드시 공장에서만 노동한다면, 효과가 대단할 것이다. 먼저 여성 노동자도 유효조합을 세울 수 있다. 여론의 도움으로 임금도 적정수준으로 유지할 수 있다. 공장법에 따라 노동시간이 단축되고 온전히 위생시설도 갖추게 될 것이다. 마지막으로 집안일 때문에 비정규 일자리만 도맡았던 여성이 치열한 경쟁에서 벗어날 것이다. 완전히 '가내노동'이 근절될 것인가는 확실치 않다. 하지만 '가내노동'이 금지되지 않으면, 조합을 설립해 노동환경을 개선하려는 여성들의 노력이 거듭 물거품이 될 것임은 확실하다. 계속 이대로 '가내노동'을 법으로 제한하지 않으면, 기혼여성과 기타 비정규의 '배부른' 노동력 때문에 여성 노동자의 임금이 계속 낮게 유지될 수밖에 없다. 이는 가내노동자뿐 아니라 공장 노동자에게도 피해를 입힌다. 법이 아니고선 '가내'제도를 금지하거나 제재할 수단이 없다. 만약 계속 이렇게 가내노동자가 '무제한' 노동력을 제공하고 고용주도 한없이 받아들이면, 이런 행태는 돈이 되는 한 앞으로도 계속될 것이다. 가내노동자가 싼값에 노동력을 제공하니까 돈이 되는 것이다. 노동자가 이 상황을 계속 견디면, 계속 노동력은 싼값에 팔릴 것이다.

단, 공장법으로 소규모 작업장을 몰아내고 가내노동을 금지하려면, 다른 힘도 필요하다. 앞서 말했듯이 여성 노동자의 임금이 남성보다 낮은 진짜 이유는 여성 노동자 중에 그토록 낮은 임금을 받고도 기꺼이 일하려는 부류와 수입원이 따로 있기 때문에 저임금을 받아도 되는 부류 때문이라고 했다. 이런 경우, 법은 규제할 수 없지만, 여론이 간섭할 수는 있다. 만약 법이 만들어져 현재의 여성 가내노동자가 모두 공장에서 작업한다면, 기혼여성의 참여가 제한될 것이고 스스로 부양하는 독립여성도 생계의 위협에서 어느 정도 자유로워질 것이다. 하지만 만약 여론이 기혼여성 때문에 독립여성이 피해를 입는다는 사실을 점차 널리 인지한다면, 만약 건전한 여론이 기혼여성의 임금행태를 견제한다면, 어느 법보다도 강력한 간섭수단이 된다.

부모님과 동거하는 미혼여성 역시 임금을 낮추는 데 일조한다. 하지만 이 경우에는 사실상 간섭하기 어렵다. 하지만 기혼여성의 경우 여론이 현실을 깨우치고 건전한 반대여론을 형성한다면, 충분히 실행가능하고 아주 바람직하다. 기혼여성 중에는 실제로 가족을 부양하는 사람도 있어, 강력한 여론으로 제재하는 것이 어려울 수 있다. 하지만 여론이 꾸준히 밀어붙인다면, 생계를 책임지지 않는 여성 노동자 때문에 반드시 생계를 책임져야 하는 여성 노동자가 피해입지 않을 것이다. 모두가 이 문제 관심을 가져야 한다. 자유 경쟁의 시대가 열리고, 산업사회에서 여성 노동자의 참여가 활발해졌다. 기업의 관리자는 이들을 상대로 값싼 노동력을 착취해왔다. 새 기계가 도입되면서 육체노동이 줄어들자, 여성과 아이들 참여가 가능해졌다. 하지만 공장 및 가내수공업처럼 단순노동에만 쓰인다. 매년 여성 노동자의 지위가 향상되고 있다. 아내와 딸이 한 푼이라도 벌어보려고 공장으로 내달린다. 하지만 오히려 간절함이 임금을 깎아먹고, 자본가의 배만 불리거나 소비자만 싼값에 물건을 구매한다. 교육부는 매해 시간제 일자리를 늘려서, 빠른 시간 안에 최대한 많은 인원이 경력과 자격을 갖추도록 노력한다. 랭커셔에서 13살 소년이 아버지뻘과 경쟁한다. 증기 기계가 무동력 노동을 대체하면서, 노동시장에서 아들이 아버지보다 싼값에 노동력을 팔고 일자리를 쟁취한다. 이제 아버지가 아들이 벌어온 돈으로 생활하면서 길거리에 늘어져있다. 이런 현상이 벌어지는 이유는 기계는 작동법이 쉽고 어린아이도 30분이면 배울 수 있기 때문이다.

일찍 생계에 뛰어들어 심신이 지친 아동 노동자에게 법 제도가 해줘야 하는 역할이 많다. 정부는 아이들의 교육수준을 높여야 한다. 만약 필요하다면, 아동 노동을 폐지해서라도 부모님의 탐욕과 산업사회의 치열한 경쟁으로부터 다음 세대를 구해야 한다. 아무리 엄격한 개인주의자라도 이 부분에 대해 정부역할을 부인하지는 않을 것이다.

기혼여성 노동자는 경우가 다르다. 만약 아내와 엄마로서의 역할까지 해내야 하는 여성 가내수공업자도 교육을 받는다면, 만약 남편들도 점차 정의와 건전한 정서를 깨우치고 아내가 바깥일에 매달려 가사를 소홀히 하는 것을 원치 않는다면, 만약 점점 많은 사람이 우리 아이들의 미래 진정으로 생각한다면, 비로소 여론이 목소리를 높여 기혼여성이 집에서든 밖에서든 노동하는 것을 막을 수 있을 것이다. 덕분에 혼자 생계를 책임지고 공동체에 바람직한 능력과 열의를 발휘하는 독립 미혼여성에게 그 기회가 돌아갈 것이다. 한편으로는 여성 노동자에게 더 많이 기회가 돌아가기 때문에 공동체의 어린 새싹과 가정에 피해가 갈수도 있다. 실제로 국가의 경제적 차원에서는 무엇이든 기계를 이용해서 막대한 부를 창출하는 것이 확실한 방법이다. 현재 또는 미래에 아내 또는 어머니인 여성들은 산업현장에 뛰어들기보다 인류의 건강한 후손을 낳아 키우는 것이 좋다. 온 시간과 정신을 육아에 쏟고, 건전하고 평화롭고 깨끗한 가정을 만드는 데 몰두하는 것이 낫다. 만약 여론이 앞장서서 지금 엄마이거나 앞으로 엄마가 될 여성들에게 가사와 육아를 소홀히 하라고 북돋는다면, 만약 여론이 해롭고 고된 직업에 종사하도록 장려한다면, 도시 인류의 심신이 타락하고 말 것이다. 사슬제조업체 크래들리히스에서 주당 5-7

실링을 벌면서 커다란 돌덩이처럼 생긴 망치를 휘두르고 목에는 육중한 사슬을 짊어지고 하루 12-14시간씩 일하는 여성이 과연 건강한 아이를 기를 수 있는가. 런던의 공장노동자에게서 '인류의 희망'을 바랄 수 없다. 도대체 무슨 수로 남편과 아이들에게 평화로운 '가정'을 제공한다는 말인가. '빈민촌'의 아동 사망률이 높은 이유는 여성들이 공장 노동자를 자처하고 엄마로서의 역할을 뒤로 미루기 때문이다. 독일 경제학자 로셔Roscher가 말하길, 프로이센의 유대인 수가 기독교인보다 급속히 증가하는 까닭은 유대인 엄마는 가정만 지키고 일하지는 않기 때문이라고 한다.[36] 산업이 인류의 모성을 밀어내는 것은 현대 사회에서 심각한 위험요소다. 공동체의 우선순위는 인류의 미래인 아이들에게 살기 좋은 환경을 만들어주는 것이다.

오늘날 여성 노동자 사이에서 일자리를 두고 벌어지는 자유경쟁을 무관심과 안이함으로 일관하는 태도는 사회적 의무를 저버리는 행위이다. 국가 차원에서 이른바 개인의 행동의 자유를 제한해서라도, 산업사회에서도 가정을 지키도록 만들어야 한다. 아이들이 건강하고 윤리적이고 지적인 사람으로 성장하도록 여건을 마련해야 한다. 사회가 책임을 다하지 않으면, 문명의 그림자를 닮은 저급한 아이들이 도시 속 길거리를 헤매고 다닐 것이다. 매년 대도시마다 경제 불균형의 산물이 더 많이 길거리로 쏟아져 나오고 있다. 실제로 아이들은 유아기가 끝나면 길거리를 떠돌다가, 나중에는 부랑자, 극빈자, 범죄자, 막노동꾼, 환자, 정신병자, 쓸쓸한 존재가 된다. 꾸준히 집중력이 요구되는 작업은 사실상 불가능하다. 가정이 무엇인지 단 한 번도 느껴보지 못한 아이들이다. 만약 어머니가 빈곤 때문에 노동자가 되면, 사회와 윤리 의식이 타락한다. 단번에 모든 기혼여성을 금지하는 것은 불가능하다. 하지만 남성 노동자의 임금과 노동환경이 개선되어, 기혼여성들이 일터로 나오지 않기를 바란다.

*The
Brilliant
Thinking*

| 제9장 |

빈곤이 비윤리적인가

제1부
윤리적 관점에서 바라본 빈곤의 원인

'고한'을 진단한 결과, 빈곤은 산업적 병폐이며, 산업적 처방으로서의 공장법과 노동조합, 미숙련 노동자의 공급 제한을 살펴봤다. 이 과정에서 빈곤 문제의 윤리적 요소를 배제했지만, 사실은 굉장히 중요한 요소다. 과거에 자선가들은 빈곤층의 비참한 삶에만 관심을 보였을 뿐이다. 최근에서야 빈곤의 경제적 측면에 조금씩 관심을 내비치기 시작했으며, 과거에는 경제적 처방도 거의 고려하지 않았다. 종교 및 윤리 교육자들은 빈곤층의 삶에 깊숙이 파고들어 활동하기 때문에 종종 비윤리적 현상에 충격 받는다. 이들이 빈곤 문제의 주요 원인을 윤리적 차원에서 접근하는 것도 당연하다. "사회적 문제를 일으키는 것은 나태와 과식, 과음, 낭비, 방임, 방탕, 도박, 탕진이다." 아놀드 화이트의 말은 흔히 자선가들이 '산업구조'를 이해하지 못해서 하는 말이다. 중산층이 '고한제도'의 뒷면에 가려졌던 빈곤의 폐단에 맞닥뜨렸을 때 보이는 태도이기도 하다. 빈곤층이 폭음하고 낭비하고 게으르고 비능률적인 것은 사실이다. 그렇다면 만약 빈곤층에게 자제하고 절약하고 근면하고 능률을 높이는 법을 가르친다면, 모든 문제가 해결되는 것인가? 경제적 처방보다는 윤리적 처방이 더 바람직하지 않은가? 빈곤층이 더 나은 삶을 누리길 바라는 사람들 모두에게 중요한 질문이다. 첫눈에 '윤리적 관점'은 그럴듯해 보인다. '윤리적' 관점에서 윤리는 인간의 진정성이고 본성이니, 윤리적 처방이 산업적 처방보다 진보적이고 효과적인 것처럼 보인다. 빈곤층의 '악덕'은 마시고, 구르고, 도박하고, 매춘하는 등 개인마다 다르고, 구체적이며, 모두 악행과 가정파탄에 책임이 있다. 마지막으로, 윤리적 관점은 빈곤층의 생활실태의 원인이 '개인의 잘못'이라고 봄으로써 '품행'을 단정히 하도록 책임감을 강조한다. 훨씬 더 편리한 관점이다. 윤리적 관점은 빈곤을 무능력의 증거로 들이대면서, 잘 사는 사람들의 자부심만 간지럼 태울 뿐이다. 오히려 부유층이 자신의 주변에 널린 비참한 삶을 보면서 뜨끔했던 양심을 풀어준다. 부자가 물질적 욕심을 채우고, 노동력을 착취하려고 산업과 정치적 횡포를 부리는 행위에도 부채질만 한다. 빈곤 문제의 다른 관점에도 "잘못 짚었어."하면서 말이다.

제2부
빈곤층의 '실업'과 악덕

문제는 이것이다. 빈곤층이 윤리적이면, 빈곤이 해결되는가? 여기서 이 문제를 심도 있게 다루는 것은 불가능하다. 하지만 다음 사항들을 고려하면, 답을 구하는 데 도움이 될 것이다.

실제로 음주와 범죄, 게으름 등 개인의 결함이 빈곤에 얼마나 영향을 미치는지 정확히 알아내기 어렵다. 하지만 대다수의 극빈층이 개인의 결함으로 설명되기 어려운 반면, 오히려 극빈층의 고통은 극빈층이 책임이 없는 산업적 원인에서 비롯한다. 다음은 찰스 부스가 '빈곤층' 4,000명을 자세히 분석한 결과이다. 빈곤의 원인에 따라 분류됐다.

표.7

빈곤의 원인	'백수'	음주 및 과소비	질병, 대가족, 기타 불행	'일자리 문제'
실업자 비율	4	14	27	55

(단위: 명, %)

최하위 도시빈곤층의 윤리적 결함이 빈곤의 직접적 원인인 경우는 18%에 지나지 않는다. 물론 간접적 원인인 경우는 훨씬 많겠지만 말이다.

'극빈층' 바로 위의 계층에서는 빈곤의 68%가 '일자리 문제' 때문이며, 13%만이 음주 및 과소비 때문이다. 화이트채플에서는 음주와 관련된 숫자가 훨씬 작다. 부스에 따르면 극빈층의 4%, 빈곤층의 1%만이 음주에서 영향을 받았다. 좀 더 상위 노동자 계급만 살펴봐도, 제법 고소득인 도시 노동자 계급이 술고래라는 개념은 상당히 과장된 것으로 드러난다. A.E.U. 기술자 300명이 2년 동안 지출한 술값을 자세히 들여다봤더니, 주당 평균 1실링 9펜스에 그쳤다.

최고위원회 자료를 살펴봐도 역시 음주 및 개인의 악덕은 빈곤의 주요 원인이 아니다. 런던 동부를 훤히 꿰고 있는 바넷Barnett은 빈곤의 뿌리가 빈곤층의 악행이 아니라고 주장한다. 비록 음주와 불손, 사치, 나태가 초래하는 결과가 끔찍한 것은 사실이지만, 결코 빈곤의 주요원인은 아니라는 것이다. 특별한 환상을 갖고 들여다보지 않는다면, 대게 이런 종류의 악행은 생계를 위해 몸부림치는 과정에 자연스럽고 필연적으로 따라오는 부속물이다. 이 시대, 이 나라의 노동환경에서 비롯한 것이다. 설령 빈곤층의 윤리적, 위생적 악행이 빈곤과 고통의 직접적 원인이라는 근거가 있더라도, 윤리 교육이 빈곤을 치료하는 가장 효과적 방법이라고 섣불리 결론지어선 안 된다. 실제로 '실업'인 노동자가

'현직' 노동자보다 윤리적, 업무적으로 열등할 가능성도 꽤 높다. 또한, 열등하기 때문에 실업자라는 생각도 충분히 해볼 수 있다. 하지만 윤리 의식과 업무능력의 차이는 개인간의 일자리와 임금의 경쟁에서 승패를 가를 뿐이다. 만약 모든 노동자가 교육만 받고도 월등히 윤리 의식과 업무능력이 향상된다면, 영원히 다른 노동자를 밀어내지 않고도 안정적으로 직장생활을 이어갈 수 있어야 하는 것 아닌가. 노동력의 초과공급에서 공급을 제한하지 못하거나 노동력에 대한 수요를 늘리지 못하는 빈곤처방은 무의미하다.

제3부
물질적 욕구와 윤리 의식

　극빈층과 타락한 계층의 삶은 결코 문명의 숭고한 혜택을 받지 못한다. 살아 숨 쉬는 것조차 모든 기력을 소진시키기 때문에 결코 문명인이 될 수 없다. 윤리적 삶이 육체적 삶보다 숭고하다는 생각으로 빈곤 문제를 왜곡해선 안 된다. 윤리적 가치가 상위인지 모르겠지만, 현실에선 아니다. 숭고함을 떠받들기 전, 하위 계급의 삶부터 들여다봐야 한다. 건강한 육체에 건강한 정신이 깃든다는 말처럼, 비록 건강한 정신이 더 중요할지라도 학교에서는 건강한 신체를 먼저 교육한다. 최하위 빈민촌에 찾아가서, 대뜸 청결하도록, 검소하도록, 근면하도록, 끈기 있도록, 도덕적이도록, 지적이도록, 신앙심을 갖도록 가르칠 수 없는 노릇이다. 우선 건강을 지킬 수 있도록 노동환경을 개선하는 방법부터 가르쳐야 한다. 극빈층은 청결하고, 검소하고, 지적이고, 윤리적이고, 종교적일 시간과 기력, 의지조차 없다. 의지를 일깨우려면 적절한 단계를 밟아야 하는데, 흔히들 섣불리 접근하면서 문제를 망각한다. 현재 '빈민가'의 사람들은 윤리와 지식, 특히 위생에 관심이 없다. 따라서 일단 스스로 관심을 가질 때까지 기다려야 한다. 이들이 원하는 것은 양질의 음식이다. 따뜻한 옷이다. 아늑하고 확실한 잠자리다. 적절한 임금과 고용안정이 보장되는 일자리이다. 이토록 '낮은' 욕구를 채우도록 도움을 주지 않으면서 '높은' 욕구부터 심어주는 것은 허영이다. 윤리라는 씨앗을 심고 결실을 맺으려면, 먼저 건강한 신체라는 토양을 마련해야 한다. 신체적 기반이 튼튼해야 윤리적이고 정신적인 문명을 쌓아올릴 수 있다.

윤리 및 위생 개혁가는 빈곤층이 문명 사다리의 첫 계단에 올라 물질적 편의와 안정을 누리도록 적절히 도와준다. 현재로서는 그들도 극빈층의 노동자가 대단한 성과를 이뤄 내리라고 기대할 수 없다. 대도시의 빈곤층에게 절약과 위생, 윤리, 종교를 설교하느라 위와 같이 중요한 사실을 놓쳐선 안 된다. 우리는 건강한 토양에 씨앗을 심을 수 있다. 몇몇 성공 사례만 듣고서, 이 사실을 망각해선 안 된다. 절약의 미덕이 예이다. 주당 18실링 이하의 소득을 이마저도 불규칙적으로 벌어들이는 대다수의 노동자가 미래를 위해 무엇을 아껴둘 수 있겠는가. 무엇이든 안정적이어야 저축이라도 할 텐데 일단 안정적이지 못하다. 안정적이어 봤자, 턱없이 모자란 임금은 당장 가족의 생필품을 겨우 살 뿐이지 모아둘 돈이 어디 있는가. 설령 오랫동안 모은다고 해도 훗날 집안의 노인이나 환자를 근근이 부양하기도 충분치 않다. 분명히 노동자의 존엄과 독립성을 지키는 데 검약의 덕목이 꼭 필요한 것은 의심의 여지가 없다. 다만, 덕목이 중요한 것처럼, 생계에 필요한 최소한의 물질이 확보되는 것도 중요하다는 것뿐이다. 저축해도 생활에 지장이 없는 사람은 저축해야 한다. 하지만 여전히 저축하지 못하는 사람들이 많고, 빈곤 문제의 중심에 이들이 놓여 있다. 아리스토텔레스가 말했다. "먼저 살아있어야, 미덕을 행한다." 무조건 미덕을 행하는 일을 뒤로 미뤄야 한다는 것이 아니다. 잘 살기 전, 먼저 살아있다는 게 중요하다는 것이다.

빈곤층의 '비능률'도 마찬가지다. 종종 노동 능력이 지출에 못 미치는 사람을 가리켜, 빈곤의 뿌리가 빈곤층의 '비능률성'이라고들 한다. 비능률 노동자 중에 '빈곤층'이 많은 것은 사실이다. 너무 당연하지 않은가. 빈민가의 아이들은 심신이 부실하고, 윤리적으로 타락한 산업도시의 생활 속에서 성장했다. 머리 쓰는 법과 손쓰는 법을 배워본 적도 없다. 근면성실하게 일하는 법도 배운 적이 없다. 이런 아이들이 저절로 능률 노동자가 되겠는가? 이런 환경에서는 능률적인 성인으로 성장하는 것이 거의 불가능하다. 빈곤층의 비극은 일을 잘하는 법을 배울 기회가 없는 것이다. 만약 무작정 빈곤층의 무능력을 탓하고, 빈곤의 원인이 비능률이라고 지적한다면, 눈이 먼 것과 다름없다. 물론 개인이 학습의 기회를 저버리는 경우도 간혹 있을 것이다. 하지만 대체로 '빈곤층'에게 예술성과 기독교의 신성함은 가르쳐주면서도, 아무도 '능률'을 가르쳐주지는 않는다. 오히려 '비능률성'은 최악의 폐단 중 하나이다. 하지만 문제의 근원이 '비능률성'이라면, 분명히 치명적 오류이다.

빈곤층의 협동생산이 얼마나 터무니없는 빈곤처방인지 이제

이해하게 되었을 것이다. 협동생산이 성공하려면, 참여인원의 윤리적, 지적 수준이 높아야 한다. 참여자의 신뢰와 인내심, 금욕, 순종, 그리고 조직력과 기술, 사업가 정신이 반드시 요구된다. 여전히 숙련 노동자 계급조차 협동생산하기에 자질이 부족하다. 하물며 미숙련 노동자에게 어떻게 자질을 갖추기를 기대한다는 말인가? 열정 넘치는 개혁가는 이들을 교육시켜서 윤리적 지적 수준을 필요한 만큼 끌어올리겠다고 애쓴다. 먼저, 신체 건강한 삶을 누릴 수 있도록 기반을 닦아준 다음에야, 실현가능하다. 최악의 폐단부터 고치고 난 다음에야, 생각해볼 수도 있다. 어떤 관점을 취하든지 결론은 한가지다. 병폐의 원인은 산업제도이며, 따라서 처방도 산업적이다. 윤리나 교육에서 해결책을 찾아선 안 된다.

제4부
금주와 기술 교육의 효과

　다시 강조하지만, 섣불리 노동자를 깨우치고, 근면하고, 숙련되도록 만드는 것은 올바른 처방이 아니다. 먼저 합당한 수준의 노동환경을 마련해야 한다. 만약 정신이 오락가락한 농장 노동자의 손에서 '맥주'를 빼앗는다면, 간혹 노동자와 가족들이 맥주 값을 절약해, 이 돈을 생산적인 곳에 사용할 수도 있다. 하지만 만약 농장 노동자 모두가 절대 금주한다면, 만약 술의 빈자리를 대체하는 새로운 수요가 나타나지 않는다면, 아마도 농장노동자의 초과공급이 존재하는 산업에서 점차 임금이 줄어들 것이다. 임금에서 맥주 값을 제외한 수준으로 낮아질 것이다. 왜냐하면 최저임금의 노동자 계급은 최소한의 생활에 필요한 임금에 맞춰지기 때문이다. 평범한 노동자에게 '맥주'는 최저생활의 일부이기 때문에 더 이상 임금이 낮아지면 수용하지 않을 것이다. 특히 미숙련 노동시장처럼 초과공급이 존재하는 곳은 맥주처럼 최저생활 및 최저편의를 기준으로 임금이 책정된다. 만약 이들의 손에서 무엇인가를 빼앗고 다시 다른 것을 채우지 않으면, 임금이 낮아진다. 다짜고짜 미숙련 노동자의 기질을 순수하게 만들겠다고 절대 금주를 시켰다가는 비록 이들이 예전보다 유능한 노동자가 될지는 몰라도, 임금은 반드시 낮아지고 만다. 반면, 만약 술을 빼앗은 자리에 더 건강하고, 고급이면서, 가격도 비슷하고, 똑같이 만족감을 주는 것을 쥐어준다면, 또는 만약 노동자가 스스로 술을 끊은 대신 노후를 대비해 더 나은 집과 여가를 누리겠다고 요구한다면, 임금은 떨어지지 않을 것이다. 만약 새로운 욕구가 포기한 욕구보다 훨씬 비싸다면, 임금이 더 오를 수도 있다

이제 기술 및 일반 교육을 살펴보자. 기술 교육 덕분에 미숙련 노동자가 숙련 일자리를 얻게 된다면, 당연히 노동환경에 크게 도움이 된다. 하지만 숙련 노동자가 증가하는 것은 숙련 노동력의 공급이 증가하는 것이며, 미숙련 공급은 감소한다는 뜻이다. 미숙련 노동력의 임금이 오르고, 숙련 노동력의 임금은 내려갈 것이다. 숙련 노동력과 미숙련 노동력의 수요가 그대로라면 말이다. 만약 노동의 효율성이 증가하면, 전체 부가 증가하고 임금은 오를 것이다. 하지만 단순히 노동의 효율성만 증가한다면, 노동환경은 크게 개선되지 않는다. 노동의 성격이 바뀐다고 해도, 실질 임금이 오르려면 실제의 생활수준이 향상돼야 한다. 만약 노동자의 새로운 욕구를 자극하지 않고 노동의 효율성만 증가한다면, 단순히 노동력의 총합만 증가한 것이 되어 노동력 한 단위당 값은 떨어질 것이다. 따라서 노동자에게 직접적인 혜택이 돌아가지는 않는다. 단지 새 기계가 도입된 것과 마찬가지다. 기술 및 일반 교육의 찬성 측은 단지 임금이 향상되고, 노동자가 새롭고 건

강한 수요를 갖기만 하면, 노동자의 생활 표준이 향상된다고 생각한다. 전혀 틀린 말은 아니다. 교육은 새 욕구를 깨우고, 산업적 지위도 끌어올린다. 하지만 노동자의 실질 임금을 끌어올리는 것의 의미는 기술과 효율성만이 아니라, 노동자 계급의 생활표준을 높은 수준으로 끌어올리는 것이다. 당장 교육이 노동자에게 새 욕구를 심어줘서 더 높은 임금을 바라게 해도, 노동자가 새 욕구를 채울 능력이 안 되는 것이 현실이다. 만약 불시에 모든 노동자가 저축할 수 있도록 임금을 인상해달라고 요구하면, 과연 모두가 그 요구를 관철할 수 있을지 불분명하다. 하지만 만약 동시에 노동의 효율성도 성장한다면, 모든 노동자가 생활표준을 끌어올릴 수 있을 것이다.

미숙련 노동자 계급의 기술 교육은 분명히 초과공급의 압박감을 완화하는 데 도움이 될 것이다. 숙련 산업의 경쟁이 더욱 치열해지겠지만, 미숙련 노동자의 임금은 반드시 오를 것이다. 숙련 노동자와 미숙련 노동자는 빈곤 문제의 두 축이다. 따라서 '진급'이 빈곤이라는 사회적 병폐를 처방하는 데 일조하는 것이 사실이다.

앞서 간단히 살펴본 것처럼, 미숙련 노동자에게 윤리와 교육을 처방하는 것은 빈곤층의 생계수준을 끌어올리고, 극빈층의 임금만 개선할 수 있을 뿐이라는 것을 알게 됐다. 노동자 계급의 편의의 표준이 높아지면, 노동자들은 이보다 낮은 임금은 수용하지 않으려고 할 것이다. 따라서 윤리적 처방은 저임금의 미숙련 노동력의 공급을 제한하는 선에서 효과적이라고 말할 수 있을 것이다. 따라서 다시 문제의 핵심은 값싼 노동력의 초과공급으로 원점회귀하게 된다.

제5부
발전을 가로막는 잘못된 딜레마

잘못된 딜레마를 제시해서 전체 사회발전을 가로막는 사람들이 있다. 간혹 다음과 같은 경우다. 먼저 윤리 의식과 지적 수준이 높아야만 사회가 발전하고 사회구조를 재편 할 수 있다는 주장이다. 마치 새 기계가 성능이 좋은 것처럼 말이다. 인간 본성이 바뀌어야 외부적 변화도 소용이 있다는 논리다. 반면, 인간이 겨우 생계를 이어나가는 데 모든 기력을 소진한다면, 높은 수준의 교육수준과 윤리 의식, 지적 수준에 오르는 일은 불가능해 보인다. 따라서 만약 노동환경과 윤리 의식이 어느 것 하나라도 뒤처지면 영영 진정한 변화가 찾아오지 않을 것처럼 보이기도 한다. 동시에 두 가지를 진전시켜야 한다고 주장하는 사람은 자신이 무슨 말을 하고 있는지 도무지 이해하지 못하고 있다.

위와 같이 잘못된 딜레마를 내세우는 이유는 산업개혁가들이 오래된 산업질서를 하루아침에 새 것으로 바꾸고 싶어 하기 때문이다. 이런 급진적 변화의 본질은 자연스럽고 현명한 변화가 아니라, 물질이 윤리를 앞서는 것이다. 한편, 윤리적 처방이 무조건 발전을 지체시키는 것은 아니다. 빈곤층의 노동환경이 개선되고, 이후 개선된 환경이 오래 지속하려면, 윤리와 지식, 습관이 상호 진보해야 한다. 하지만 윤리 및 종교 개혁가들은 반드시 다음 사항을 명심해야 한다. 순서상 물질적 안정이 먼저 보장되지 않으면, 고도의 인류 문명은 영원히 요원하다.

*The
Brilliant
Thinking*

| 제10장 |

'사회주의 법'

제1부
계약의 '자유'를 제한하는 법

 산업적 폐단과 빈곤층의 고통이 뚜렷이 드러나기 시작하면서, 관련법이 다수 생겨났다. 그중에 이른바 사회주의 법이 있다. 논의를 시작하기에 앞서, 다소 불분명한 명칭이 붙여진 사회주의 법조항을 살펴보는 것이 사회주의 법의 목적을 이해하는 데 도움이 될 것이다.

 사회주의 법의 전형이 공장법이다. 공장법의 목적은 노동자 계급의 권익을 보호하고, 자본가와 노동자 간 계약의 자유에 직접적으로 간섭한다.

 1802년 공장법 중에 건강 및 윤리법이 최초로 통과됐다. 이 법의 목적은 북부 제조업 도시의 면직 및 모직 산업의 아동 견습생을 보호하는 것이다. 불법을 자행하는 감독자들이 남부 자치주의 아동 견습생들을 북부 제조공장에 '노예'로 보냈다. 그곳에서 아이들은 다닥다닥 붙은 공장 건물마다 빽빽이 밀려

들어가 밤낮 일하고, 육체적 정신적으로 피폐해져 갔다. 영국의 역사상 가장 부끄러운 역사이다. 현대 상업주의의 개척자라고 불리는 사람들의 고삐 풀린 탐욕이 낱낱이 드러나고, 영국의 아이들은 고통과 타락을 고스란히 떠안았다. 1802년 통과된 건강 및 윤리법은 비위생적인 환경과 야간노동, 아동 견습생의 노동시간을 12시간으로 규제했다. 1819년 방적공장의 아동 견습생의 권익을 보호하는 법률이 통과됐다. 이 법률은 9세 미만 아동의 취업을 금지하고, 9-16세 아동노동자의 노동시간을 12시간으로 규제했다. 1825년 존 캠 홉하우스John Cam Hobhouse, 영국의 정치가 경이 통과시킨 또 다른 법률은 16세 미만 아동의 취업을 금지하고, 방적공장의 아동노동자 등록제를 실시하고, 토요일 노동시간을 단축시켰다. 그리고 리차드 오스틀러Richard Oastler, 영국의 사회운동가가 10시간 노동법 제정 촉구운동을 벌였다. 하지만 당시 국회는 요구를 받아들일 만큼 의식이 성숙하지는 못했다. 다시 홉하우스가 직물 산업의 노동시간을 제한하려다가, 북부 제조업자들의 거센 반발에 부딪혔다. 하지만 영국의 토리당원 오스틀러, 새들러, 애쉴리, 필든 등의 영향으로 여론이 형성됐고, 1883년 휘그당원의 지도자 올소프Althorp가 마침내 공장법을 통과시켰다. 이 법은 13세 미만의 아동 노동자와 13-18세의 '청소년' 노동자를 구분했다. 아동 노동자는 반드시 학교에 출석해야 하며, 주당 최대 48시간까지 일할 수 있다. '청소년' 노동자는 야간노동이 금지되며, 노동시간은 주당 69시간을 초과하지 못한다. 이후 1884년 필Peel이 공장법을 다시 강화했다. 아동의 노동시간을 일 6.5시간으로 제한하고, 학교출석의 의무를

2-3시간으로 늘렸다. 이에 더해, 법이 제대로 집행되도록 감시제도를 여러 모로 강화했다. 1845년 애쉴리Ashley 경이 여성의 야간노동을 금지하는 법률을 통과시켰다. 1848년 필든법이 통과되어 여성과 아동 노동자의 노동시간이 10시간으로 제한되었다. 이후, 1850년과 1853년에 법이 보완되어, 여성과 아동 노동자의 권익이 더욱 강화됐다.

하지만 1860년 이전의 공장법은 모두 면, 모직, 비단 등 직물공장에 한정됐다. 1860년 공장법에 염색공장이 포함됐고, 1861-1864년 장식, 도자기, 굴뚝청소 등 기타 산업까지 법조항이 확대됐다. 하지만 비로소 1867년이 돼서야 제조업 전반이 공장법의 적용을 받게 됐다. 확대공장법과 작업장규제법도 한몫했다. 하지만 자치정부의 법 집행이 부실해 아무런 효과 없이 수년이 지나갔다. 1871년 주정부의 감독관이 규제와 집행을 맡기 시작하면서 비로소 효과가 나타났다. 1878년 통과된 공장 및 작업장법이 최근 세부사항이 수정되어 현재도 시행되고 있다. 이 법은 11세 미만 아동이 공장과 작업장에서 노동하는 것을 금지하고, 16세 미만 공장노동자는 체력검사를 받아야 한다. 하지만 이 법은 아동노동자의 학업노동병행제를 적용했다. 반드시 반나절씩 학교와 일터에 있든지, 아니면 일터와 학교를 격일로 나가야 한다. 특별히 업무가 가혹한 직물공장과 나머지 공장을 구분해서, 직물공장의 아동은 주 56.5시간, 나머지 공장은 60시간으로 노동시간을 제한한다. 법의 효과가 상당히 위축되는 이유는 법에 가내작업장이 포함되지 않은 것, 여전히 여성 및 아동의 노동시간이 주어진

한계 내에서 초과노동이 가능한 것, 조사관 제도가 미흡한 것이다.

1842년 애쉴리 경이 광산법을 어렵게 통과시켜, 여성과 10세 미만 소년의 지하 작업을 금지시켰다. 1850년 법으로 광산 조사관이 허용됐으며, 광산노동자의 안전을 보장하는 조항이 다수 포함됐다. 1864년 황린성냥과 인쇄잉크처럼 위험물질을 취급하는 중소산업에 특별규정이 마련됐다. 또한 고용주책임법이 통과되면서, 노동자의 책임이 없는 산업재해에 대해 고용주가 책임지도록 정해졌다. '트럭'법은 고용주가 적합한 장소에서 현금으로 임금을 지급하도록 정했다.

이렇게 빠르게 법의 주요 특징을 살펴봤다. 사실상 정부의 사회주의 성향이 예전보다 짙어지고 있다.

특히 다음에 주목해야 한다.

1 | 국회는 국민의 민원을 수렴해 위의 법률을 제정했다. 따라서 자유방임주의제의 실패를 뒷받침한다.
2 | 국가가 개인의 자유를 직접 간섭한다. 예를 들어, 노동자는 노동의 자유가 제한되고, 자본가는 계약의 자유가 제한된다.
3 | 법의 취지가 아동과 여성을 보호하지만, 한편 직간접적으로 남성 노동자를 간섭하기도 한다. 예를 들어, 공장의 여성과 아동노동자의 노동시간이 제한되면서, 동료 남성 노동자의

노동시간도 제한된다. 최근 제정된 '기계 안전장치' 조항 및 제반 안전조항은 아동 및 여성 노동자뿐 아니라, 남성에게도 적용된다. 트럭법과 고용주책임법도 남성 노동자에게 적용된다.

제2부
법 이론

일련의 법이 제정되면서, 개인의 노동의 자유를 보장해야 한다는 여론이 힘을 잃었다. 이유는 다음과 같다.

1 | 개인의 '노동의 자유'가 아동노동자는 부모의 자유, 성인 노동자도 고용주의 자유로 변질됐다.

2 | 현대 산업사회에서 계약은 더 이상 개별 노동자와 고용주의 거래가 아니다. 동종업계 및 업체의 노동자는 서로의 노동환경에 분명히 영향을 미친다. 만약 A가 일요일마다 가게를 열고 주중에 심야영업을 한다면, 동종업계의 B, C, D를 비롯해, 모든 경쟁자가 똑같이 행해야 한다. 소수의 노동자가 저임금과 초과노동을 수용하면, 대다수도 똑같이 수용해야 한다. 어떤 노동계약이나 상업행위도 특정 노동자에게만 영향을 미치는 경우는 없다. 과연 어느 선까지 사회가 공동체의 보존과 구성원의 보호를 목적으로 고용주와 노동자의 관계 또는 산업사회의 경쟁에 간섭할 것

인가는 개인의 사리추구를 얼마나 허용할 것인가에 달렸다. 위와 같이 사회주의 법에서는 '계약의 자유' 또는 '이기적' 행동의 자유가 뒤로 밀려나기 쉽다.

3 | 노동자의 '계약의 자유'를 제한하는 법률은 초당적인 정책이다. 주요 공장법은 명목상 보수정권에 통과됐고, 일부 급진당원의 지지를 받았다. 자유당원 대다수와 일부 급진당원과 사회경제학자가 맹렬히 반대했다.

일련의 법 제정을 들여다보면, 다소 느리지만 꾸준히 국민의 정서가 빈곤층에게 더 나은 삶을 보장하려는 방향으로 성숙하고 있음을 알 수 있다. 핵심은 약자를 보호하는 것이다. 특히 아동에 대한 보호의식이 드러난다. 공장법 말고도, 교육법의 역사에서도 드러나며, 현재 진행형이다. 앞으로도 고용주와 부모의 횡포와 탐욕, 무관심으로부터 아이들을 지키는 법 제도가 견고히 짜여야 한다. 강력한 국민정서가 똑같은 곳을 향하고 있다. 아동학대 금지와 무상석식, 입양, 아동보험에 대한 사회적 요구가 커지고 있다.

제3부
정부의 역할 확대

사회주의 법이 존재하는 이유는 아동과 여성, 일부 남성이 산업사회의 노동자로서 스스로 권익을 지키지 못하고, 법의 보호를 필요로 하기 때문이다. 하지만 법의 목적은 산업 약자와 사회 전반을 보호하는 것이다. 어른, 아이, 식자, 무식자, 부자, 빈곤자가 모두 포함된다. 불순물금지법, 예방접종법, 전염병예방법, 위생관련법, 도량형 규제법, 품질조사 관련법, 의사, 화학자, 행상인의 면허제 등이 그 예이다. 대부분이 고대의 전례가 있다. 공기처럼 익숙하고, 당연히 여기기 때문에 굳이 사회주의 법이라고 언급하지 않는 것뿐이다. 정치학 교수인 허버트 스펜서Herbert Spencer와 오베론 허버트Auberon Herbert는 사회주의 법률에 일일이 반대한다. 이유는 다음과 같다.

1 | 각각의 법은 개인의 자유에 간섭한다. 자녀에게 예방접종을 시키거나 조사관을 허용해야 하는 등 특정 행위를 강요하거나, 특정 행위를 하지 말도록 강요한다.

2 | 개인의 자본의 자유를 제한한다. 특정 목적으로 사용하지 못하도록 강요하고, 온갖 제재와 벌금을 부과한다. 심지어 철도와 택시는 정부 또는 자치정부가 요금을 조정하는 지경에 이르렀다.

제4부
정부와 자치정부의 역할

하지만 정부의 역할은 단지 규제와 금지조항에 한정되지 않는다. 즉, 개인이 타인과 공동체를 배려해 개인의 자본과 노동의 사용을 자제하도록 강요하는 데 그치지 않는다. 정부와 자치정부는 자본가가 새로운 산업에 손 뻗치는 데도 주목한다.

종종 정부와 민간기업이 공공사업권을 놓고 경쟁하기도 한다. 예를 들어, 화물운송과 생명보험, 은행, 우체국, 의료, 교육, 유원지 등이 있다. 정부가 사업권을 독점하고 민간기업의 참여를 완전히 차단하기도 한다. 지방정부의 편지와 전신, 가스 및 수도 생산과 분배가 그 예다. 생산업에서 정부와 자치정부가 수행하는 역할의 범위와 복잡성이 다음 설명에 잘 드러난다.

"공동체가 외교와 육군, 해군, 경찰, 사법에 더해, 이제는 공동체의 존립을 목적으로 지방정부의 우편과 전신, 소규모 운송, 동전 사업을 운영한다. 더불어 통화와 지폐, 도량형, 제조, 청소, 조명, 그리고 보도, 차도, 교각 보수, 생명보험, 조선, 증권 중개소, 은행, 농장, 금융대출까지 넘본다. 정부는 국민의 요람에서 무덤까지를 책임지고, 출산과 육아, 교육, 숙박, 예방접종, 의료, 의약품, 자원봉사, 오락, 장례를 제공한다. 정부는 국립 박물관, 공원, 미술관, 도서관, 공연장, 철도, 교량, 시장, 도축, 소방, 등대, 비행기, 연락선, 해안용 보트, 증기 예인선, 구조선, 묘원, 목욕탕, 세탁장, 보호소, 항만, 항구, 부두, 병원, 보건소, 가스공장, 수도, 전차, 전신 케이블, 공공 농장, 목초지, 장인 숙소, 학교, 교회, 독서실 등도 운영한다. 정부의 연구기관도 지리학, 기상학, 통계학, 동물학, 지질학, 심지어 신학 연구를 수행하고, 정기 간행물을 출판한다. 심지어 영국 정부는 식민지 정부로 하여금 전차와 운하, 극장, 기나피 농장, 삼림, 관개, 나환자 마을, 카지노, 공중목욕탕을 운영하도록 만들고, 밸러스트, 구아노, 키니네, 아편, 소금 등 닥치는 대로 취급하도록 장려한다. 한때는 모든 것이 육군, 해군, 경찰, 사법마저도 민간기업의 영역이었다. 모두 개인의 합법적 자본투자의 수단이었다."[37]

이중에 일부는 오래전부터 공공의 자본과 노동이 공급했던 것들이다. 하지만 대다수는 새롭게 등장한 수요다. 갈수록 문명이 발달하면서, 공공부문이 새로운 수요에 영향력을 뻗치는 현상에 주목할 만하다.

제5부
'사회주의 법'

대체로 사회주의 법의 추세는, 민간기업에 맡겨두면 독점할 우려가 있는 생필품 또는 대중적인 소비품에 대해 공공부문이 통제권과 행정권을 가져가려고 하는 것이다.

아마도 생필품은 꾸준히 소비되고 사용되는데다가, 만약 민간기업이 사업권을 가져가면 독점 또는 경쟁이 치열해질 위험이 있기 때문에 더욱 공공성을 띠게 될 것이다. 만약 문명국가가 개인과 자산을 민간기업에 맡기면, 위험한 독점이 발생할 것이다. 따라서 가장 먼저 육군과 해군, 경찰, 사법은 '사회화' 돼야 한다. 그밖에 현대사회에서는 공동체의 삶과 부를 보호하기 위해 공공부문이 관련사업을 맡아야 한다. 만약 도로와 교각, 통신 및 교통이 민영화하면, 금세 남용될 것이다. 따라서 대체로 국가가 우편과 전신을 소유하고, 대부분의 국가에서 철도도 소유하고 있다. 똑같은 이유에서 자치정부도 전차와 가스, 수도처럼 민간의 독점으로부터 보호받아야 하는 사업과 자유 경쟁에 맡겨지면 안 되는 사업에 영향력을 넓힌다. 영국에서는 이미 위의 사업들이 정부의 통제 아래 있으며, 부분 소유권이 전체 소유권으로 확대되는 양상이다. 국가소유의 가스공장이 국내 가스소비자의 절반을 확보하고 있다. 1902년 102곳의 자치정부가 전력발전소를 소유하고, 45곳이 전차와 193곳이 수도공급을 담당하고 있다.

지방정부 당국이 사용료 및 기타 수입원, 사업 이윤에서 거둬들인 수령액이 1890년 1월 7,000만 파운드에서, 1901년 2월 1억 4,500만 파운드로 증가했다. 사방에서 미술관과 무료도서관, 기술학교가 생겨나기 시작했다. 런던과 글래스고처럼 대도시에서 시립 숙박업소가 운영되고 있다.

이유는 공공수요가 급격히 증가해 공급이 부족하기 때문이고, 또한 민간기업에 공공수요를 맡기면 독점의 위험이 있기 때문이다. 과연 주정부와 자치정부가 민간기업의 활동범위를 어디까지 제한할 것인지, 얼마나 단기간에 제한할 것인지 예측하는 것은 불가능하다. 아마도 대답은 다음에 달려있다.

첫째, 기존의 민간기업이 공공수요를 얼마나 독점하는지에 달려있다. 만약 미국처럼 영국에서도 공동판매회사와 신탁회사의 독점이 심각해지면, 주정부와 자치정부가 더욱 사회주의로 기울게 될 것이다.

둘째, 자치정부와 기타 공공기관의 경영능력이 민간기업보다 뛰어나면, 국가가 더욱 사회주의로 기울게 될 것이다.

　이처럼 지난 반세기 동안 온갖 제한법과 규제법, 금지법이 생겨났다. 또한, 주정부와 자치정부가 공동체의 이익을 위해 각종 영리사업을 틀어쥐었다. 민간기업이 상당히 제약을 받고 있다.

제6부
'사회주의' 세법

하지만 더욱 직접적이고 과감한 법도 있다. 국가의 주요사업 중에는 교육이 있다. 국가는 교육비를 각종 요금과 세금으로 충당한다. 교육은 납세자가 납부한 세금의 혜택이 납세자 본인에게 돌아가지 않는다. 만약 납세자의 자녀가 공교육을 받지 않으면, 전혀 혜택을 누리지 못한다. 공교육은 A에게 세금을 거둬, B에게 혜택을 주는 것이다.

이것 말고도 유사한 사례가 많다. 현대식 사회주의제도다. 정치계에서는 부유층에게서 세금을 더 거둬 빈곤층을 구제하려는 초당적인 움직임이 더 강력히 나타난다. 소득세와 빈곤법이 그 예이다. 모두 사회주의 법이다. '부유층에서 빼앗아 빈곤층에 돌려준다.'라는 사회주의 논리에 반대하는 사람들은 소득세와 빈곤법에 반기를 든다. 여론은 누진소득세와 상속세, 사치세에 찬성하는 방향으로 기울고 있다. 점차 부유층에서 빼앗아 빈곤층에게 돌려준다는 단순한 정책이 국민 사이에 받아들여지고 있음을 뜻한다.

찬성 측은 공익을 근거로 사회주의 법에 찬성한다. 한편, 부유층은 세금이 자신의 금고에서 빠져나가 불우이웃에게 돌아가는 것이 못마땅해 툴툴대기는 해도, 국가가 세금을 부과하는 것에 대해 심하게 저항하진 않는다. 어느 쪽이든 부유층에서 세금을 더 거둬들이고 빈민층에 혜택을 돌려줘야 한다는 압박감을 느낀다. 앞서 살펴본 사회주의 법률과 세법에는 다음의 세 가지 원칙이 존재한다.

1 | 개인은 힘없고 무지하기 때문에 계약 및 거래 시 스스로를 보호할 수 없다. 국가의 보호가 필요하다.
2 | 공익을 보호하기 위해 개인의 '재산권'을 제한할 수 있다.
3 | 공익을 보호하기 위해 정부와 자치정부가 역할을 확대하는 것이 가능하다. 정부와 자치정부의 방향과 한계에도 제한이 없다.

제7부
사회주의 법과 이론

앞서 정부와 자치정부의 역할이 넓어지는 추세를 쉽게 설명하려고 선뜻 사회주의라는 용어를 사용했다. 하지만 사회주의라는 용어를 쓸 때는 뜻을 분명히 밝혀야 한다. 윌리엄 하코트 William Harcourt, 영국의 정치가 경은 "현대인은 사회주의자이다."라고 선언했다. 하지만 현실에서 '사회주의' 정책의 집행자는 이 말을 가벼운 미소로 넘기며, 수사학적 과장법으로 치부한다. 정책 집행자는 정부로부터 사회주의 이론을 하달 받은 적이 없다. 개인의 사유재산권을 제한하려는 욕구는 더더욱 없다. 정치인은 대단히 찬란한 이상을 가슴에 품고 정책에 접근하는 것이 아니다. 정의와 사회편익처럼 추상적 개념도 정치인의 동기가 아니다. 정치인이 위의 법을 만드는 이유는 현실에 위와 같은 환경이 존재하기 때문이다. 지엽적이고 구체적인 정책 수요가 존재하기 때문이다. 실제로 물리적 고통이 존재하고, 경제적 효과도 산출되기 때문이다. 빈곤층의 사망률이 높기 때문에 위생시설을 개혁하고 노동자 계급의 주거문제에 관심을 갖는 것이다. 현실에서 민간의 가스공장이 법정 최대이윤을 초과달성하고, 내부인의 임금을 과잉인상하고 사치스러운 복지를 누리기 때문에 자치정부가 가스공장을 소유하는 것이다. 베리 지역의 세금 6만 파운드가 하수시설에 지출됐다. 상당부분이 더비경의 부동산가격을 한껏 부풀리는 데 일조했다. 이 사건이 계기가 되어, 세금제도의 정당성과 공익성이 문제가 되었다. 점차 빈곤층이 납부한 세금으로 부동산 부자가 배를 채워선 안 된다는 인식이 생겼다. 마찬가지로 정책 집행자도 여론 덕분에 빈곤층의 물질적 생활환경을 개선시킬 수 있다.

하지만 역사 전공생은 원칙과 이론이 지역의 민원과 여론보다 가치 없다고 생각해선 안 된다. 개인과 정당이 이해관계에 근거해 행동한다고 해도, 역사가는 논리적 인과관계와 굵직한 원칙을 좇아야 한다. 가내수공업자는 민주주의 정신이 무엇인지 모른다. 하지만 현대 역사학은 무의식중에 목표를 쟁취하려는 소수의 힘과 역사적 사건의 연관성을 밝혀야 한다. 사회주의도 마찬가지다. 사회주의 전문가는 드물다. 어쩌면 사회주의자는 가르치기 좋아하고 역사의 뒷길에서 민중을 계몽시키려고 잔뜩 겁이나 주는 쓸모없는 사람인지도 모른다. 영국의 산업에서 사회주의 이론의 영향력은 미미하다. 그러므로 빈곤 문제 처방을 논의하는 이 책에서 사회주의 이론을 자세히 다루진 않겠다. 하지만 사회주의 이론가가 역사적 사건을 바라보는 관점은 매우 중요하다. 실제로 사회주의 이론가의 관점에서 노동자의 노동환경을 이해하는 것이 상당히 도움이 된다.

토지국유화론자와 토지개혁가 일부는 저임금 비정규 노동자에게 공평하게 토지를 배분함으로써 빈곤 문제를 해결할 수 있다고 주장한다. 토지는 자연현상과 사회활동의 생산물이다. 현재는 소수의 자본가가 독점하고 있다. 토지국유화론자가 고발하는 토지독점은 사회주의자가 지적하는 자본독점과 똑같이 닮아있다. 솔직하고 사려 깊은 사회주의자는 다음의 주장을 부인하지는 못할 것이다. 자본과 서비스는 현재 자본 소유주의 생산물이거나 예전 소유주가 만들어낸 생산물이라는 것이다. 하지만 분명한 것은 마치 토지처럼, 대부분의 자본도 특정계급이 자본의 가치와 이자를 독점하기 때문에 계속 생산할 수 있는 것이다. 다음은 이와 관련해 가장 유능한 이론가가 제시한 설명이다.

"우리는 '인류의 유산'에 대해 동등한 권리를 주장한다. 현행법으로는 소수의 사람이 권리를 독점할 수 있다. 실제로 소수가 권리를 독점하고 불로소득을 가로채고 있다. 인류의 유산이야말로 진정한 자본이다. 즉 도끼와 삽, 쟁기, 증기기관, 온갖 도구, 서적과 미술품이 만들어진 원리와 잠재력은 과거의 사상가와 작가, 발명가, 탐험가, 노동자가 남긴 유산이다. 이미 개인이 사망했기 때문에 사회발전에 대해 개인의 권리는 소멸했다. 하지만 평범한 사람들은 유산의 혜택을 누릴 방법이 없이 완전히 차단됐다. 정부는 공동체의 대리기관으로서, 인류의 보물에 대해 법적 소유권을 획득해야 한다. 이 권리를 차곡차곡 모으고, 보존하고, 모든 사람이 이용할 수 있게 만드는 것이 정부가 존재하는 이유이다. 오늘날도 마찬가지다. 반드시 모든 사람이 교육을 통해 인류의 유산을 최대한 활용해야 한다."

의식 있는 사회주의자는 사회적 자산의 본질이 온갖 형태의 자본에 녹아들어있음을 알고 있다. 따라서 국가가 공동체를 위해 소유권과 통제권을 획득해서, 노동자가 토지와 자본처럼 사회적 자산의 공동소유자가 되도록 만들어, 빈곤 문제를 해결하려고 한다.

즉, 공동체는 사회적 자산을 소수의 구성원에게만 허용하지 않는다. 개인의 생산물 중에서도 많은 부분이 단지 개인의 노력 때문이 아니라 공동체의 도움 때문이다. 공동체는 개인이 작업하는 데 필요한 기술을 교육하고 보장해줬다. 사회에 귀속된 우주자원의 일부를 떼어 개인이 사용하도록 허용했다. 개인이 안전하게 작업을 끝마칠 때까지 보호해줬다. 마지막으로 시장제도를 만들어, 개인의 생산품이 혼자서는 절대 불가능한 사회적 가치를 갖도록 만들어줬다. 모든 부의 생산은 사회의 협조가 있을 때만 가능하기 때문에, 공동체는 개인에게 다음의 조건을 부과할 권리가 있다. 자본과 생산의 사회적 가치를 일부 공동체 몫으로 확보하는 것이다. 사회주의자의 주장에 따르면, 사회가 개별 자본가와 노동자에게 세금과 기타 조건을 부과하는 것은 사회의 몫을 확보하려고 간섭하는 것뿐이다. 전체 생산물의 가치 중에 개인과 사회의 몫을 정확히 측정하는 것이 불가능하다. 따라서 과연 사회가 어디까지 사회의 몫을 요구할 것인가에는 편의상의 한계를 제외하곤 사실상 한계가 있을 수 없다. 사회가 규제와 제한, 세금의 형태로 사회의 권리를 너무 많이 주장하려는 것은 아니다. 개인이 자본과 노동을 마음껏 사용하지 못하도록 방해해서 개인이 생산 활동에 최선을 다하지 못하도록 막으려는 것도 아니다. 사회주의자의 요구는 사회가 모든 생산수단에 대해 완전한 통제권을 갖는 것이다. 하지만 여기서 방대한 주장을 논의하는 것은 불필요하다. 좁은 논의만으로 영국 현대사에서 나타난 실용 사회주의 하의 점진적인 법 제정이 충분히 설명되고 정당화되기 때문이다.

영국에서는 사회주의 이론의 영향력이 크지 않다. 하지만 사회주의 이론가의 주장을 살펴보면, 현대의 법이 일부 무의식적 사회주의라는 것을 알 수 있다. '현대인은 사회주의자다.'가 뜻하는 바는 우리 모두가 적극적으로 입법 촉진 및 승인에 관여한다는 것이다. 이처럼 우리는 사회적 자산이 자본에 녹아들어있음을 무의식중에 인정한다. 범국민의 자본 이용권을 확보하는 것은 정치권이 할 일이다.

국가가 자본의 무분별한 사용을 제한하는 것, 정부와 자치정부가 특정 산업을 독점하는 것, 부유층에서 세금을 더 거둬들이는 경향이 모두 한뜻으로 설명되고, 수용되고, 정당화된다. 부의 일부가 공동체 덕분이며, 개인이 부를 창조할 때 공동체가 지원하고 협조한다는 인식이 존재하기 때문이다. 사회주의 법이 역사상 가장 강력하고 지속적으로 개인의 자본에 대한 권리를 제한하고 있다. 과연 바람직한가의 여부는 여기서 다루지 않겠다. 중요한 것은 사회의 움직임이다. 사회는 미약하게나마 천천히 꾸준히 맹목적으로 빈곤의 무게를 완화하고 미숙련 노동자의 취약점을 개선하려 애쓰고 있다. 목적을 달성하기 위해 특정 민간인의 역할과 몫에 손을 댄다. 공동체의 복지를 위해 사회적 역할과 임무를 다할 것을 주장한다. 역사상 언제나 '사회주의 법'은 빈곤 문제를 해결하는 데 일조했다. 이제는 사회가 사회 자산에 대한 권리를 더 광범위하고 체계적인 방식으로 요구하리라고 내다볼 수 있다.

The Brilliant Thinking

| 제11장 |

미숙련 노동자 계급의 미래

제1부
자본 집중

우리가 지금까지 다룬 내용은 현대 산업사회의 동향의 일부에 지나지 않는다. 빈곤층의 미숙련 노동자의 산업적 위치를 더욱 명확히 이해하려면, 전체 노동자 문제와의 관계 속에서 파악해야 한다. 그러려면 오늘날 산업사회에서 중요한 세력들의 규모와 관계를 간략히 살펴봐야 한다.

주요 생산요소인 자본과 노동에서 각각 상응하는 변화가 꿈틀대고 있다. 현대 산업사회에서 자본과 노동은 긴밀히 협조해야 하기 때문에 서로 치열한 경쟁을 피하려고 애쓰고 있는 것이다.

먼저 자본을 살펴보자. 앞서 기계가 도입되고, 산업에 기계 동력이 들어서면서, 동시에 대규모의 '일손'을 거느린 대형공장이 소규모의 개별 시민과 중소 자본가를 밀어내는 과정을 살펴봤다. 생산비용이 절약되는 기계가 도입되면서, 대량생산이 가능해졌다. 하지만 새롭고 복잡하고 값비싼 기계가 계속해서 발명되다보니, 새 기계를 구입하고 꾸준히 사용할 능력이 있는 사람만 계속해서 생산 공정을 혁신하고 더욱 늘어난 생산량을 신속히 생산해낼 수 있게 됐다. 게다가 비효율적 구식 기계로 생산하는 동종 업계의 경쟁자보다 싼 값에 생산품을 팔아치울 수 있다. 이런 과정이 반복되면서 대규모 자본가가 소규모 자본가보다 늘 유리한 입지에 있다. 예전에 지역 상권에서 소규모 제조업자와 소매상이 단골을 상대로 천천히 꾸준히 입소문으로 신뢰를 쌓았을 때에는 불쑥 새로운 경쟁자가 나타나 물건 값을 조금 내리는 것으로 손님을 가로챌 수는 없었다. 하지만 우편과 신문, 철도, 전신이 발달하고 지식이 빠르고 보편적으로 저렴하게 확산되면서, 또 광고와 홍보가 널리 확산하는 등 통신이 발하면서, 상업의 지역성과 사적인 성격이 사라지게 됐다. 전 세계가 하나의 완전경쟁의 장이 되어가고 있다. 따라서 상업상의 특권을 확보하고 있는 운 좋은 자본가는 얼마나 사소한 것이든 간에 경쟁자들보다 물건을 더 싸게 생산하고 더 많이 판매할 수 있다. 적어도 경쟁자들이 더 새롭고 특별 기능을 장착하고 경제성까지 뛰어난 기계를 도입할 때까지 그 산업을 독차지할 수 있다. 그렇기 때문에 대규모 자본이 우세한 산업에서는 대규모 자본가와 원자재 소유주처럼 원자재를 싼값에 대량 조달할 수 있는 기업이 중소기업을 깨부수는 것이다. 만약 이대로 사업이 계속해서 확대되고 세계화된다면, 대자본이 소자본보다 유리할 수밖에 없는 상황이 더욱더 심해질 것이다. 아직 정교한 기계가 보편화되지 않았다. 여전히 인간이 작업을 할 수 있고, 머리를 써야한다. 주인의 세심한 관리감독이 필요한 일부 소매업에서는 여전히 소규모 자본가가 건재하다. 하지만 전반적으로 대형 사업체에만 유리하게 상황이 흘러가는 듯하다. 어느 곳에서든 대형 사업체가 소형 사업체를 집어삼키고, 다시 대형 사업체도 몸집이 더 큰 사업체에 잡아먹히기 쉽다. 특히 대형 사업체가 발달한 곳이 제조업이다. 제조업은 세계화가 가장 많이 진행됐고, 기계의 역할도 아주 중요하기 때문에 이런 현상이 가장 빠르고 보편적으로 나타난다. 하지만 속도의 차이일 뿐, 도소매 유통업에서도 마찬가지다. 심지어 농업처럼 인간의 보살핌이 필요하고 지역상권이 발달해 대량생산이 급격히 진행되지 않은 산업조차, 최근 미국 서부와 호주에서 기계화가 급격히 진행됐다. 이런 자본의 변화가 잘못 이해되어선 안 된다. 단지 사업체끼리 경쟁해서 강한 자가 살아남고 약자가 도태되어 사라지는 것으로 볼 수는 없다. 물론 종종 자유 경쟁에서 발생하는 일이기도 하다. 대형 제조업체가 노동 절감형 기계를 새로 도입한다. 초반에 더욱 홍보를 활발히 하거나 특별 할인기간을 둬서, 약한 경쟁상대를 완전히 시장에서 내쫓는다. 그리고 산업을 독식한다. 세계적 기업이나 협동조합매장과 싸우면, 소규모 상인은 버틸 재간이 없다.

하지만 소규모 사업체의 몰락도 역시 중요하지만, 이 현상에서 더 중요한 본질은 따로 있다. 산업 경쟁에서 대규모 사업이 소규모 사업을 항상 이기니까 소규모 사업체가 자본과 경영을 집중한다. 막대한 자본을 바탕으로 거대 사업체를 거느린 백만장자는 소수에 지나지 않는다. 오늘날에는 합자주식회사가 사업체의 전형이다. 합자주식회사란 서로 경쟁 관계에 있는 소규모 사업체가 대규모 사업체의 중요성을 깨닫고 각자 소유한 자본을 합하는 것을 뜻한다. 경영능력이 가장 뛰어난 사람을 내부 또는 외부에서 찾아 경영권을 위임한다. 가장 단순한 형태로서 기존에 경쟁자였던 기업이 합병하는 경우가 있다. 최근 런던 출판업계에 합병 사례가 있었다. 하지만 보통 기업은 기존 사업체를 확장하든지 아니면 철도나 신설 기업처럼 돈을 들여 새로 사업체를 설립한다. 자본과 경영이 집중되는 경향은 똑같이 나타난다. 공동 소유주들은 공동의 관심사에 함께 자본을 투자해, 각자 소규모 단위로 경쟁할 때는 얻을 수 없는 이익을 누린다. 하지만 비록 영국 상공업의 1/3이 합자주식회사라고는 하지만, 여전히 자본이 집중되는 현상은 주목할 필요가 있다. 대기업과 중소기업은 대부분 외부 자본을 빌려 쓴다. 자본의 실제 주인은 사실상 합자회사의 자본가들이다. 대기업은 중소기업보다 이윤이 많고 안전하니까, 자본가들은 이윤을 나눠 갖고 안전성을 확보하기 위해 대기업에 자본을 빌려주길 선호한다. 이처럼 소자본이 모여 대자본을 형성하는 한편, 경영권 역시 지속적으로 집중되고 조직화되어 간다. 실제로 사업체 규모가 작아서 경쟁에서 뒤처지는 사업체의 소유주가 대기업에 취직해 연봉을 받고 일하는 경우가 종종 있다. 마찬가지로 중소 상인의 아들이 아버지의 가업을 물려받을 가망이 없게 되자, 대형 상점의 계산대에서 일하기도 한다.

제2부
경쟁이 자본에 미치는 영향

위와 같은 현상이 일어나는 이유는 모두 경쟁 때문이다. 지식이 발달하고 통신이 발달하고 국경과 지역경계가 무너질 때마다 대기업은 더욱 유리해지고 중소기업은 더욱 처절하고 가망이 없어진다. 중소기업은 대기업과의 경쟁에서 무너지지 않고 희롱당하지 않으려고, 상호 휴전하고 협력한다. 대부분의 대기업이나 합자주식회사는 평화조약처럼 직접적 방식으로 설립되지 않는다. 하지만 모두들 개별 사업체를 유지한다면 경쟁 때문에 치러야 하는 마찰과 소모를 피하려는 의도가 있다. 대형 합자회사들 간 경쟁은 소규모 사업체 간 경쟁보다 훨씬 더 팽팽하고 치열하다. 광고와 홍보, 품질저하, 정치권 로비, 투기가 발달하고, 광범위하게 경쟁이 번지면서, 대형 합자회사들 간 싸움이 날이 갈수록 살벌하고 복잡해진다. 사업에 실패하는 사람들도 더 자주 생겨나고 처참히 무너진다. 최근 프랑스 경제학자의 말을 인용하면, 사업에 뛰어든 100명 중 10명만이 성공하고, 50명은 파리만 날리고, 40명은 파산한다. 특히 미국처럼 내적 경쟁이 치열하고 투기가 만연한 곳에선 최근 창업인구의 95%가 '성공에 실패한 다.' 국가 공동체가 만들어지는 과정에서 개인이 개인전을 포기하고, 결과적으로 각 국가가 더욱 강력하고 조직화되어, 국가 간 전쟁이 더욱 드세고 파괴적이 된 것처럼, 자본의 집중도 마찬가지다. 개별 경쟁에 지친 소규모 자본가들이 합병하니, 합병된 자본 간 경쟁이 날이 갈수록 치열해지고 있다. 정확히 몇 명이 개별 경쟁을 접고 자본을 합병했는지 통계를 낼 수는 없다. 하지만 성공한 회사의 평균 크기가 거대해지고 있는 것은 분명하다. 자본 집중화에 민감하지 않은 미국 면직업계에서도 이런 움직임이 일어나고 있다. 다음의 숫자들이 뒷받침한다. "1880년 대기업의 수가 756개이고, 1830년 대기업은 801개이다. 한편 1880년 총 투자자본은 1830년의 다섯 배이다. 기계 한 대당 투자자본은 1/3만큼 적고, 노동자 한 명당 작동하는 기계 대수는 3배 가까이 많다. 기계 당 생산량은 1/4만큼 더 많고, 투자자본 1달러당 생산량은 2배 많다. 면직물 가격은 60% 가까이 저렴하며, 인구 한 명당 소비는 100% 넘게 크고, 임금은 두 배를 넘는다. 마찬가지로 자본 집중이 일어나는 산업은 모두 면직업계 사정과 똑같다."[38]

물론 대규모 생산은 개별 소유주가 각자 수행하는 것이 아니라, 거의 모든 경우에 연합 자본 경영자가 수행한다. 산업 발달 단계에서 보면, 일련의 현상들은 경쟁 구도가 변화할 것이라는 징조다. 개인이 소유한 개별 자본의 경쟁에서 연합 자본의 경쟁으로 옮겨갔다. 다음 질문은 이것이다. "개별 자본가가 개별 자본의 경쟁이 치열해짐에 따라 소모와 몰락을 피하려고 서로 적대관계를 보류하고 협력했던 것처럼, 이번에도 더 큰 자본끼리 연합하려는 움직임이 나타나지 않을까?" 정답은 이미 현실에서 벌어지고 있다. 실제로 곳곳에서 집중과 협력이 이뤄지고 있다. 경쟁관계에 있는 대자본끼리 안전을 확보하고 소모와 몰락을 피하려고 특대자본을 형성한다. 서로 간 경쟁을 멈추고 다른 대자본과의 경쟁에서 우위에 서려고 한다. 따라서 이런 움직임이 활발히 이뤄지는 곳에서는 경쟁회사 숫자가 계속해서 줄어들고 있다. 경쟁자들은 살아남기 위해 힘없는 경쟁자를 박살내거나 흡수함으로써 경쟁자의 사체를 먹고서 몸집을 키운다.

하지만 얼마 남지 않은 거대 생존자들 간 몸부림은 훨씬 더 처절하다. 거대자본을 등에 업고, 최신의 복잡하고 비싼 기계를 도입한다. 서로의 사정이나 대중의 수요는 무시한 채 맹목적으로 생산하면서, 한편으로 새로운 시장을 개척하거나 경쟁자의 시장을 빼앗아오기 위해 막대한 돈을 광고에 쏟아 붓는다. 결과적으로 이들은 제품을 최대한 많이 팔기 위해 계속해서 가격을 내리는 수밖에 없다. 그리고 이윤은 최저수준으로 내려간다. 모든 것을 경쟁에 쏟아 붓는다. 뜻밖에 시장경기가 좋지 않기라도 하면, 금세 위기가 찾아온다. 약한 기업은 쓰러지고, 모두에게 손해만 남는다. 자본 집중이 가장 많이 진행된 산업에서 이런 경쟁이 가장 심하게 나타날 수밖에 없다. 하지만 오히려 경쟁자가 줄어들면서, 중재 또는 협조가 이전보다 쉬워진다. 초기 자본주의처럼 서로 다른 규모의 경쟁자들이 뿔뿔이 흩어져있으면 단결되고 효과적인 단체 행동하기가 불가능하다. 하지만 경쟁자 수가 줄어들면 협력이 가능해지고, 경쟁이 치열한 만큼 협력해야 할 직접적 동기가 강해진다. 따라서 거대 기업들 간에 경쟁의 압박을 완화하려는 시도가 나타난다. 맹렬한 전사들이 계속되는 전쟁에 지쳐, 서둘러 조약을 맺는다. 자본 전쟁에서 자본가가 사용하는 무기는 낮춰 팔기 즉, '가격 깎기'다. 마지막에 살아남은 가장 강력한 회사들은 잠시 무기를 내려놓는다. 예를 들면 서로 낮춰 팔지 않기로 합의하고, 공동 가격대를 형성한다. 이처럼 직접 경쟁을 제한하는 것은 노동조합도 마찬가지다. 대규모 자본이 발달하지 않거나 고도의 산업이 발달하지 않은 산업에서도 다수 일어난다. 반드시 당사자들이 친밀한 관계를 형성하고 끈끈한 조합을 만드는 것은 아니다. 철저히 자기보호 본능에서 비롯한 정책이다. 특정 지역상권에서 일상적으로 협력이 이뤄진다. 특히 신선도가 생명인 제품의 생산과 유통이 그 예다. 제과점과 정육점, 우유는 반드시 견제를 멈추고 각자가 소비자를 더 확보하려고 애쓸 뿐, 공동 가격대를 준수한다. 석탄처럼 지역 상인들이 외부인의 견제를 쉽게 받지 않는 산업에서는 더욱 견고히 결속해서 공동 규칙을 운영한다. 합의 하에 가격도 조정한다. 외부 압력을 막아내면 독점적 요소가 있어서 계약이 효과가 있다. 결속력이 뛰어나면 경쟁자인 상인들 간의 조합이 높게 가격을 유지하는 것이 가능하다. 간단히 예를 들면, 스위스의 어느 외딴 마을이 바쁜 휴양지로 탈바꿈한다. 동시에 지역 청소부 임금이 런던의 두 배, 인근 지역에 비해서는 어쩌면 네 배까지도 오른다.

식료품이나 의류에 대해서는 상인들이 결속한다고 해도 똑같은 효과를 바라기 어렵다. 왜냐하면 품목 특성상 소비자가 지역 상권에 훨씬 덜 의존적이기 때문이다. 하지만 소매상 조합이 가능한 곳도 있다. 대규모 생산자와 대규모 유통회사 가운데도 똑같은 경향이 지배적이다. 특히 대체로 지역 상권에 의존하는 경우다. 탄광주 또는 철기 제조업자는 가격 경쟁을 그만두고 공생하는 방법으로 가격 조정을 택한다. 철도회사도 마찬가지다. 굳이 지역 상권을 독점하지 않는 대형 사업체들도 계속해서 공동 가격대를 준수하려고 애쓴다. 현대 영국처럼 상업 국가에서 발견되는 산업적 특징은 이처럼 경쟁자들 간에 헐겁고 비정규적이고 부분적 협력을 맺는 것이다. 경쟁자들은 어느 한쪽이 끝날 때까지 싸움을 계속하고, 뭉툭한 창을 들고 싸운다.

제3부
공동판매회사와 신탁회사

하지만 복잡하고 광범위한 상권을 가진 상인과 생산자들은 헐거운 관계를 유지하는 것이 거의 불가능할 수밖에 없다. 계속해서 낮춰 팔기의 유혹에 현혹될 것이다. 최신 기계로 무장한 새 기업들이 불쑥불쑥 생겨나, 기존에 인위적으로 높게 책정한 판매가격을 부수고 낮게 팔기로 경쟁에서 생존하려 할 것이다. 과잉생산으로 재고가 쌓이면 위태로운 회사들은 '가격 깎기' 유혹에 시달릴 것이고, 결국 협정은 깨지고 만다. 여러 가지 원인 때문에 복잡한 협력 관계는 틀어지고 다시 회사는 후끈 달아오른 소모전에 처하게 된다. 다시 시작된 '자유 경쟁'은 차례로 소규모 사업체를 무너뜨린다. 살아남은 '리바이어던 Leviathan, 성서에 나오는 괴물'은 경쟁적 소모를 피하려 다시 긴밀한 협력 관계를 구하게 된다.

새로운 형태의 협력 관계가 바로 공동판매syndicate와 신탁trust이다. 자본이 진화하는 과정에서 나온 새로운 단계다. 특히 자본 규모가 두드러지게 성장하는 미국에서 스탠더드오일트러스트가 대표적 신탁회사다. 1881년 스탠더드오일컴퍼니는 동부지역의 주요 경쟁자들과 10년 전부터 꾸준히 비공식 협력 관계를 이어왔다. 중소기업을 전부 처단하고 생존한 경쟁자들과 긴밀한 협정을 맺어 단일 사업체로 거듭났다. 한편으로 각 회사의 정체성은 여전히 남아있다. 주요 석유공장을 대부분 소유하고 있는 이곳 소속회사들은 사업체 현황을 제출해서 평가받고 신탁관리자에게 일임했다. 능력을 부여받은 신탁관리자는 석유 생산량을 조절할 수 있다. 필요에 따라 공장을 폐쇄하고, 가격을 조정하고, 공동의 목적을 달성하기 위해 필요한 조치를 취할 수 있다. 각 회사는 신탁에 투자한 만큼 증명서를 발급받는다. 전체 이윤은 반년에 한번 배당된다. 이 신탁회사는 여전히 존재하며, 현재는 미국 석유시장을 사실상 독점하고 있다. 이 회사는 전체 시장의 90%를 점유하고, 생산량과 가격을 통제한다.

이런 경우는 어디든지 있다. 어느 산업이든 경쟁사가 있고, 경쟁자가 적으면 긴밀한 협력 관계를 찾는다. 공개적이든 비공개적이든 협력해서 제품의 생산과 유통에 완전한 통제권을 행사해서 가격을 조정하고 이윤을 끌어올린다. 철도와 옥수수, 석필, 관, 반창고 등 모든 곳에서 신탁회사가 생겨나기 시작했다. 이 중 대부분이 강력한 경쟁자를 충분히 확보하지 못하거나, 소속 회사들끼리 갈등이 불거지거나, 신설 기업이 경쟁에 뛰어들면서 위기가 찾아온다. 이런 이유에서 이제껏 다수의 신탁회사가 망했다. 틀림없이 앞으로도 계속해서 실패할 것이다. 영국은 자본 발달 단계에서 이제 막 이 단계가 시작되었다. 유리와 종이, 소금, 석탄, 기타 상품은 경쟁사들 간 조합이 단지 집합에 불과한 것이 아니라 더 영구적이고, 보통의 장인 조합보다 친밀하다. 하지만 영국에서는 자유무역으로 외국기업과 경쟁하면서 시장에 대한 예측과 통제가 불가능해졌다. 또한 국내 산업들이 대부분 자본 집중이 완성되지 않은 상태이기 때문에 이제껏 제대로 된 신탁회사가 자리 잡지 못했다. 미국에서조차 유일한 신탁회사가 전국을 독점하는 경우는 없다. 다만 대부분 사실상 규제 없이 어느 지역 생산량과 가격을 통제한다. 스탠더드오일트러스트도 마찬가지다. 그보다 영향력이 작지만 지역 상권을 독점하고 있는 소수의 기업들을 보면, 특정 산업에서 패권을 쥐고 있는 주요 신탁회사 또는 공동판매회사가 경쟁사인 독립 기업과 직접 충돌하곤 한다. 다시 말해, 자본의 진화과정을 살펴보면 언제나 소수의 경쟁자가 단일 조합을 만들려는 경향이 있다. 따라서 영원히 소수의 경쟁사가 단일 조합으로 응집하는 것이 논리적으로 불가능하다. 최종 단계에서 전체 산업이 조직화되고 공동 소유주가 구성한 단일 회사 체제 하에 경쟁이 사라지는 것이 현대 자본이 추구하는 목적이다. 미국 기업의 1/3이 이미 신탁회사가 점유했다고 한다. 하지만 실제로 단일 회사를 차려서 완전히 경쟁으로부터 자유로워진 사례는 거의 없다. 실제로 경쟁자와 직접 경쟁하지 않고 시장을 점유한다고 해도 여전히 가격을 완벽히 통제하기 어렵다. 언제든 경쟁자가 다시 등장할 가능성이 있기 때문에 불가능하다. 그렇다면 신탁회사가 완전히 지역 상권을 독점할 때조차 가격을 특정 수준 이상 올릴 수 없는 것이다. 하지만 신탁회사가 경험이 많고 경영능력이 뛰어날수록 막강한 힘으로 외부 경쟁자의 시장 진입을 막는다. 따라서 가격과 이윤을 끌어올릴 수 있다.

그렇다면 자본가의 발달 단계를 살펴보면, 초기에는 산업 계급으로서 자본을 소유한 고용주이다가, 자본 경쟁구도에서 자본 집중으로 규모를 키워나가다, 피라미드처럼 점차 그 수가 줄어들다가, 이상적 정점에서 단일 자본이 만들어진다. 서로 다른 산업끼리 경쟁하게 된다면, 산업 경계를 초월해서 각 산업을 대표하는 자본끼리 협력하고 합병하고 섞일 수 있다. 실제로 한 국가에서 다양한 형태의 자본이 상호 이해와 협력을 도모하고 있다. 이상적 단일 자본에 대한 움직임은 국가 전체의 단일 자본으로 이어질 것이다. 동종업계에서 경쟁하는 자본끼리 공동 목적을 설정하고 상호 협력을 통해 궁극적으로는 단일화로 이어지는 것처럼 말이다.

제4부
신탁의 용도와 남용

하지만 이번에는 장기적 관점에서 보자. 성공적 신탁회사가 자본 진화의 마지막 단계라고 했다. 주제가 워낙 방대하지만, 신탁회사의 본질과 관련해서 몇 가지만 짚어보자.

분명히 신탁회사 설립은 자본 진화의 한 단계로서 자연스런 현상이다. 현대 산업의 특징으로서, 역사의 퇴보라든가 악덕으로 지탄받아선 안 된다. 혼돈 속에 질서를 세우고, 소모전을 그만두고, 산업에 체계를 세우려는 노력이다. 신탁 설립자는 종종 이런 행보가 반드시 필요하고 사회에 유익함을 주장한다. 다음의 몇 가지를 내세운다.

지나치게 많은 공장이 설립되고 시장이 과잉 공급되면서, 경쟁자들 간에 시장 예측이 어려워지고 이윤이 적어진다. 쓸데없는 경쟁에 출혈이 심하다. 경쟁자보다 싼값에 팔려고 상품의 질을 포기한다. 새 기계를 발명한 경쟁자에게 로열티를 지급해야 한다. 이밖에도 경쟁자들이 협력해야 할 필요가 여럿 있다. 신탁회사를 설립해서 얻을 수 있는 경제적 이점은 다음과 같다.

가 | 노동력 절감과 소모전 중단
나 | 구매와 판매, 시장개척과 시장창조에서 비용절약
다 | 누군가 싼값에 팔 것이란 두려움 없으므로 상품 질 보장
라 | 사업 손실에 대해 상호 보증과 보험
마 | 손실이 발생하거나 이윤 남기는 데 불필요한 공장 폐쇄
바 | 꾸준히 생산을 지속하고 이윤을 창출하도록 가격 인상

신탁회사를 꾸린 자본가들은 위와 같은 점들이 경제적으로 유리하다. 사회적으로 유익한가는 훨씬 까다로운 문제다. 하지만 분명한 점은 대중이 대규모 자본의 경제성의 혜택을 일부 누리지만, 경쟁관계에서 얻는 혜택은 사라진다. 여전히 시장에 한 두 곳의 신탁회사가 잠재적 경쟁관계에 있다면, 서로 최저가격에 판매하려 할 테니 대량생산에서 얻을 수 있는 혜택이 있다. 하지만 유일한 신탁회사가 시장에 군림한다면, 인건비 절감으로 신탁회사가 누리는 경제적 이득은 크겠지만 대중이 이 혜택을 함께 누리도록 보장하는 방법이 없다. 신탁회사가 단독으로 많은 이득을 누리면, 신탁회사 소유주들은 동시에 이윤을 크게 남기면서 임금도 인상하고 오히려 가격은 내릴 수 있다. 하지만 첫 번째 이윤을 남기는 일이야 자기 이해관계에 부합하니 당연하지만, 두 번째와 세 번째를 보장할 수 없다. 신탁회사 찬성자는 종종 우월한 단일 신탁회사 또는 공동판매회사가 계속해서 가격을 낮게 유지

할 것이라고 주장하는데 자본성장의 산물에는 안전장치가 없다. "새 기업이 뛰어들지 못하도록 충분히 가격을 낮게 유지해야 한다."[39]는 말은 맞다. 하지만 다음의 경우엔 해당하지 않는다. 신탁회사가 독점하고 있는 것이 토지라든가 토지 요소를 포함한다면 상품 개발에 한계가 있기 때문에 잠재적 경쟁이 불가능하고 따라서 신탁회사가 가격을 무한히 올린다고 해도 막을 방도가 없다. 설령 잠재적 경쟁에 대한 두려움으로 무한정 가격을 인상할 수 없다고 해도, 여전히 막대한 이윤을 남길 만큼 가격을 올릴 것이고, 고스란히 소비자가 부담을 떠안게 된다. 견고히 결속한 신탁회사는 평범한 규모와 경제력을 갖춘 경쟁기업을 상대로 일시적으로 손익분기점 이하로 가격을 떨어뜨려 시장에서 경쟁기업을 쫓아낼 수 있다. 대기업이 상대적으로 힘없는 신입 경쟁사를 따돌리는 방법이다.

하지만 강력한 신탁회사가 시장을 독점하고 경쟁자를 말소하고 소비자에게 지나치게 높은 가격을 부과한다고 해도, 반드시 좋아서 하는 일이라고 볼 수는 없다. 가격이 오르면, 판매량은 감소한다. 따라서 신탁회사에서는 적당한 가격에 대량 판매하는 것이 높은 가격에 소량 판매하는 것보다 이득일 수 있다. 독점 기업의 소유주들은 권한을 행사할 때, 가격인상이 판매량에 미치는 영향을 고려한다. 또한 그것은 신탁회사가 취급하는 상품의 성질과 용도가 결정한다. 생필품이라면 가격이 오르더라도 수요가 크게 줄어들지 않는 반면에 '편의'나 '사치'품이라든가 아니면 저렴한 가격에 대체상품을 구할 수 있다면 똑같이 가격이 오르더라도 수요가 더 줄어든다. 따라서 신탁회사 또는 독점 자본의 권력은 다음 두 가지 경우에 소비자에 해롭다. 첫째는 경쟁이 불가능할 때이고 둘째는 신탁회사에서 생필품을 취급할 때다.

제5부
노동 단체의 설립 과정

　　노동력의 향방도 자본과 유사하다. 자본이 치열하고 소모적인 경쟁을 피해 조합을 만들고 완전히 경쟁에서 자유로워질 때까지 거듭 자본을 합하고 규모를 키우는 것처럼, 노동력도 마찬가지다. 개별 노동자가 노동조합을 설립하고, 조합 간에 규모와 활동에 합병이 이뤄지는 것은 위에서 언급한 것처럼 소자본이 모이면서 성장하는 과정과 유사하다. 노동자의 경쟁 단위가 점차 확대되는 과정을 자세히 추적할 필요가 없다. 이 과정은 여러 지역과 여러 산업에서 제각각 진행되고 있기 때문에 뚜렷한 법칙이 드러나지 않는다. 항상 들어맞는 것은 아니지만, 대체로 다음 발달 단계를 밟는다.

　　1 | 마을 또는 지역에서 동종 업계 노동자들이 '조합' 또는 제한적 협동조합을 형성한다. 취지는 임금 및 기타 노동환경을 개선할 때 단체 행동하기 위함이다. 강력한 조합이 만들어진 곳에서는 고용주 또는 고용주 집단이 개별 노동자와 면담하는 것이

아니라 노동조합을 상대로 노동자의 권익을 논의한다.

2 | 지역의 노동조합들이 더 넓은 행정구역 단위로 또는 전국적으로 관계를 맺는다. 노섬벌랜드 더럼 지역 광부들은 여러 직종 간에 관계망을 만들고 필요하다면 인근 탄광지역 광부들과도 협력할 것이다. 기계공과 목수 등 지역 조합은 대표를 선발해 전국 조합에서 활동하게 함으로써 서로 긴밀히 협조한다. 강력한 조합일수록 임금인상이나 노동시간 단축, 기타 중요한 조건을 협상하거나 임금인하를 반대할 때 지도부의 통솔권이 절대적이다.

3 | 전국적 노동조합이 만들어짐과 동시에 또는 그 이전에 산업간 협력이 이뤄진다. 즉, 서로 목표나 과정에 밀접히 연관되어 있는 산업끼리 협조하는 것이다. 예를 들어, 건축가와 벽돌공, 석공, 목수, 미장이, 배관공, 페인트공, 장식가는 각자 산업이 다르지만 목적이 부합하고 서로 과정이 엮인다. 이런 산업들에서 공감대가 형성되어 긴밀한 협조가 이뤄지고 있다. 강변산업과 관련 산업들이 조합을 설립하려고 분주히 움직인다. 광산 노동자와 철도 노동자, 공무원도 천천히 그러나 확실히 공통분모를 발견하고 단체행위의 필요성을 깨닫고 있다.

4 | 겉보기에 관련성이 떨어지지만 긴밀하고 중요하게 얽혀있는 노동자들이 노동위원회를 만들어 해당 지역의 전체 노동조합을 대표한다. 잉글랜드 중부와 런던에서 노동위원회가 노동자 단체 간 상충하는 이해관계를 묶어 단일 조합을 만드는 대업에 착

수했다.

5 | 영국 노동 단체와 해외 노동 단체가 국제 관계를 맺기 시작한 것은 중요하다. 빠른 시일 내에 국제 조합으로서 유효한 성과를 내길 기대해서가 아니라 노동운동의 미래를 미리 내다볼 수 있기 때문이다. 현재도 노동자들 사이에 간헐적 국제 공조가 가능하고 특히 영어권 국가라면 더욱 가능성이 높지만 당장 눈앞의 목표가 다르고 국가마다 산업 발달 단계가 다르기 때문에 다른 국가의 노동자들이 긴밀히 협력한다는 것은 현재로서는 불가능해 보인다.

제6부
자본과 노동의 유사성

　간헐적으로, 부분적으로, 불완전하게 나타나는 노동력의 변화는 엄격히 따져서 자본의 움직임과 평행을 이룬다. 자본과 노동력 모두 작은 단위가 생존을 위해서 뭉쳐서 큰 단위와 당당히 경쟁할 수 있도록 합병하고 응집한다. 자본이 노동력보다 완벽히 응집할 수 있지만 여전히 자본과 노동력은 정확히 닮아있다. 소자본이 협동해서 단일 조합을 형성하면, 완벽히 합병하고 개별 단위로서 존재하거나 행동하는 일은 일체 없다. 조합에 속해있는 한 오로지 '부분'으로 존재할 뿐이다. 하지만 개별 노동자는 완전히 개인성을 버리고 단체로서만 존재할 수는 없다. 자본은 인격이 없으므로 단체로서만 존재하는 것이 가능하다. 노동자는 인간이므로 행동의 자유와 경쟁의 자유처럼 개인의 사회성 일부를 조합을 위해 포기할 뿐이다. 미래에 노동자의 사회적 행동이 더욱 필요해진다면 조합원으로서 노동자들이 개인적 자유를 더 많이 포기하고 조합 단위로 긴밀히 협력할 수도 있을 것인데, 이 부분은 미래에 동향을 살펴야 알 수 있는 일이다.

이제껏 노동조합은 굼뜨고 간헐적이고 불완전한 방식으로 운영됐고 심지어 강력한 노동조합이 존재하는 산업에서마저 사정이 다르지 않았는데, 그래서 자본과 노동력이 평행 진화하는 것이 더 드러나지 않았다. 영국의 남성 노동자들은 대부분 위의 단계를 가로지르지 못했고, 여성 노동자들은 아예 첫걸음도 떼지 못했다. 하지만 자본과 노동력에서 발달 정도가 차이가 있지만, 분명히 똑같은 법칙이 적용되고 있다. 자본과 노동력의 관계가 더 이상 개별 고용주와 다수의 개별 노동자 관계가 아니다. 개별 노동자가 고용주를 찾아가서 노동력을 팔지 않는다. 이제는 한쪽에 대기업이나 고용주 단체가 앉고 맞은편에 노동조합이 마주앉아 협상하는 구도다. 지난 수년 동안 영국의 주요산업인 광산과 조선, 철 등에서 이런 관계가 공고히 다져지고 보장되어왔고, 그보다 약한 미숙련 산업에서도 관계에 대한 인식이 점차 확대되고 있다.

제7부
산업사회에 평화가 찾아올 가능성

 이처럼 자본과 노동력이 작은 단위에서 큰 단위로 응집하고, 상이한 산업의 자본과 노동력이 각각 응집하는 현상이 현대 산업사회의 가장 중요한 특징이다. 각각 자본과 노동력이 응집하는 움직임이 서로에게 어떤 식으로 영향을 미치고, 산업계에 평화가 찾아올지 갈등이 불거질지 대답하기 어렵다. 산업에서 자본과 노동력은 긴밀히 협조해야 하는 관계인 것을 고려하면, 두 세력이 하나로 합쳐지면서, 산업계의 평화에 대한 공동체의 인식이 지속적으로 빠르게 퍼질 것이라고 생각해볼 수 있다. 하지만 자본과 노동력이 추구하는 바가 동일한 것에만 강조점을 둬선 안 된다. 일반적으로 자본과 노동력이 생산의 필수요소이지만, 그렇다고 해서 실제 자본과 노동자들의 이익이 충돌하지 말란 법은 없다. 노동자들이 고용주에게 임금인상을 요구하거나 임금인하에 항의해서 원하는 바를 이루어낸다고 하더라도, 회사 이윤이 줄어들게 됨으로써 투자자본의 평균 이윤이 줄어들 것이다. 그 결과 추가 고용에 도움이 되었을 추가 자본의 응집을 막는 효과를 낳을 것이다. 특정 노동자 집단과 특정 고용주들이 추구하는 당장의 이익이 더 많은 동료 자본가와 동료 노동자의 이익에 정면으로 반대된다. 하지만 산업 단위가 작을수록 특수이익 및 계급이익 간 갈등이 더욱 심하다. 따라서 더 큰 산업단위 즉, 노동조합이나 고용주 조합이 만들어지면 사소한 갈등이 줄어들고 나아가서 자본과 노동력 간 마찰이 줄어들 것이다. 영국의 강변 및 운송 산업에 탄탄한 조합이 갖춰졌다면, 특정 지역의 부두 노동자들이 당장의 이익만 생각해서 관련 산업의 다른 노동자들의 일자리를 빼앗거나 흠집 내는 일을 벌이지 않을 것이다. 노동 단체들이 가져다주는 가장 중요한 교육적 효과는 노동자 계급의 이해관계뿐 아니라, 일반적으로는 자본과 노동력 사이의 이해관계 역시 복잡하게 얽혀있다는 점이다. 예전보다 횟수가 줄어들긴 했지만, 여전히 자본과 노동력 사이에 불거지는 끔찍한 갈등만 봐도 알 수 있다. 산업 전쟁이 변하는 모습은 꼭 군사 전쟁을 닮아있다. 때를 가리지 않고 일대일로 맞붙던 게릴라전이 점차 사라지고 현대에는 전투가 가끔 일어나면서도 대대적으로, 조직적으로, 신속히, 굉장히 파괴적인 형태로 전개되는 것처럼, 산업 전쟁도 마찬가지다. 산업 전쟁과 군사 전쟁 두 경우에 모두 현대에 들어서 마찰과 소모가 훨씬 줄어들었지만, 치열한 전쟁에 대해 두려움은 더욱 커지면서 싸움을 뒤로 미루고 조정을 선택하는 경향이 빠르게 늘어나고 있다. 하지만 시간이 지날수록 각국의 이익이 서로 상반되지 않고, 각국 정부도 이 사실을 인지하고, 전쟁에 대한 공포도 과거보다 커지면서 검에 호소하기보다 제3자인 국제사회에 조정을 호소하고 있지만, 변화의 속도가 아주 느린 것으로 봐서, 산업에서도 마찬가지로 조정의 토대는 마련되었지만 산업 갈등에서 비롯하는 공포와 낭비가 그리 쉽게 가시지는 않을 것이다. 마치 프러시아의 프리드리히 대왕처럼, 힘없고 무질서한 작은 개체들이 급속도로 강력한 국가를 이루게 되면, 한동안 호전적 기세로 투쟁을 일으키듯이 힘없고 억압받는 빈곤층 노동자들이 빠르게 들고일어나 조합을 만들면 맹목적 공격성을 띠고 근시안 정책을 펼친다. 이런 모습은 조합이 만들어지면 합리적 결과와 교훈을 바탕으로 산업계의 강화조약이 맺어질 것이라는 기대를 상당히 누그러뜨리는 것일 수밖에 없다. 계속해서 산업 단위를 크게 키우려는 이유가 사소한 갈등을 줄이기 위해서이긴 하지만, 그렇다고 해서 현재 자본과 노동력을 강화하는 것이 각각 자본과 노동력에서 일어나는 응집 현상보다 중요하게 여겨지는 것은 아니다. 조합의 발전이 특히 노동조합에서는 더욱 산업 전쟁을 억제하고 평화적 창구를 만들려는 노력인 것은 논란의 여지가 없다. 1888년 버넷이 상무부 보고서에 파업과 직장폐쇄에 다루면서, 다양한 형태의 중재의 핵심이 무엇인가를 다음과 같이 짚어냈다. "이처럼 어려움을 조정하는 방법들은 양쪽에 모두 조합이 발달하고 일반적인 발달 단계를 거쳤기 때문에 가능한 것이다."[40]

버넷은 노동조합을 다음과 같이 요약한다. "주요 노동조합의 집행부는 사실상 파업하는 것을 싫어하고, 제한적 영향력을 미치고자 한다." 지난 2-3년간 사례만 살펴봐도 이 말이 사실이라는 것을 알 수 있다. 하지만 평화적 요소가 분명히 있지만, 이 부분만 지나치게 부풀려선 안 된다. 유럽의 노사조정법원과 영국의 중재조정위원회, 유럽과 미국의 이익배분법 모두 적대적인 자본과 노동력 사이에 다리를 놓으려는 바람직한 시도이다. 일한 만큼 임금을 받는 제도나 물가와 연동해서 임금을 지불받는 슬라이딩스케일제는 분명히 효과가 있다. 하지만 영국 북부 철강 산업의 중재조정위원회는 다른 산업만큼 큰 성과를 거두지 못하고 있다. 특히 광산과 기계, 금속 산업에서 도입한 조정 제도와 슬라이딩스케일제뿐 아니라 가장 중요한 산업들에서 일부 이익배분법이 실패한 경험을 보면, 중재 끝에 얻어낸 값진 결과물이라도 효과가 미미할 수밖에 없음을 받아들여야 한다. 이런 시도들이 대부분 실패하는 이유는 양쪽에서 이미 받아들였던 '공정 임금'을 다시 뒤집어엎으려고 하는데 양쪽의 이익을 모두 만족시킬 만한 균형 있는 영구대책을 찾는 일이 아주 어렵기 때문이다. 고용주와 피고용인의 이익을 하나로 합치려는 움직임, 어떤 의미에서는 자본과 노동력의 이익을 하나로 합치려는 움직임이 커지고 있다. 성공한다면 어쩌면 그 어떤 다른 방법보다 이 움직임에 합류한 여러 노동자 계급에 윤리 향상을 가져다줄 것이다. 하지만 유통에서는 협조가 훌륭히 이뤄지는 반면에 작업장과 공장에선 거의 진척이 없다. 오히려 지난 몇 년 동안 도매상 조합에서 협업이 상당히 활발히 이뤄지고 있다. 하지만 현재로서는 영국 상공업의 21.4%만이 조합에서 이윤을 관리하는 것으로 나타난다. 따라서 속도가 느린 생산업이나 그보다 빠른 유통업이 앞으로 성공을 거둘 수는 있겠지만, 현재로서는 강력하고 눈에 띄는 세력으로 보기 어렵다. 비록 자본과 노동력이 각각 단계적으로 응집해 나가다 보면, 자본과 노동력 간 조정이 이뤄지면 좋겠지만, 분명한 것은 자본과 노동력 간 협력을 이끌어내려는 이런 움직임들은 부차적이라는 것이다.

앞에서 봤듯이, 무수한 자본과 노동력이 각각 더 큰 덩어리로 응집해서 궁극적으로는 단일 자본과 단일 노동력으로 조직화되는 것이 이상향이라고 했다. 각 과정에서 자본과 노동력은 상호 영향을 미친다. 노동조합이 발전할 때마다 자본의 조합도 상응하게 발전하며, 그 역도 마찬가지로 성립한다. 상호 발맞춰 발전하는 모습은 호주의 자본 조합과 영국의 부두노동자 조합에 그 사례가 있다. 이처럼 자본 조합과 노동력 조합은 상호 발맞춰 발전한다. 아니다. 어쩌면 체커 게임과 더 닮아있다. 양쪽이 차례대로 말을 움직이다가, 둘이 마주쳤을 때 한쪽이 다른 한쪽을 덮쳐야 앞으로 나아갈 수 있다.

─── 제8부
큰 흐름 속에서 미숙련 노동자의 미래

▬

　위와 같은 산업적 진화가 빈곤층의 미숙련 노동자 문제에 무슨 영향을 미치는지 불분명하다. 앞서 살펴본 바로는 자본의 움직임이 노동력의 움직임보다 더 분명하고 완전했다. 힘없는 자본가는 산업 발전 속도를 따라가지 못하고 조합에 가담해야만 얻을 수 있는 이익을 놓치고서 결국 폭삭 무너진다. 즉, 자본가 혼자서는 존재할 수 없고 이윤을 전혀 못내는 것이다. 발전이 굼뜨고 형편없이 운영하는 자본은 시장판에서 싹 쓸려 내려간다. 이것이 가능한 이유는 자본은 소유주와 분리된 존재로서 사람이 아니기 때문이다. 노동력은 사정이 다르다. 노동력과 노동자는 따로 떨어뜨려 생각할 수 없다. 그래서 노동조합이 발전하는 속도를 뒤따라가지 못하는 노동자는 즉시 떨어져나갈 뿐 아니라, 계속해서 약자로 존재하며 고통 받는다. 현대 노동운동의 법칙은 '뭉치면 죽고, 흩어지면 굶어죽는다.'이다. 수많은 미숙련 노동자들은 생존을 위해 산업 전쟁에 맞선다. 각자가 각자의 목숨을 위해서 아주 오래된 방식으로 조합원들이 조합에서 누리는 혜택을 전혀 누리지 못하면서 말이다. 미숙련 노동자들은 산업 초기 단계에 머물며 살아남은 자들이다. 만일 거친 싸움이 계속되고 열기가 식을 줄을 모르면 미숙련 노동자 다수가 목숨을 잃게 될 것이고 따라서 생존자들은 조합을 만들어 발전을 이루기가 수월해질 것이다. 하지만 현대 인류는 과잉 미숙련 노동자들을 이대로 방치하면서, 필연적으로 발생하는 결과에는 무지하고 해결하려는 시도조차 하지 않는다. 우리는 현대 산업사회에서 미숙련 노동자들이 계속해서 생존을 위해 고군분투하도록 내버려두고, 그렇다고 '부적자'가 완전히 패배해서 이 땅에서 사라지는 것은 허용하지 않으면서, 미숙련 노동자들의 고통을 영원히 더욱 고통스러운 것으로 만들고 있다. 경쟁의 법칙에 따르면 '부적자'가 제거되고 그럼으로써 공동체가 발전한다. 경쟁을 고집하면서 영원히 부적자를 고통 속에 내버려두는 것은 능력 있는 경쟁자들의 자연스런 발전을 저해하는 행위다. 이런 식으로 인위적으로 고통을 끌고 간다면 미숙련 노동자의 조합 설립은 논리적으로 불가능하다. 만약 상위 미숙련 노동자 계급이 조합을 만들고 외부 경쟁자들을 견제한다면, 하위 계급은 지금보다 더 비참하고 구제불능이 될 것이다. 만약 조합원들이 하나둘씩 일자리를 독점하고 모든 정규직으로 가는 길목을 가로막는다면, 지금보다 더 많은 노동자들이 비정규직에 기대어 살아갈 수밖에 없으며, 도시의 떠돌이로 전락하게 될 것이다. 즉, 사회 질서와 국민 건강은 어느 때보다 어려움과 위기 속에 빠지게 될 것이란 뜻이다. 노동자 계급의 발전을 생각한다면, 이 문제를 옆으로 치워둘 수 없다. 오늘날 빈곤 문제는 새 국면을 맞이하고 있다고 해도 과언이 아니다. 상위 미숙련 노동자 계급은 이미 조직력에 눈을 뜨고 있다. 만약 이들이 강력한 조합을 형성하고 유지하는 것이 가능해지고, 스스로 이전의 혼란스러운 고통 속에서 일어나 현대 산업 진보의 길에 접어들게 되면, 나머지 뒤처진 노동자들의 삶이 더욱 비참해질 것이고, 이는 논리보다 강력한 설득력으로 동정과 인류애에 호소할 것이며, 결국 우리는 처음으로 빈곤 문제를 심각한 사회적 병폐로 받아들이고, 국가적 산업적 처방을 필요로 하게 될 것이다.

따라서 빈곤의 문제는 미숙련 노동자에 달려있다. 새로운 산업질서에서 살아남으려면 미숙련 노동자도 조직을 만들어야 한다. 그런데 미숙련 노동자는 너무 가난하고, 무지하고, 약해서 조직을 만들 수 없다. 조직을 만들 수 없기 때문에 미숙련 노동자는 계속해서 가난하고 무지하고 약하다. 이것이 딜레마다. 이 딜레마를 풀 열쇠를 찾는 사람이 빈곤의 문제를 해결하게 될 것이다.

참고문헌

찰스 부스의 '사람들의 삶과 노동'(윌리엄스&노게이트)를 가장 많이 참고했다. 시봄 라운트리의 '빈곤, 도시생활 연구'에서 특히 런던에 관한 내용을 참고했다. '산업보수회의 보고서'와 '고한제도에 관한 최고위원회 및 노동위원회 보고서'에 귀중한 자료가 가득하다. 토인비의 '18세기 영국산업혁명 강의'(리빙톤)와 기빈스의 '영국의 산업역사'(대학공개강좌, 메수엔), 제본스의 '국가와 노동의 관계'(영국시민강좌)에 산업사회 빈곤의 원인과 처방에 대한 정보가 담겨있다. 사임스의 '정치경제학'(리빙톤)과 마셜의 '산업경제학'는 노동과 빈곤에 관한 경제학 이론을 담고 있다.

다음은 '빈곤의 문제'의 주제별 참고문헌이다. * 표시는 특히 주목할 만하다.

···고한제도와 고한제도의 원인···

*부스, '사람들의 삶과 노동'
*고한제도에 관한 최고위원회 보고서, 마지막 회
마르크스, '자본론', 제15장 '현대산업과 기계'(소넨샤인)
버넷, '고한제도에 관한 상무부 보고서'(블루북, 1887)
'사회주의에 대한 페이비언적 연구'(월터 스콧)
부스, '극빈층과 노령연금'(맥밀란)
J.A. 스펜더, '노인층의 삶과 노령연금'(소넨샤인)
J.T. 알리지, '산업위생'(리빙톤)

···협동조합과 노동조합···

*웹, '노동조합주의의 역사'(롱맨)
*하월, '자본과 노동의 갈등'(샤토&윈더스)
*버넷, '노동조합 보고서'(블루북)
브렌타노, '길드와 노동조합'(트루브너)
*배른라이더, '영국노동자협회'

애클랜드 그리고 존스, '노동자 계급의 협동조합'
길먼, '고용주와 피고용자의 이익배분'(맥밀란)
도매업협동조합 연간지
포터, '대영제국의 협동조합운동'(소넨샤인)
*웹, '산업 민주주의'(롱맨)
*슐로스, '산업보수수단'(윌리암스&노게이트)

…자선사업과 구빈법 등…

*아슈로트, '영국의 구빈제도'(나이트)
H. 보즌켓, '사람들의 힘'(맥밀란)
P. 알든, '실업자'
파울, '빈민구제법'(영국시민강좌)
부스, '암흑의 영국'
블랙리, '절약과 독립'(대중도서관, 지식보급협회)
*맥케이, '영국의 빈곤층'(머레이)
*잉글랜드와 웨일스의 극빈층 실태보고(블루북, 1889)
버넷, '실리사회주의'
로크, '자선단체'(소넨샤인)
국민연금보험에 관한 위원회 보고서(블루북,1887)

…사회주의 법…

엔서, '현대 사회주의'(하퍼스)
*제본스, '국가와 노동의 관계'
웹, '영국의 사회주의'(스완 소넨샤인)
하인드먼, '영국 사회주의의 역사적 기틀'(키건 폴)
*사회주의에 대한 페이비언적 연구'
*토인비, '18세기 영국산업혁명 강의'(리빙톤)
커크업, '사회주의 연구'(롱맨)

⋯자본 이동⋯

*마르크스, '자본론', 제2권, 제15장
*베이커, '시장독점과 국민생활'(퍼트넘스)
'사회주의에 대한 페이비언적 연구'
맥로스티, '신탁회사 실태보고'(그랜트 리차즈)
엘리, '시장독점과 신탁회사'(맥밀란)

⋯빈곤의 측정⋯

*기펜, '경제학 연구 조사'(벨)
멀홀, '통계학 사전'(루틀리지)
보울리, '국가의 부와 무역 발전'(킹)
*상무부, '영국의 국내외 무역 및 산업환경', '영국의 통계요약'
*잉글랜드와 웨일스 인구조사, 1901
*리온 리바이, '노동자 계급의 임금과 소득'(머레이)
*산업보수회의 보고서(카셀)
기펜, '자본 성장'(벨)
밸피, '런던중부의 생활과 직업'

미주

1. 가정부와 상점종업원 등이 받는 현물급여를 포함한다.
2. 리온 리바이, '노동자 계급의 임금과 소득', 제2장.
3. '사람들의 삶과 노동', 제1권, 38페이지.
4. '빈곤, 도시생활 연구'(맥밀란).
5. P. H. 만, '사회학 논문'(맥밀란).
6. 밸피, '런던중부의 생활과 직업'.
7. '노동자 계급의 지출환급', 상무부 노동과.
8. 해리 존스, '노예가 된 농부'(내셔널리뷰, 1890년 4월, 7월).
9. 아놀드 화이트, '대도시의 문제', 159페이지.
10. 마셜, '경제학 원리', 제2권, 제4장, 제2부.
11. 토크빌, '앙시앵 레짐', 제16장.
12. 산업보수회의 보고서, 1886년, 429페이지.
13. 캐넌, '정치경제학 입문', 제2장, 제15부.
14. 산업보수의회 보고서, 153페이지, W. 오웬.
15. '산업경제학', 111페이지.
16. '경제학 원리', 314, 316페이지.
17. 커크업, '사회주의 연구', 72페이지.
18. 부스, '사람들의 삶과 노동', 제1권, 제3장, 제2부. 르웰린 스미스, '유입인구'에서 다수의 사실들을 인용했다.
19. 공식적인 통계와 달리, 비유럽국가만 포함시켰다.
20. '사람들의 삶과 노동', 제1권, 237페이지.
21. '런던동부의 삶과 노동', 제1권, 224페이지.
22. '고한제도 실태보고', 14페이지.
23. '사람들의 삶과 노동', 271페이지.
24. 고한제도에 관한 보고서 마지막 회, 제68부.
25. 고한제도에 관한 최고위원회 보고서 마지막 회, 184페이지.
26. '런던 사람들의 삶과 노동', 제1권, 489페이지.
27. 하월, '자본과 노동의 갈등', 128페이지, 제2판, 맥밀란.

28. 칼 마르크스, '자본론', 제2권, 480페이지.
29. '런던동부의 삶과 노동', 제1권, 112페이지.
30. 하월, '자본과 노동의 갈등', 207페이지.
31. '국가와 노동의 관계', 106페이지.
32. '대영제국의 문제', 제2권, 314페이지.
33. '사람들의 삶과 노동', 제1권, 167페이지.
34. 단, 성냥곽은 가내노동자가 생산한다.
35. '사람들의 삶과 노동', 제1권, 427페이지.
36. 로셔, '정치경제학', 제242부.
37. '사회주의에 대한 페이비언적 연구', 48페이지.
38. 학술지 Political Science Quarterly, 1880년, 9월호.
39. 학술지 Political Science Quarterly, 1888년, 9월호.
40. 버넷, 파업과 공장폐쇄에 관한 상무부 보고서 17페이지.

J. A. 홉슨(1858~1940) 생존 시기의 역사 연표

연대	세계	한국
1858	-자본주의 최초의 세계공황 -무굴 제국 멸망 -영국 정부 인도 직접 지배 시작	
1859	-다윈, 『종의 기원』	
1860	-베이징 조약	-최제우, 동학 창시
1861	-맥스웰 방정식 -파스퇴르 『자연발생설 비판』 -청, 신유정변 -미국, 남북 전쟁(~1865) -프랑스의 멕시코 원정	-김정호, 대동여지도 제작
1862	-비스마르크, 프로이센 수상 취임 -청, 양무운동 시작 -러시아, 농노 해방령	-임술농민봉기(진주민란)
1863	-링컨, 노예해방 선언 -게티즈버그 전투	-고종 즉위, 흥선대원군 집권
1864	-시모노세키 전쟁 -마르크스, 제1인터내셔널 결성	-최제우 순교
1865	-멘델의 유전법칙 -링컨 대통령 암살 -러시아, 중앙아시아 칸국들 합병(~1876)	-경복궁 중건(~1872)
1866	-지멘스, 대형발전기 완성 -로스차일드 가(家)의 전성기 -프로이센-오스트리아 전쟁	-병인사옥 -제너럴셔먼호 사건 -병인양요
1867	-노벨, 다이너마이트 발명 -러시아, 알래스카 미국에 매각	
1868	-벤저민 디즈레일리, 영국 총리(~1880) -일본, 메이지 유신	-당백전 주조
1869	-멘델레예프, 주기율표 발표 -미국, 첫 대륙횡단철도 완공 -수에즈운하 개통	
1870	-록펠러, 스탠다드 오일 창립 -프로이센-프랑스 전쟁	

연도		
1871	-이탈리아 통일 -독일 통일 -파리 코뮌	-서원 철폐령 -신미양요
1872	-독일, 금본위제 채택	
1873	-세계경제 침체	-고종 친정
1874	-일본, 타이완 출병	
1875	-벨, 전화기 발명 -영국, 수에즈 운하 매수	-운요호 사건
1876	-리틀 빅혼의 승리	-강화도 조약
1877	-일본, 세이난 전쟁 -러시아-오스만 전쟁	
1878	-세계적 기근 -프랑스, 금본위제 채택 -제2차 아프간 전쟁	
1879	-미국, 금본위제 채택 -줄루 전쟁 -류큐 처분 -에디슨, 전구 발명	-지석영, 종두법 실시
1880	-제1차 보어 전쟁	-개화정책 실행
1881	-러시아, 알렉산드르 2세 암살	-신사유람단 및 영선사 파견
1882	-삼국동맹 결성 -영국, 이집트 점령 -뉴욕시에 최초의 대규모 화력발전소 건설	-조미수호통상조약 -임오군란 -제물포 조약
1883	-크라카타우 화산 폭발	-미·영·독 등과 통상조약 체결 -태극기, 국기로 제정 -한성순보 창간
1884	-베를린 회의 -청, 신강성 설치 -청불 전쟁	-전환국 설치 -원산학사 설립, 태극기 사용 -우정국 설치, 갑신정변 -이탈리아·러시아와 통상조약 체결
1885	-제국주의 서구 열강, 아프리카 분할 시작 -청·일 텐진조약 체결	-거문도 사건 -배재학당 설립
1886	-미국 총파업	-서울~인천간 전신 개통
1887	-프랑스령 인도차이나 성립 -에디슨, 영사기 특허 취득	
1889	-제2인터내셔널 창설	-육영공원·이화학당 설립
1890	-비스마르크 사직	
1893	-차이코프스키,《비창 교항곡》 -디젤 엔진 발명	

연도		
1894	-프랑스 드레퓌스사건 -청일전쟁	-프랑스와 통상조약 체결 -동학농민운동 -갑오개혁
1895	-뢴트겐, X선 발견 -일본, 타이완 총독부 설치	-함경도에 방곡령 실시 -을미사변 -유길준, 「서유견문」 지음 -연호(건양) 제정 -최초로 영화 상영 -단발령
1896	-제1회 아테네 올림픽 개최 -베크렐, 방사능 발견 -청러 밀약 -마르코니, 무선전신 발명	-독립협회 설립 -「독립신문」 발간
1897	-시베리아철도 부분 개통 -톰슨, 전자 발견 -브라운, 브라운관 발명 -일본, 금본위제 실시	-아관파천 -의병운동 일어남 -대한제국의 성립
1898	-파쇼다사건 -청, 무술정변 -퀴리부처 라듐 발견 -미국·스페인 전쟁 -미국, 하와이 합병 -미국, 괌 통치 -퀴리부인, 라듐 발견	
1899	-제2차 보어전쟁(~1902)	-서대문~청량리간 전차 개통, 경인선 개통 -의화단 운동
1900	-미국으로 이민 증가 -플랑크, 양자가설 제시 -헤이그 평화회의	-「황성신문」 발행 -만국우편연합 가입 -러시아, 만주 점령 -8개국 연합군 북경 함락
1901	-의화단운동 -제1회 노벨상 시상 -란트슈타이너, 혈액형 발견 -미국 매킨리 대통령 암살	
1902	-영일동맹 -쿠바공화국 성립	-서울~인천간 장거리 전화 개통 -국가 제정
1903	-시베리아 철도 개통 -러시아 극동대총독 설치 -라이트 형제, 세계 최초 동력 비행기 발명	-YMCA 발족
1904	-러일 전쟁(~1905) -존 플레밍, 진공관 발명	-한일의정서 체결 -경부선 개통
1905	-러시아, 피의 일요일 사건 -제1차 모로코 위기 -아인슈타인 특수상대성이론 발표 -제2차 영일동맹	-을사조약 -천도교 성립 -경의선 개통

연도		
1905	-쑨원, 중국동맹회 -포츠머스 조약	
1906	-프랑스 노동운동의 원리 '아미앵 헌장' 공포 -샌프란시스코 지진 -일본, 남만주철도 설립	-통감부 설치 -전국에서 의병 봉기 -천도교 설립
1907	-인도, 스와라지·스와데시 운동 -삼국협상 성립 -미국, 1907 경제 공황	-국채보상운동 -헤이그 특사 사건 -고종 황제 퇴위 -한일 신협약 -13도 창의군
1908	-중동지역 첫 유전 발견	-군대해산 -신민회 설립 -한·일 신협약 -의병, 서울진공작전 -창경궁, 동물원으로 개조
1909		-간도협약 -안중근, 이토 히로부미 사살
1910		-나철, 대종교 창시 -국권 피탈
1911	-청, 철도 국유화 선언 -제2차 모로코 위기 -제3차 영일동맹 -신해혁명, 청 멸망 -아문센, 남극점 도달	
1912	-쑨원 중화민국 선포 -베게너, 대륙 이동설 -영국, 함정 연료 석유로 전환 -타이타닉호 침몰 -발칸 전쟁	-덕수궁 석조전 준공
1913	-포드시스템의 시작 -위안스카이, 임시 대총통 -FRB 창설	
1914	-영국, 금본위제 포기 선언 -제1차 세계 대전 발발(~1918) -파나마 운하 개통	-신민회사건(105인 사건) -석굴암 발견
1915	-일본, 21개조 요구 -맥마흔 선언	-토지조사사업 시작(~1918)
1916	-아인슈타인, 일반상대성 이론 -위안스카이 사망	-대한광복군정부 수립 -호남선·경원선 개통 -박은식 「한국통사」 간행 -박중빈, 원불교 창시
1917	-미국의 참전 -러시아 내전, 혁명	-조선사회당 결성

연도		
1917	-벨푸어 선언 -러시아, 레닌 집권	
1918	-우드로 윌슨 대통령 14개조 평화원칙 발표 -전 세계에 스페인 독감 유행 -윌슨, 민족자결주의 선언 -독일 11월 혁명	-한강 인도교 준공
1919	-CFR 탄생 -파리강화회의(베르사유조약) -중국 5·4운동 -터키 독립 전쟁 -카라한 선언	-3·1운동 -대한민국임시정부 수립 -고려공산당 성립
1920	-국제연맹 창설 -산레모 회의 -미국, 여성 참정권 부여	-봉오동 전투 -청산리 전투 -간도 참변 -조선·동아일보 창간
1921	-중국 공산당 창당 -워싱턴 군축회의 개최 -아일랜드 독립 -레닌, 신경제정책 실시	-자유시 참변
1922	-소비에트 연방, 스탈린 -이탈리아, 무솔리니 파시스트 정권 -소비에트 연방 설립(소련) -오스만 제국 멸망	-대한애국부인회 조직
1923	-터키 공화국 창설	-어린이날 제정 -관동대지진
1924	-중국의 제1차 국공합작 -베이징 정변 -몽골 인민 공화국 건국 -영국 노동당 내각 탄생	-경성제국대학 개교
1925	-쑨원 사망 -이란, 팔라비 왕조(~1979)	-조선공산당 창립
1926	-중국, 북벌(국민당) -베어드, 텔레비전 실험 성공	-6·10 만세운동
1927	-일본, 쇼와 금융공황 -중국, 4·12 사건 -린드버그, 대서양 횡단 비행 -중국, 난창 봉기 -중국, 제1차 국공 내전 -이라크 유전 발견	-신간회 조직
1928	-차코전쟁(~1935) -소련, 대전환의 해 -장제스, 북경 입성 -장쭤린 암살 -플레밍, 페니실린 발견	

연도	세계	한국
1929	-세계경제공황 발발 -뉴욕 주식시장 대폭락	-광주학생항일운동
1930	-인도, 비폭력·불복종 운동 전개	-한국독립당 결성
1931	-영국 금 태환 중지 -바레인 유전 발견 -일본 금본위제 폐지	-만보산 사건 -만주 사변
1932	-우크라이나 대기근 -제1차 상하이 사변 -일본, 만주국 세움 -사우디아라비아 건국	
1933	-미국, 뉴딜정책 실시 -미국 금본위제 폐지 -미국 은 구매법, 글래스-스티걸 법	-한글맞춤법 통일안 제정
1934	-중국공산당 장정(~1936) -독일 히틀러 집권	-진단학회 조직
1935	-중국, 은본위제 폐지	
1936	-세계 최초 텔레비전 방송 -일본 2·26 사건 -스페인 내전 -시안 사건 -프랑스 인민전선 정부 수립	-손기정, 베를린 올림픽 마라톤 우승
1937	-중일 전쟁 -중국 제2차 국공합작	
1938	-쿠웨이트 유전 발견 -미국, 사우디아라비아 유전 발견 -독일, 오스트리아 병합 -미국 듀퐁사, 나일론의 상품화 발표 -일본, 동아 신질서 선언	-하산 호 전투
1939	-할힌골 전투 -히틀러와 스탈린, 독일·소련 불가침 조약 -제트 엔진 비행 성공 -제2차 세계 대전 발발(~1945)	-조국광복회 결성
1940		-창씨개명 실시 -민족말살정책 강화 -한국광복군 결성 -김구 대한민국 임시 정부 주석 취임

빈곤의 문제

초판 1쇄 발행 2016년 8월 3일

지　은　이　　J. A. 홉슨
옮　긴　이　　김정우
펴　낸　이　　이상무
기획마케팅　　황필근, 박한나, 서리라, 형민음
편　　　집　　이원진, 박준모
디　자　인　　김고은, 유하영
기 획 위 원　　박성준
법 률 자 문　　곽성환

펴　낸　곳　　(주)레디셋고
출 판 등 록　　2012년 2월 21일 제2012-000066호
주　　　소　　04780 서울특별시 성동구 성수이로7길 27 서울숲 코오롱디지털타워2차 610호
전　　　화　　070-8890-9699
전　　　송　　02-472-7470
홈 페 이 지　　www.readysetgo.co.kr
전 자 우 편　　readysetgo@readysetgo.co.kr

© 레디셋고 2016
978-89-97729-83-8 (04300)
978-89-97729-82-1 (세트)

· 이 책의 내용을 무단 복제하는 것은 저작권법으로 금지되어 있습니다.
· 잘못된 책은 구매하신 곳에서 바꾸어 드립니다.